Ruth Westheimer

Lebe mit Lust und Liebe

Dr. Ruth K. Westheimer

Lebe mit Lust und Liebe

Meine Ratschläge für ein erfülltes Leben

In Zusammenarbeit mit Pierre Lehu

Aus dem Amerikanischen von Christa Broermann

HERDER

FREIBURG · BASEL · WIEN

FSC
www.fsc.org

MIX
Papier aus verantwortungsvollen Quellen
FSC® C083411

Titel der Originalausgabe:
The Doctor is in. Dr. Ruth on Love, Life, and Joie de Vivre

Published in the United States by Amazon Publishing 2015.
This edition made possible under a license arrangement originated with Amazon Publishing, www.apub.com

Für die deutschsprachige Ausgabe:

www.herder.de

Satz: Layoutsatz Kendlinger Mediendesign
Herstellung: CPI books GmbH, Leck

Printed in Germany

ISBN 978-3-451-34818-1

Für alle, die mehr *Joie de vivre*
in ihr Leben bringen möchten.

Besser sind zwei daran als ein einzelner;
sofern ihnen guter Lohn aus ihrer Mühe zuteil wird.
Das Buch Kohelet 4,9

INHALT

PROLOG

Die BBC produzierte vor wenigen Jahren eine Reihe von Dokumentarfilmen, die unter dem Titel »Außergewöhnliche Frauen« rund um die Welt gezeigt wurden. Sie dauerten je eine knappe Stunde, und zu den porträtierten Frauen zählten unter anderem Indira Gandhi, Grace Kelly, Coco Chanel, Agatha Christie, Audrey Hepburn, Josephine Baker – und ich, Dr. Ruth Westheimer. Ich fühlte mich sehr geehrt, dass ich in diese Reihe aufgenommen wurde, zumal ich die Einzige war, die noch am Leben ist. (Hätte ich das schon vorher gewusst, wäre ich vielleicht nicht einverstanden gewesen, weil ich gedacht hätte, sie wüssten mehr über meine Zukunft als ich!)

Ich weiß nicht genau, warum sie mich ausgewählt haben, aber ich vermute, dass es an meiner dramatischen Lebensgeschichte lag, die einer Achterbahnfahrt gleicht: Bis zu meinem zehnten Lebensjahr wuchs ich in einer orthodoxen jüdischen Familie in Frankfurt auf, wurde dann mit einem Kindertransport in ein Kinderheim in die Schweiz geschickt und überlebte dadurch den Holocaust; mit siebzehn Jahren wanderte ich nach Palästina aus, wo ich in einem Kibbuz arbeitete und später der Untergrundorganisation Hagana beitrat, die mich zur Scharfschützin ausbildete; an meinem zwanzigsten Geburtstag wurde ich bei einer Bombenexplosion schwer verletzt; fünf Jahre lebte ich in Paris, zog dann in die Vereinigten

Staaten und wurde schließlich mit über fünfzig Jahren unerwartet eine weltberühmte Sexualtherapeutin.

Während für mich das Auswahlverfahren bei der Serie »Außergewöhnliche Frauen« noch heute rätselhaft ist, weiß ich ganz genau, wie das Theaterstück über mein Leben, »Becoming Dr. Ruth«, zustande kam. Es begann mit einer Off-Broadway-Show namens »Freud's Last Session«. Ich ging in den Backstage-Bereich und lernte die Schauspieler kennen, darunter auch Martin Rayner, der die Hauptrolle spielte. Später rief er mich an und bat um ein Treffen in meiner Praxis. Ich fragte mich, ob er ein sexuelles Problem habe und gerne einen Rat von mir wollte, aber seine Darstellung von Sigmund Freud hatte mir so gut gefallen, dass ich ihm in jeder Hinsicht geholfen hätte. Also vereinbarten wir einen Termin. Er kam, wir plauderten ein bisschen, und dann brachte er das Thema zur Sprache, das ihn eigentlich zu mir geführt hatte.

»Dr. Ruth, Sie haben den Verfasser des Theaterstücks über Freud, Mark St. Germain, bisher nicht kennengelernt, aber er ist ein großer Fan von Ihnen, und er würde gerne ein Stück über Ihr Leben schreiben.«

»Martin«, sagte ich freundlich, »ich liebe das Theater und finde den Vorschlag auch interessant, aber über mein Leben wurden bereits mehrere Dokumentationen gemacht. Diese Wiese ist also schon abgegrast, deshalb halte ich das nicht für eine vielversprechende Idee.«

»Aber Dr. Ruth«, wandte Martin ein und spielte die Rolle des Bittstellers beinahe ebenso gut, wie er Freud auf der Bühne spielte, »Mark ist ein so kluger, fähiger Bühnenautor, dass er ganz bestimmt Facetten herausarbeiten würde, die für das Publikum erhellend wären.«

Dass jemand die »faszinierenden« Seiten meines Lebens unter die Lupe nehmen wollte – wie es sich anfühlte, als ich meine Eltern verlor, oder wie es angesichts meines Berufes um mein privates Sexleben stand –, war genau das, was ich befürchtet hatte.

Ich wollte Martin allerdings nicht den Eindruck vermitteln, ich hätte eine Blitzentscheidung getroffen, nachdem er sich extra die Mühe gemacht hatte, zu mir zu kommen. So versprach ich ihm, darüber nachzudenken. Insgeheim stand mein Entschluss, abzusagen aber schon in dem Augenblick fest, in dem er mir den Vorschlag gemacht hatte. Ich ließ Pierre Lehu, meinen »Kommunikationsminister« (und Mitautor dieses Buches), mit Mark telefonieren, um die schlechte Nachricht zu übermitteln. Daraufhin rief Mark mich an und erwischte meinen Anrufbeantworter, hinterließ aber eine so einfühlsame und klug formulierte Nachricht – er bewundere mich sehr und würde ein solches Projekt niemals ohne meine Mitwirkung durchführen –, dass ich fast so schnell, wie ich mich anfangs gegen den Vorschlag entschieden hatte, eine Kehrtwende machte, ihn zurückrief und ein Treffen vorschlug. Wir trafen uns in meinem chinesischen Stammlokal *Mr. K's* zum Mittagessen, weil es nahe bei meiner Praxis liegt. Es ist nicht nur bequem zu erreichen, sondern hat auch den Vorteil, dass die Tische weit auseinanderstehen, was ein relativ ungestörtes Geschäftsessen ermöglicht. Außerdem wartet dort ein Paar Essstäbchen auf mich, auf denen in goldenen Buchstaben mein Name steht!

»Mark«, fing ich an, nachdem wir ein wenig Smalltalk gemacht hatten, »ich weiß, dass sich die Leute für mein Leben interessieren, aber ich habe meine Geschichten schon oft erzählt.«

»Aber Dr. Ruth, die meisten Leute wissen nicht, dass Sie durch den Holocaust zur Waise wurden und ganz allein dastanden oder dass Sie als Scharfschützin für die Gründung des Staates Israel gekämpft haben.« Er hatte gut recherchiert.

»Mag sein, aber es gibt Dokumentarfilme, die sie anschauen können, oder sie können mich auch googeln, wenn sie wirklich neugierig sind.«

»Aber ein Theaterstück kann die Leute nicht nur über Ihre Geschichte aufklären, sondern auch die heutige Dr. Ruth lebendig werden lassen. Es wird eine Schauspielerin geben – ich habe schon jemanden im Auge –, die Sie so darstellen soll, wie Sie jetzt sind, und die nicht nur etwas über Ihre Vergangenheit erzählt.«

»Und wenn mir die Dr. Ruth, die sie dem Publikum präsentiert, nicht gefällt?«

Mark setzte seine treuherzigste Miene auf, und mit seinem weißen Bart und seinem runden Gesicht machte er sowieso schon einen vertrauenerweckenden Eindruck. »Ich lege den Text ganz in Ihre Hände, und Sie entscheiden, ob Sie einverstanden sind. Wenn er irgendetwas enthält, was Ihnen nicht gefällt, werde ich es ändern. Und wenn Sie das Ganze nicht mögen, dann machen wir es nicht. Aber mein Gefühl sagt mir, Sie werden es mögen.«

Da das Stück inzwischen in New York und anderen Städten aufgeführt wurde, wissen Sie, wie ich mich am Ende entschieden habe. Aber was hat mich dazu gebracht, meine Meinung zu ändern? Ich hatte ein prall gefülltes Leben, aber weil es so viel zu erzählen und dabei so wenig Material aus meiner Vergangenheit gibt, kann man in einem Dokumentarfilm nur sehr schwer zeigen, wer ich wirklich bin. Die Zuschauer erhalten nur einen winzigen Einblick in meine Geschichte, und dann zeigen die Produzenten eine Menge Archivaufnahmen vom Zweiten Weltkrieg und von Nazis, die mit erhobenem Arm Hitler grüßen. Die frühen Jahre leben nur noch in meinen Erinnerungen weiter, es gibt nicht viel, was man auf einer Leinwand zeigen könnte. Bei einem Theaterstück hat der Autor dagegen alle Freiheiten. Er kann in der Zeit vorwärts und rückwärts springen, das Publikum kann ein Gefühl dafür bekommen, wer ich heute bin, und nicht nur, wer ich damals war, und dafür, wie meine Vergangenheit meine Gegenwart geprägt hat. Gerade dieser Aspekt machte das Theaterstück schließlich auch für mich so reizvoll, und deswegen habe ich es mir auch immer wieder angeschaut. Ich saß meist gespannt vorne auf der Kante meines Sitzes und beobachtete die bekannte Schauspielerin Debra Jo Rupp, wie sie mich spielte. Obwohl ich die Story besser kenne als sie, fesselte mich jedes Mal wieder die Art, wie das Stück ständig zwischen Vergangenheit und Gegenwart hin und her sprang.

Das erste Wort des Stückes ist »Pierre«, und »ich« telefoniere mit ihm. Es gibt also eine Handlung, die in der Gegenwart spielt, während die Schauspielerin, die mich darstellt, über mein vergangenes Leben spricht. Debra Jo Rupp machte ihre Sache ausgezeichnet, und wir sind gute Freundinnen geworden. Ich beteilige mich auch gerne an der Vorstellung, indem ich nach manchen Aufführungen ein Nachgespräch anbiete. (Ich hatte schon eines mit den Schauspielern von »Freud« geführt und ein anderes Mal Martin Rayner interviewt, der meine Fragen aus seiner Rolle heraus beantwortete. Das haben wir auf Video aufgenommen, und Sie können es auf meinem YouTube-Kanal anschauen.) Ich beantworte sehr gerne Fragen aus dem Publikum. Da die Leute bei solchen Diskussionen ja gerade eben das Stück gesehen und daher eine ziemlich gute Vorstellung von meinem Leben haben, überraschen mich die Fragen oft. Wie Sie sich vorstellen können, haben sie manchmal gar nichts mit meinem Leben oder dem Theaterstück zu tun, sondern mit meinem anderen Spezialgebiet: Sex und Beziehungen.

Bei solchen Gesprächen und bei Interviews mit Journalisten und einem breiten Publikum werde ich oft gefragt: »Woher nehmen Sie Ihre *Joie de vivre*?« Menschen, die meine Lebensgeschichte kennen, fragen sich, wie ich so viel positive Energie in mir haben kann. Sie sehen, dass ich anscheinend immer an allem Freude habe, was ich mache, und wollen mein Geheimrezept wissen. Aber natürlich gibt es kein Wundermittel. Ich bin nicht wie Popeye, der Seemann, der nur eine Dose Spinat zu vertilgen braucht und dann bereit ist, es mit der ganzen Welt aufzunehmen – oder zumindest mit Brutus, seinem ärgsten Gegenspieler. Aber ein Zufall ist meine Lebensfreude auch nicht. Ich schaue grundsätzlich auf das Positive, und wenn Sie dieses Buch zu Ende gelesen haben, ist Ihnen hoffentlich ein Licht aufgegangen, wie auch Sie mehr Freude in Ihr Leben bringen können. Es gibt nicht *den einen* Rat, der bei allen Wunder wirkt, aber ich glaube, es ist ein bisschen wie beim Kochen. Wenn Sie ein paar Zutaten nehmen und sie auf die richtige Weise kombinieren, können Sie etwas Köstliches daraus zaubern. Zwei Chefköche werden selbst aus den gleichen Zutaten unterschiedliche Varianten eines Gerichts zubereiten, aber solange das Ergebnis schmeckt, kommt es darauf nicht an. Ich werde Ihnen in jedem Kapitel dieses Buches einige Zutaten zum Ausprobieren anbieten. Ihr Leben wird dadurch nicht genau so aussehen wie meines, aber vielleicht können Sie ein wenig von dem gewissen Etwas hineinbringen, das mich auf meinem Weg geleitet hat – von Karola Ruth Siegel zur unverwechselbaren Dr. Ruth.

KAPITEL 1

Was ist *Joie de vivre*?

Vor langer Zeit habe ich fünf Jahre in Paris gelebt. Ich kam als frischgebackene Ehefrau an und konnte kein Wort Französisch, aber als ich Paris mit meinem künftigen zweiten Ehemann wieder verließ, sprach ich recht gut Französisch. Wie in jeder Sprache gibt es auch im Französischen Ausdrücke mit einer ganz eigenen Färbung, die sich eigentlich nicht übersetzen lassen. Ich will es trotzdem versuchen. *La Joie de vivre* heißt wörtlich »Lebensfreude«, meint aber eigentlich das Gefühl, wenn man sich quicklebendig fühlt, wenn die Lust am Leben aus allen Knopflöchern quillt und man am liebsten die Straße entlanghüpfen würde. So etwas kann man bei kleinen Kindern sehen, die vor Freude jauchzen und quietschen. Sie wissen, wie Lebenslust geht und wie man sie auslebt. Als Erwachsene lernen wir, Freudenschreie zurückzuhalten, unsere Gefühle zu verbergen und alle Tage mehr oder weniger gleichförmig zu verbringen. Wir gehen mit einem Pokergesicht durchs Leben und zeigen den anderen nichts von dem, was uns im Innersten bewegt. Das hat jedoch die schreckliche Nebenwirkung, dass wir unsere *Joie de vivre* ersticken.

Warum sind wir so? Warum haben wir Angst, fröhlich zu sein? Die Antwort ist, dass wir uns weniger vor der Freude fürchten als vielmehr vor den anderen Gefühlen, den negativen wie etwa Trauer oder Wut. In der Lebensgeschichte eines jeden Menschen gibt es schlimme Dinge, und um sie unter dem Deckel zu halten, unterdrücken wir am Ende lieber gleich alle unsere Gefühle, auch die schönen. Ich muss zugeben, dass ich das auch schon getan habe. Und ich hatte einige Gründe dafür, denn die traumatischen Erlebnisse zu Beginn meines Lebens waren fürchterlich.

Als Kind habe ich in Frankfurt gelebt und wuchs in einem orthodoxen Elternhaus auf. Das heißt, wir befolgten die religiösen Gebote etwas strenger als nicht-orthodoxe Juden, hatten einen strikt koscheren Haushalt, arbeiteten am Sabbat nicht und gingen in die orthodoxe Synagoge, in der Männer und Frauen räumlich getrennt beten. Ab etwa acht Jahren begleitete ich meinen Vater jeden Freitagabend in die Synagoge. Ich will nicht behaupten, dass ich in diesem Alter besonders fromm war. Aber ich war gerne mit meinem Vater zusammen und das umso lieber, als er mir unterwegs immer ein Eis kaufte. Das musste vor Sonnenuntergang geschehen – denn sobald der Sabbat begonnen hatte, durfte er kein Geld mehr anrühren. Folglich stand ich pünktlich auf die Minute bereit und achtete darauf, dass wir früh genug aufbrachen, um Zeit für das Eis zu haben.

Es war ungewöhnlich, dass ein Mädchen an einem Freitagabend in der Synagoge neben seinem Vater saß. Normalerweise war das den Jungen vorbehalten, aber da ich sein einziges Kind war, durfte ich in mancher Hinsicht die Rolle eines Sohnes spielen. Aus diesem Grunde wurde ich auch in die Samson-Raphael-Hirsch-Schule geschickt. Das war eine reine Mädchenschule, denn keine orthodoxe Schule in Deutschland durfte Mädchen und Jungen gemischt unterrichten, aber sie genoss einen viel besseren Ruf als die Schule in unserer Nähe. Unter meinen Klassenkameradinnen waren Mädchen, die von einem Kindermädchen in die Schule gebracht wurden und in einer riesigen Villa wohnten. Diese Schule war die größte jüdische Schule in Frankfurt. Die meisten jüdischen Kinder gingen in jüdische Schulen, teils, weil sie in öffentlichen Schulen oft von den anderen gehänselt wurden, teils aber auch, weil man bei den jüdischen Kindern das Judentum stärken wollte.

Ich selbst erinnere mich nicht, dass ich auf dem Schulweg je bedroht wurde, aber ich weiß, dass viele Schülerinnen und vor allem die Jungen von jugendlichen deutschen Schlägertrupps schikaniert wurden. Der Antisemitismus zog sich in Deutschland durch die Jahrhunderte wie ein roter Faden, der mal dicker, mal dünner war, aber nie ganz abriss; was einer der Gründe dafür ist, dass Hitler seinen Vernichtungszug gegen die Juden so leicht ins Werk setzen konnte. Natürlich war nach dem 9. November 1938, der sogenannten »Pogromnacht« – die ich als die Nacht des zerbrochenen Glases bezeichne –, jeglicher Anschein von Normalität für die Juden in Frankfurt dahin. Meine Schule wurde geschlossen und unsere Synagoge in Brand gesteckt. Als Hitler an die Macht kam, waren meine Eltern noch lange bemüht, ihre Befürchtungen vor mir zu verbergen, aber nach diesen Ausschreitungen war das unmöglich geworden. Von dieser Nacht an schlief ich bei meinen Eltern im Bett, weil ich Angst hatte, alleine zu schlafen.

Meine Eltern gaben sich nach außen hin vielleicht allzu unbeeindruckt. Nur eine Woche später, am 15. November, war ich mit meinem Vater unterwegs, als uns vor unserem Haus ein Nachbar ansprach und ihn eindringlich warnte: »Julius, du musst Deutschland so schnell wie möglich verlassen, am besten noch heute Abend. Hier wird es schlimm.«

»Vielleicht müssen wir eines Tages weg«, antwortete mein Vater, »aber morgen ist ein christlicher Feiertag, da sind wir bestimmt sicher.« Doch genau an diesem Morgen kamen zwei Gestapo-Männer in ihren langen Mänteln und glänzenden schwarzen Stiefeln in unsere Wohnung und nahmen meinen Vater mit.

Zwei starke Erinnerungen daran haben sich mir eingebrannt: Meine Großmutter trennte den Saum ihres Rocks auf, in den sie vorausschauend einige Silbermünzen eingenäht hatte. Sie gab sie einem der Gestapo-Männer und sagte, er solle gut für ihren Sohn sorgen. Was für eine Vorstellung! Die zweite Erinnerung, die ich daran habe, ist, dass ich ans Fenster rannte und meinen Vater in einen Lastwagen klettern sah. Ich weiß nicht, ob er mich sehen konnte, aber er schaute zu unseren Fenstern hoch und lächelte, als wolle er sagen: »Keine Sorge, alles wird gut.« Das war das letzte Mal, dass ich ihn sah.

Bald sollte sich zeigen, dass sein Unglück mein Glück war. Er wurde nicht in ein Vernichtungslager gebracht, sondern kam in ein Konzentrationslager. Später wurde er auch wieder nach Hause geschickt. Doch letztlich wurde er im Holocaust ermordet, zusammen mit meiner Mutter, meiner Großmutter väterlicherseits und meinen Großeltern mütterlicherseits. Aber weil man ihn abgeholt hatte, konnte ich das Land verlassen. Es gab damals sogenannte Kindertransporte, die einige deutsch-jüdische Kinder aus Deutschland herausbrachten. Damit man auf die Liste kam, musste unter anderem mindestens ein Elternteil von den Nazis abgeholt worden sein. Weil das bei mir zutraf, hatten meine Mutter und meine Großmutter einen Platz für mich in einem der Züge bekommen, die in die Schweiz fuhren.

Meine letzte Erinnerung an meine Mutter und meine Großmutter ist, dass sie bei der Abfahrt neben dem Zug herrannten, in dem ich saß, und mir zum Abschied winkten. Ich machte es wie mein Vater und lächelte ihnen zu, aber innerlich fühlte ich mich so verloren und hatte solche Angst, dass mir Tränen übers Gesicht liefen, sobald der Zug aus dem Bahnhof draußen war. Ich war zehn Jahre alt und fuhr mit einem kleinen Köfferchen und einer Puppe Gott weiß wohin. Es war meine Lieblingspuppe, eine Zelluloidpuppe der Marke Schildkröt. Auf dem Rücken hatte sie das bekannte Markenzeichen der Firma, eine Schildkröte in einer Raute.

Mir gegenüber saß ein kleineres Mädchen von etwa fünf bis sechs Jahren, ebenfalls mit tränenüberströmtem Gesicht. Sie hatte blonde Haare und trug ein hübsches blaues Kleidchen, weiße Strümpfe und schwarze Lackschuhe, als ginge sie zu einem Fest.

Meine Mutter und meine Großmutter hatten mich vernünftiger angezogen, weil sie wussten, dass es in den Bergen, denen wir entgegenfuhren, kalt sein würde, sodass ich Halbschuhe und dicke Wollsocken trug. Als ich sah, wie sich dieses kleinere Kind – das mir noch verletzlicher erschien als ich selbst – die Augen aus dem Kopf weinte, veränderte sich etwas in mir. Plötzlich war ich um die Kleine besorgter als um mich. In einem Anfall von Großmut (den ich später bereute, wie ich gerne gestehe) gab ich ihr die Puppe. Zuerst sah sie verwirrt aus, aber als ich ihr versicherte, dass sie jetzt ihr gehörte, flog ein helles Lächeln über ihr Gesicht. In diesem Augenblick begriff ich die Bedeutung der *Tzedaka*, was im Judentum »Wohltätigkeit« bedeutet und von der ich in der Synagoge so oft gehört hatte. Ich hatte meine Puppe hergegeben, aber die tiefe Befriedigung, die mir das verwandelte Gesicht des kleinen Mädchens schenkte, war eindeutig eine Belohnung für mich, und zwar eine, von der ich das Gefühl hatte, sie zähle auch vor Gott.

Die meisten Leute sehen in mir einfach diese kleine Frau, die mit einem drolligen Akzent über Sex spricht. Manche haben eine Ahnung von meiner Vergangenheit, und einige, vor allem Juden, wissen sogar eine ganze Menge über meine Kindheit. Aber wenn sie mich sehen, heitert sich ihre Miene oft auf, und sie lächeln, denn sie wissen, wenn Dr. Ruth im Haus ist, werden sie sich über ihre unverblümte Sprache amüsieren und vielleicht sogar ein paarmal herzhaft lachen können.

Wie kommt es, so frage ich mich selbst oft, dass ich so viele traurige Erinnerungen im Kopf haben und dennoch die Leute zum Lachen bringen kann? Das fällt mir natürlich auch nicht immer leicht, aber mein Geheimnis besteht darin, das Gehirn sozusagen in verschiedene Fächer aufzuteilen. Ich kann meine traurigen Erinnerungen wegschieben, wenn es nötig ist, aber sie lauern immer irgendwo im Hintergrund, und manchmal drängen sie sich in den Vordergrund, wenn ich am wenigsten damit rechne. Je mehr man übt, desto leichter wird es. Doch wenn Sie die Freude in den Vordergrund und in die Mitte Ihres Lebens rücken wollen, müssen Sie Ihre Emotionen spüren, selbst die traurigen. Sie müssen trauern und die Tränen fließen lassen. Wenn Sie die Trauer in sich unterdrücken, bleibt zugleich auch die Freude auf der Strecke.

Als ich meine ganze Familie durch den Holocaust verlor, war für mich unter anderem besonders schwer zu ertragen, dass alles wie in Zeitlupe zu geschehen schien. Lange Zeit bekam ich noch Briefe von zu Hause, und ich hatte keine Ahnung, welches Schicksal meine Eltern und Großeltern erwartete. Ich war hin und her gerissen zwischen dem Glauben, wir würden alle wieder vereint, und der Furcht, es könnte womöglich anders kommen. Daher hatte ich Hoffnung, obwohl es in Wirklichkeit gar keine Hoffnung gab. Irgendwann kamen dann keine Briefe mehr. Und auch das ohne Vorwarnung. Ich erhielt nicht etwa einen Brief, in dem stand, ab jetzt würde ich keine Post mehr bekommen. Es wurde einfach die Wartezeit zwischen dem letzten Brief und dem, der nie mehr kam, länger und länger. Ich war fest überzeugt, der nächste Brief sei eben noch unterwegs, und schrieb weiter nach Hause. Es war mir ein Rätsel, warum ich keine Antwort bekam – welches Kind hätte sich die schreckliche Wahrheit vorstellen können? Nebenbei bemerkt bin ich mir nicht sicher, ob sich vor dem Holocaust selbst viele Erwachsene die späteren Gräueltaten der Nazis hätten vorstellen können.

Da ich nicht erfuhr, was geschehen war, konnte ich auch nie wirklich loslassen. Ich war in einer Art Schwebezustand, eine Waise, die nicht recht glauben konnte, dass sie das wirklich war. Und dass ich die Wahrheit nicht glauben wollte, überschattete auch meine Zukunft. Das unbestimmte Gefühl, meine Eltern könnten eines Tages einfach wieder auftauchen, verfolgt mich noch heute. Ich werde dieses belastende Gefühl nie mehr verlieren. Und doch habe ich mein Leben nicht davon verdunkeln lassen.

Wie gelingt es mir, diese emotionale Entwurzelung mit einer Haltung der *Joie de vivre* zu vereinbaren? Und wie können Sie das auch, was immer Sie an schrecklichen Ereignissen in Ihrer Erinnerung gespeichert haben?

Die Antwort ist, sich auf die Gegenwart zu konzentrieren. Schenken Sie den Menschen, die Sie umgeben, Aufmerksamkeit. Stellen Sie Fragen, und hören Sie ihnen zu. Erzählen Sie allen, was Sie im Laufe des Tages erlebt haben, und stellen Sie es so amüsant wie möglich dar. Betonen Sie das Positive, und versuchen Sie, die Stimmung der Menschen zu heben – wenn Sie das tun, werden Sie feststellen, dass Sie zugleich Ihre eigene Stimmung heben. Wenn Sie dafür sorgen, dass Ihr Gehirn mit der Gegenwart beschäftigt ist, wird es unangenehme Gefühle aus der Vergangenheit in den Hintergrund drängen.

Das geht natürlich leichter, wenn Sie die richtigen Zuhörer haben. Manche Leute sind chronisch schlecht gelaunt und müde, und dafür habe ich in meinem Leben weder Zeit noch Platz. Leider kommt diese unangenehme Eigenschaft bei manchen im Alter stärker heraus. Junge Leute machen genau deshalb oft einen großen Bogen um ältere Menschen, weil viele von ihnen mit der Jugend auch ihre Lebensfreude verloren haben. Oft jammern sie nur noch über ihre Schmerzen und Wehwehchen und beklagen sich, alles sei so teuer geworden, und die Kinder würden nicht anrufen und so fort. Das soll nicht heißen, dass das Alter nicht vieles mit sich bringt, worüber man zu Recht klagen kann. Doch ein bestimmtes Alter zu erreichen, sollte nicht bedeuten, dass man für alle Zeit in einem Sumpf von Trübsal versinkt. Aber auch bei älteren Menschen können Sie die Stimmung verändern, wenn Sie mit Schwung und Energie ans Werk gehen.

Ich gebe Ihnen ein gutes Beispiel dafür: Immer wieder mal gehe ich für einige Tage auf ein Kreuzfahrtschiff. Ich mache nicht die ganze Reise mit, sondern gehe in irgendeinem Hafen an Bord, bleibe ein paar Tage, halte einige Vorträge, verlasse das Schiff wieder und fliege in die Ecke der Welt, in der ich gerade gebraucht werde. Was diese Trips für mich so attraktiv macht, ist nicht die

Aussicht, in einem Liegestuhl an Deck zu liegen und nur aufzustehen, um den Speisesaal anzusteuern. Sondern die kostenlose Reise. Natürlich esse ich an Bord, also arbeite ich gewissermaßen auch für mein Brot. Aber eigentlich rede ich für meine Fahrkarte. Das Einzige, was ich nämlich dafür tun muss, ist, ein oder zwei Vorträge zu halten. Wenn ich wollte, könnte ich die restliche Zeit in meiner Kabine sitzen, und das Kreuzfahrtunternehmen wäre völlig zufrieden. Aber ich nicht. Ich habe Freude daran, neue Menschen kennenzulernen, also streife ich durch das Schiff, und wenn jemand ruft: »Dr. Ruth!«, fange ich ein Gespräch an. Viele der Reisenden sind Ruheständler, aber schon allein die Tatsache, dass sie auf einer Kreuzfahrt sind, statt zu Hause zu sitzen und die Wände oder einander anzustarren, bedeutet, dass sie das Zeug zur *Joie de vivre* haben – und vielleicht aktiv auf der Suche danach sind. Für den Fall, dass ich auf Leute treffe, die sich unentwegt beklagen, stelle ich immer sicher, dass ich eine Kabine mit Balkon bekomme. So habe ich auf dem Dampfer einen Zufluchtsort, wenn ich mich zurückziehen und eine Weile ungestört lesen möchte.

Ich erfahre gerne etwas darüber, was die Leute machen, wenn sie nicht auf diesem Kreuzfahrtschiff sind. Denn erstens ist Dr. Ruth von Natur aus und natürlich auch von Berufs wegen neugierig; und zweitens ist das für mich auch immer ein bisschen wie eine Schatzsuche. Egal, ob Sie auf einer Kreuzfahrt oder einer Charity-Veranstaltung mit Galadinner mit möglichst vielen verschiedenen Leuten reden oder sich auf einem Flug erster Klasse mit Ihrem Nachbarn unterhalten – Sie begegnen mit Sicherheit einigen Menschen, die Ihnen in der einen oder anderen Weise weiterhelfen können. In meinem Fall sind sie vielleicht betucht genug, um etwas zu meinen Lieblingshilfsorganisationen beitragen zu können. Oder sie haben mit einem Unternehmen zu tun, das ein Projekt, an dem ich gerade arbeite, sinnvoll ergänzen oder unterstützen kann. Sooft also nur ein Hauch von Geld in der Luft liegt, nutze ich die Gelegenheit, um hilfreiche Verbindungen herzustellen, gerade wenn es um wohltätige Dinge geht.

Aber ich bin bei diesen Kreuzfahrten natürlich nicht nur als Spendensammlerin unterwegs, sondern ich spendiere selbst auch etwas jenseits meiner Pflichtvorträge. Auf jedem dieser Schiffe ist es mir ein besonderes Anliegen, jeweils einen Vortrag exklusiv für die Besatzung zu halten. Das verlangt niemand von mir, und ich vereinbare es auch erst mit dem Kapitän, wenn ich an Bord bin. Meistens findet der Talk am späten Abend statt, wenn die meisten Passagiere schon im Bett sind und die Besatzung etwas freie Zeit hat. Das ist für diese Leute so selten und besonders, dass es für sie ein Fest ist, und die fröhliche Atmosphäre schenkt mir wiederum große Freude. Die Besatzung dreht richtig auf, wenn sie mich an der Seite des (meist leicht verlegenen) Kapitäns über Sex reden hört, und dann bin ich voll in meinem Element.

Einmal war ich auf dem »Love Boat« eingeladen, dem amerikanischen Vorbild für die deutsche Fernsehserie »Das Traumschiff«. Es war ein besonderer Jahrestag, und der Schauspieler, der den Kapitän spielte, Gavin MacLeod, war ebenfalls an Bord. Alle Passagiere waren an Deck versammelt, und wir hielten beide eine Ansprache. Als ich an der Reihe war, gab ich den Leuten eine der typischen Dr.-Ruth-Hausaufgaben: »Wenn wir hier zu Ende sind, möchte ich, dass Sie alle in Ihre Kabinen zurückgehen und eine neue Stellung ausprobieren.«

Die Leute johlten, aber da schritt der Kapitän ein: »Augenblick mal, wenn Sie alle zur gleichen Zeit das Schiff zum Schaukeln bringen, gehen wir unter.«

»Gut«, sagte ich, »dann kommt ein Deck nach dem anderen dran. Wir fangen in der Mitte an, bei Deck drei!«

Hat tatsächlich jemand meinen Rat befolgt und eine neue Stellung ausprobiert? Wer weiß! Die Leute haben mir jedenfalls später zu verstehen gegeben, dass sie sich amüsiert haben; sei es, dass sie es offen aussprachen, mir zuzwinkerten oder mich anlächelten. Meine kleine Rede erteilte ihnen öffentlich die Erlaubnis zum Sex, zum Vergnügen, und nur darauf kam es an. Zwar machte niemand eine Kreuzfahrt, um Enthaltsamkeit zu üben, aber wenn ein Paar zu Hause immer auf die gleiche Weise Sex hat, dann ist die Gefahr groß, dass es auch an Bord eines Schiffes nichts Neues ausprobiert. Wenn die Leute aber mitten am Nachmittag mit einer Hausaufgabe von Dr. Ruth in ihre Kabine verschwinden sollen, gibt ihnen das vielleicht genau den Anstoß, den sie brauchen, um es einmal ein wenig anders zu versuchen – und etwas von der Lebenslust zu spüren, die ich ausstrahle und mit diesem Buch weitergeben möchte.

Ein sicherer Tipp, um der Gesellschaft missmutiger Leute zu entkommen, ist auch ganz einfach, sich mit guten Freunden und positiv gestimmten Menschen zu umgeben. Ich habe einen Freund, Dr. David Best, der mehrere Jahrzehnte jünger ist als ich. Viel wichtiger aber als sein Alter ist, dass er nach der Philosophie lebt, das Leben in jeder Hinsicht auszukosten. Zum Beispiel fährt er zu allen Olympischen Spielen. Das ist nicht gerade ein gängiges Hobby und hat ihn schon an manche ungewöhnlichen Orte geführt, aber so hat er immer etwas, worauf er sich freuen kann, sogar schon vier Jahre im Voraus.

Doch David setzt nicht nur darauf, eine möglichst komplette Besuchsliste bei den Olympischen Spielen zu haben. Nein, er liebt auch Hunde. Sein Jack-Russell-Terrier namens Elvis, der ihn fast ständig begleitet, darf sogar mit ins Büro. Es gibt ja viele Leute, die in ihre Hunde vernarrt sind. Bei David aber hat es schon einen Schlag ins Extreme. Als Elvis beispielsweise das Hundealter erreichte, das dem menschlichen Alter von dreizehn Jahren entspricht, veranstaltete David eine *bark mitzvah* in einem jüdischen Restaurant in Lower Manhattan. Als ich die Einladung dazu bekam, war ich etwas peinlich berührt. Als orthodox erzogene Jüdin empfand ich die ganze Idee als ziemlich blasphemisch, auch wenn ich weiß, dass David nicht der Erste ist, der so etwas macht. Da er aber ein guter Freund von mir ist und natürlich wollte, dass ich dabei war, konnte ich diese Einladung nicht ablehnen.

Mindestens hundert Gäste drängten sich in dem Saal, und wir verdrückten munter die verschiedensten Delikatessen der traditionellen jüdischen Küche: Pastrami, Kartoffelpuffer und vieles mehr. Hund Elvis begrüßte alle schwanzwedelnd, übrigens auch seine Mutter, die David extra aus Upstate New York eingeladen hatte. (Ich bin froh, dass niemand vom Gesundheitsministerium aufgetaucht ist, sonst wäre der Ehrengast mitsamt seiner Mama hinauskomplimentiert worden.) David stellt immer lustige Filme zusammen, die sich meist um Elvis drehen, so gab es natürlich ein Video zu sehen, in dem Elvis eine Reise nach Jerusalem macht, um sich auf seinen großen Tag vorzubereiten. Und dann kam die eigentliche Zeremonie. Elvis wurde nicht von einem Rabbiner, sondern von mehreren Hunderobotern hereinbegleitet, die mit Wunderkerzen besteckt waren. Der ganze Abend war völlig überspannt, aber irgendwann kam ich in Stimmung. Ich hatte Kauspielzeug für Hunde in Form jüdischer Spielsachen mitgebracht, wie etwa Dreidel, die jedes jüdische Kind kennt. Und obwohl sich ein Teil von mir innerlich wand, als ich zusehen musste, wie mit meiner Religion (und der Davids) Schindluder getrieben wurde, amüsierte ich mich gleichzeitig prächtig, besonders beim Tanzen.

Eine positive Einstellung zu entwickeln ist ein wesentlicher Teil meiner Philosophie der Lebensfreude. Wenn Sie an einem Event teilnehmen, dann genießen Sie es auch nach Kräften. Das kann heißen, dass Sie sich entweder voll ins Geschehen werfen und mit möglichst vielen Leuten sprechen. Oder dass Sie den einzigen interessanten Menschen im Saal ausfindig machen und ihn in eine Ecke manövrieren, wo Sie ein gutes Gespräch mit ihm führen können. Solange Sie davon etwas mit nach Hause nehmen, war es kein verlorener Abend, und Sie können mit dem Gefühl auf das Ereignis zurückblicken, es sei schön gewesen. Schwimmen Sie also nicht einfach nur mit dem Strom. Investieren Sie vielmehr überall, wo Sie sind, einen Schuss eigenes Herzblut, damit etwas Gutes dabei herauskommt.

Zurück zu David: Eines Tages rief er mich an und sagte, wir müssten uns treffen, er hätte etwas Wichtiges zu besprechen und bräuchte meinen Rat. Natürlich ging es um Elvis. Sie denken vielleicht, wenn er schon eine *bark mitzvah* beschließen konnte, ohne mich zu fragen, bräuchte er auch sonst zum Thema Elvis keinen Rat von mir. Aber diesmal war mein Freund, der Doktor, ganz und gar unentschlossen.

»Es wird eine Reality-TV-Serie geben, die sich um Hundebesitzer und ihre Hunde dreht. Die Produzenten haben das Video, das ich von der *bark mitzvah* gedreht habe, auf YouTube gesehen und haben mich mit Elvis zusammen eingeladen. Sie machen ein Casting.«

»Und wo ist das Problem?« fragte ich und stellte mir vor, Elvis würde landesweit im Fernsehen gezeigt und wäre bald berühmter als ich (was mir insgeheim natürlich gar nicht gefallen würde!).

»Die Serie wird in Kalifornien gedreht, und wenn Elvis und ich nicht gleich wieder aussortiert werden, könnten wir wochenlang dort unten festsitzen. Ich habe schließlich ein Unternehmen zu führen.« David ist zwar Arzt, aber er hat schon vor Jahren aufgehört zu praktizieren, um eine Karriere im Medizinmarketing aufzubauen.

»Was gibt es bei dem Wettbewerb zu gewinnen?«, erkundigte ich mich.

»Hunderttausend Dollar.«

»Dann geh. Erstens würdest du es ewig bereuen, wenn du es nicht wenigstens versucht hättest. Und zweitens gewinnst du vielleicht, wenn Ihr bis zum Schluss dabeibleibt, hunderttausend Dollar. So oder so, du kommst auf alle Fälle mit Elvis ins landesweite Fernsehen. Wenn du gewinnst, möchte ich bitteschön zehn Prozent, weil ich dir bei der Entscheidung geholfen habe!«

Ich hätte meinen Anteil an Wohltätigkeitsorganisationen gespendet, aber wie sich bald zeigte, ist Elvis kein sehr disziplinierter Terrier. Er und David schieden schnell aus dem Wettbewerb aus. Aber David holte in der Folge alles aus Elvis' zeitweiligem Ruhm heraus, was ging, und er wurde hier in New York ein kleiner Star. Das ist ein Beispiel für *Joie de vivre*.

Ich weiß, dass David auch ohne meinen Rat gegangen wäre. Was er eigentlich von mir wollte, war sozusagen die Erlaubnis, für vielleicht eine ganze Weile von seinem Unternehmen wegzubleiben. Solche Ratschläge zu geben oder Bitten zu erfüllen bin ich gewöhnt, weil mir so etwas oft passiert. Die Leute stellen mir Fragen, aber im Grunde wollen sie gar keine Antwort. Sie wollen meinen Segen für etwas, das vielleicht ein bisschen gewagt ist, wie ein flotter Dreier. Würden sie mich besser kennen, wüssten sie, dass ich ihnen in so einem Fall immer sagen werde, sie sollen die Finger davon lassen – aber sie dürfen ruhig fragen, denn wenn ich wenigstens ein paar von ihnen davon abhalten kann, ihre Ehe aufs Spiel zu setzen, habe ich etwas Gutes getan.

Letztlich geht es bei einer lebensfrohen Haltung darum, die besten Wege zur Freude am Leben zu finden. Lassen Sie mich ein weiteres französisches Wort vorstellen: *blasé*. Blasiertheit führt zum Gegenteil von *Joie de vivre*. Anstatt zu staunen, ist man nur gelangweilt. Jedes Jahr in den Ferien gehe ich in die Fifth Avenue, um die Dekorationen in den Schaufenstern der Kaufhäuser zu bewundern, und schaue staunend zum Weihnachtsbaum am Rockefeller Center hinauf. Wenn ich an eine Einladung komme, gehe ich sogar zum feierlichen Anzünden der Lichter, dem *Tree Lighting*, ganz gleich, wie kalt es ist. Es ist mir auch wichtig, jedes Jahr zur *Macy's Thanksgiving Day Parade* zu gehen. Weil ich Dr. Ruth bin, bekomme ich auch oft einen Platz auf der Ehrentribüne. Und obwohl ich schon viele Male dort war, freue ich mich immer darauf. Das sind keine exklusiven Veranstaltungen, die den Reichen und Berühmten vorbehalten sind. Was es dort zu sehen und zu hören gibt, ist für jeden zugänglich. Aber um sich daran zu freuen, brauchen Sie die Augen eines Kindes. Sie müssen den Umzug anschauen, als sähen Sie ihn zum ersten Mal, um zu spüren, wie aufregend er sein kann. Wenn Sie hingehen, über die Kälte klagen und sich sagen: »Na und? Was soll daran so toll sein?« – wenn Sie also *blasé* sind –, dann wird Ihnen Ihr ganzes Leben öde vorkommen, nicht nur die Thanksgiving-Parade.

Eine Frage, die ich häufig höre, ist: »Dr. Ruth, wie kann ich verhindern, dass sich Langeweile in mein Sexleben einschleicht?« Die Leute erwarten dann von mir eine Antwort wie: »Schlagen Sie Seite soundso viel im Kamasutra auf«, oder »Streichen Sie sich von oben bis unten mit Schlagsahne ein.« Ich bin sehr dafür, dass man Abwechslung in sein Sexleben bringt, aber das allein wird sexuelle Langeweile nicht kurieren. Denn Hauptproblem ist nicht, dass man immer auf die gleiche Weise Sex hat, sondern vielmehr, dass einen die ganze Beziehung langweilt. Wenn Sie beim Frühstück zu Ihrem Mann oder Ihrer Frau hinüberschauen und im Stillen denken: »Wie langweilig«, dann sind Sie keinen Deut weniger gelangweilt, wenn Sie in der Tominagi-Stellung nackt auf dem Boden liegen.

Die richtige Antwort auf diese Frage ist, mit aller Kraft daran zu arbeiten, die Langeweile aus jedem Aspekt der Beziehung zu vertreiben. Wenn also einer von Ihnen immer *blasé* ist, oder womöglich alle beide, und Sie reden ständig alles schlecht, was Sie machen, anstatt Wege zu finden, den Reiz des Erlebten miteinander zu teilen, dann ist Ihre Beziehung ziemlich sicher dem Untergang geweiht, wenn Sie nicht bald etwas ändern. Der beste Rat, den ich Ihnen geben kann, lautet: Finden Sie heraus, wie Sie so durchs Leben gehen können, dass Sie Augen und Mund aufreißen und Ihnen vor Staunen die Spucke wegbleibt.

KAPITEL 2

Das Mädchen, das nicht lernen durfte – und unter der Bettdecke Schulbücher las

Entwickeln Sie sich weiter und schauen Sie stets nach vorne

Da ich nur einen Meter vierzig groß bin, spricht mich natürlich die Idee an, dass Menschen nur darum einen Beitrag zur Gesellschaft leisten können, weil sie auf den Schultern von Riesen stehen. In meinem Fall sind das die Wissenschaftler, die als Erste die Sexualität des Menschen genauer zu erforschen begannen. Herausragende Männer und Frauen wie Alfred Kinsey, William Howell Masters und Virginia Johnson sowie Helen Singer Kaplan, bei der ich meine Ausbildung gemacht habe. Mein Aufstieg zur Sexualtherapeutin begann wesentlich bescheidener, und statt auf den Schultern von Riesen stand ich auf einer wackeligen, selbst errichteten Konstruktion: zwei dunklen Esszimmerstühlen aus Mahagoni, die ich aufeinandergestellt hatte und dann erklomm.

Ich war damals zehn Jahre alt und wohnte noch in Frankfurt. Mittelpunkt meines Lebens waren meine Eltern, Julius und Irma Siegel, sowie meine Großmutter väterlicherseits, Selma, in deren Wohnung wir lebten. Ich wusste nicht viel über Sex, aber ich hatte aus geflüsterten Bemerkungen, durch Körpersprache und sogar von einigen merkwürdigen Geräuschen, die ich nachts manchmal hörte, genug Informationen aufgeschnappt, um neugierig zu werden. Die meisten Bücher meiner Eltern standen ordentlich auf Bücherregalen im Wohnzimmer aufgereiht, aber es gab eines, das sie vor mir versteckt hielten und in einem verschlossenen Schränkchen auf einem Bord über einem Wandschrank aufbewahrten. Ich bin ja heute noch klein und war damals *noch* kleiner – aber ich wusste, wo der Schlüssel lag … und eines Nachmittags, als ich eine Weile alleine zu Hause war, beschloss ich, Eva zu spielen und einen Bissen vom Apfel zu nehmen.

Ich bastelte mir mein Klettergerüst, riskierte Kopf und Kragen, um an das Schränkchen zu gelangen, und holte das Buch heraus. Es hieß »Die vollkommene Ehe«. Später erfuhr ich, dass es von einem Mann namens Theodoor Hendrik van de Velde geschrieben worden und das klassische »Ehehandbuch« jener Zeit war. Ich überschlug die Teile, die mich nicht interessierten (wie zum Beispiel die Kunst der Konversation), und konzentrierte mich auf das Kapitel über Sex, das ins Auge fiel, weil es Zeichnungen von verschiedenen Positionen enthielt. Jetzt konnte ich mir endlich ein Bild davon machen, was da vor sich ging, aber damals hatte das im Grunde nicht viel Bedeutung für mich. Ich wusste nur, dass ich wie bei allem Verbotenen noch mehr darüber herausfinden wollte. Ich hatte aber nicht viel Zeit, meinen Wissensdurst zu stillen, denn schon bald hörte ich den Schlüssel im Türschloss. Hastig legte ich das Buch an seinen Platz zurück und hoffte, ich bekäme wieder einmal eine Gelegenheit, es mir näher anzusehen. Doch wegen des Holocaust kam ich nie mehr dazu, einen weiteren Blick hineinzuwerfen, und meine Eltern konnten mir auch nicht den üblichen Aufklärungsvortrag halten. So mussten also, wie sich zeigte, die paar heimlichen Blicke in das Buch als Grundlage meiner sexuellen Bildung genügen. Zumindest, bis ich durch eigene Erfahrungen mehr darüber lernte.

Natürlich schnitten mir die Nazis den Weg zur Bildung noch weit drastischer ab, sodass ich nicht nur über Sexualität wenig erfuhr. Die Schweizer Juden, die die Schule führten, in der ich landete, hielten es nicht für nötig, dass wir deutschen Flüchtlinge mehr als die Pflichtschuljahre absolvierten. Sie schienen zu glauben, wir hätten als Gegenleistung dafür, dass sie uns ein Dach über dem Kopf und drei Mahlzeiten am Tag boten, pflichtbewusst die schweizerisch-jüdischen Kinder zu betreuen, die in jenem Heim waren. Deshalb habe ich statt eines Abiturzeugnisses ein Schweizer Diplom für Hauswirtschaft, das ich stolz ganz unten an einem Schrank aufgehängt habe. Mein Kindheitstraum, Ärztin zu werden, löste sich in den Dämpfen der Reinigungsmittel auf, die ich jeden Tag benutzte, um die Schultoiletten zu putzen.

Trotzdem gelang es mir, in den sechs Jahren im Kinderheim in Heiden ein wenig Bildung zu ergattern, aber nur, weil ich einfallsreich war. Die Jungen unter den Flüchtlingen gingen regulär zur Schule und durften auch eine Sekundarschule besuchen, denn damals dachte man noch, Männer würden nicht zur Hausarbeit taugen. Da wir deutschen Flüchtlingskinder zusammenhielten und ich mich besonders an einen Jungen hielt, Walter, der den Spitznamen Putz trug, lieh er mir seine Schulbücher. Ich verstand nicht immer, was ich da las, vor allem in Mathematik, aber ich war entschlossen, mir die Bildung, die ich eigentlich in diesen Jahren erhalten hätte, nicht völlig entgehen zu lassen. Kurz bevor wir schlafen gingen, gab mir Putz immer ein oder zwei Schulbücher, und ich nahm sie mit ins Bett und studierte sie beim Licht einer Taschenlampe unter der Decke.

Solange ich sehr in Putz verliebt war, funktionierte dieses System gut. Aber es gab Zeiten, in denen ich Putz unmöglich fand. Zum Beispiel schrieb ich einmal in mein Tagebuch, er weigere sich, seinen Seitenscheitel so zu ziehen, wie ich verlangte. Ich machte daraufhin Schluss mit ihm. Aber ganz gleich, wie es um unsere Beziehung stand, ich konnte mir immer genug Stoff einverleiben, um nicht ganz ohne Wissen dazustehen.

Eines meiner Geheimnisse für ein lustvolles Leben ist, dass ich alles Schlechte, was mir zustößt, einfach wieder vergesse. Das soll nicht heißen, dass ich nie jemandem etwas nachtrage. Aber sobald ich vergessen habe, warum ich diesen Groll überhaupt hege, zerrinnt er mir zwischen den Fingern, zusammen mit den negativen Schwingungen, die alles Ungute begleiten. Diese Vergesslichkeit in puncto negativer Ereignisse habe ich nicht erst, seit ich älter bin. Glauben Sie also ja nicht, ich sei senil (auch wenn mir Momente altersbedingter Vergesslichkeit durchaus nicht fremd sind). Ich war schon immer so, und wahrscheinlich konnte ich deshalb auch so viele Male zur Frankfurter Buchmesse fahren. Nein, ich habe nicht vergessen, was die Nazis gemacht haben. Aber würde ich mich völlig von Deutschland abwenden, dann wäre das kein Triumph über Hitler. Er wollte nicht, dass ich in Deutschland aufwachse oder auch nur am Leben bleibe. Aber dann hat er Selbstmord begangen, während ich quicklebendig bin und das Leben auskoste, von Zeit zu Zeit sogar in der Stadt, aus der ich fliehen musste. Ich würde zwar nicht gerade ein deutsches Auto kaufen, weil ich nicht, sooft ich einsteige, an das erinnert werden möchte, was geschehen ist. Aber während ich mich die ersten Male, als ich wieder nach Deutschland fuhr, innerlich wappnen musste, habe ich das inzwischen überwunden. Man kann keine Lebensfreude empfinden, wenn man einen großen Brocken Bitterkeit mit sich herumträgt.

Als ich bei der *Steubenparade*, dem großen Fest der Deutsch-Amerikaner hier in New York, dazu eingeladen wurde, als *Grand Marshal* zu fungieren, hielt ich wieder einmal einen Moment inne, um zu überlegen, ob es für mich stimmig ist, diese Ehre anzunehmen. Sie finden mich bei jeder *Israel Day Parade* und bei der *Macy's Thanksgiving Day Parade* sowieso, ich nehme also an genug festlichen Umzügen teil. Und ich hatte keinen Zweifel, dass manche Mitglieder der jüdischen Gemeinde es nicht verstehen würden, wenn ich just diese Parade anführte. Aber nicht anzunehmen wäre der Aussage gleichgekommen, alle Deutschen wären von Haus aus böse. Wie könnte ich als Jüdin, die sich aktiv gegen Antisemitismus einsetzt, aufgrund derselben Logik ablehnen, die ich so sehr verachte? Also marschierte ich an der Spitze der Parade und amüsierte mich königlich.

Es war ein strahlend schöner Septembertag. Auf den Fahnen, mit denen die Laternen an der ganzen Fifth Avenue entlang geschmückt waren, prangte ein Bild von mir, und sooft wir an einer vorbeikamen, lachte ich vor Freude übers ganze Gesicht. Und ich hatte während der gesamten Zeit zwei Polizeibeamte als Begleitschutz bei mir. Sie hatten mich zu Hause abgeholt, und auf der Fahrt zum Startpunkt der Parade hatte ich sie gebeten, die Sirene ihres zivilen Polizeiautos einzuschalten. (Pssst – nicht dem Polizeichef weitersagen, sonst bekommen sie vielleicht Ärger.) Ich ging also die Fifth Avenue entlang, mit all den teuren Apartmenthäusern auf der einen Seite und dem Central Park auf der anderen, Tausende von Menschen winkten mir zu und riefen: »Dr. Ruth! Dr. Ruth!« Ich winkte zurück und ließ meinen Blick über die Menge am Straßenrand wandern, um zu sehen, ob ich ein bekanntes Gesicht entdeckte. Als wir an der Ehrentribüne ankamen, war ich fast ein bisschen traurig, dass wir nicht mehr weitergingen, denn damit war es auch mit den Jubelrufen vorbei.

Stellen Sie sich vor, ich hätte aufgrund von Ereignissen, die siebzig Jahre zurücklagen, die Gelegenheit versäumt, eine solche Welle der Bewunderung zu erleben. Die vergangene Zeit mindert nicht im Geringsten, was geschehen ist, aber die meisten Menschen, die mich hier ehrten, waren damals noch gar nicht geboren, sodass sie mit Sicherheit nicht daran mitgewirkt haben. Und wenn wir beweisen wollen, dass Hitler unrecht hatte – dass es keine überlegenen und unterlegenen Völker gibt –, dann müssen wir alle gleich behandeln, und das gilt auch für alle Deutschen, die nach dem Zweiten Weltkrieg geboren wurden.

Ich stehe auch sehr gut mit der Schweizer Community hier in New York. Die letzten drei Schweizer Generalkonsuln haben mich viele Male in ihre Residenz eingeladen, entweder einfach zum Abendessen oder zu Konzerten, die sie dort veranstalteten. Und ich bin regelmäßig auf dem alljährlichen *Swiss Ball*, bei dem viele in New York lebende Schweizer zusammenkommen und ihre Traditionen feiern. Auch gegenüber den Schweizern sind meine Gefühle gemischt. Einerseits haben sie mir das Leben gerettet, und dafür werde ich immer dankbar sein. Andererseits kann ich nicht anders, als auch an all die jüdischen Kinder zu denken, die sie nicht aufnehmen wollten. Außerdem wurde ich nicht besonders gut behandelt, solange ich dort war (dabei waren die Verantwortlichen doch Schweizer Juden).

Als der Krieg vorbei war, musste ich das Land gleich wieder verlassen. Ich weiß gar nicht, ob ich hätte bleiben wollen, aber danach wurde ich nicht gefragt. Wir waren Flüchtlinge, und nachdem die Kämpfe zu Ende waren, sagte man uns ausdrücklich, es sei jetzt Zeit, woanders hinzugehen. Aber wenn die Schweizer mich heute wie eine Prominente behandeln wollen, warum soll ich mich dann nicht darüber freuen? Es gibt den Ausdruck »sich ins eigene Fleisch schneiden«, und heute den herzlichen Empfang bei den Schweizern abzulehnen, weil ich 1940 nicht in die Schule gehen durfte, würde genau das bedeuten: Ich würde mir ins eigene Fleisch schneiden. Außerdem fahre ich fast so oft in die Schweiz wie nach Israel. Überwiegend, weil einige liebe Freunde von mir dort leben, aber auch, weil ich eine Vorliebe für Wanderungen in den Schweizer Alpen habe – von Schweizer Schokolade gar nicht erst zu reden!

Doch obwohl ich mich mit Deutschen oder Schweizern wohlfühlen kann, kommt nichts an die Feste heran, die ich mit jüdischen Freunden feiere, besonders mit jenen, die damals mit mir in der Schweiz gelebt haben. Wenn wir zusammenkommen und stundenlang zu traditionellen israelischen Folksongs tanzen – obwohl wir heute alle ziemlich alt sind –, spürt man auf Schritt und Tritt unsere *Joie de vivre*. Weil jeder von uns um Haaresbreite zusammen mit dem Rest seiner Familie den Tod gefunden hätte, haben wir alle den Drang, die uns verbleibenden Tage in Fülle zu leben und zu genießen. Vergleichen Sie uns mit einem üblichen Highschool-Klassentreffen, und Sie haben Lebensfreude im 3D-Surround-Sound!

Ein Grund für unseren Zusammenhalt ist, dass wir eine gemeinsame Feindin hatten. Jeder hat unter seinen Lehrern einen, der bei allen unbeliebt ist, aber wir hatten eine Leiterin, die alle anderen in den Schatten stellte. Am Tag meiner Ankunft in Heiden beobachtete ich, wie sie die Tafel Schokolade stahl, die mir meine Großmutter in den Koffer gepackt hatte. Sie sagte uns, wenn wir abends nach oben zu Bett gegangen wären, dürften wir nicht noch einmal nach unten. Dort waren aber die Toiletten, und weil wir wussten, dass wir nicht mehr dorthin durften, mussten wir umso dringender. Folglich nässte ich mehrmals das Bett, wie einige andere auch. Dann demütigte sie uns nicht nur vor den anderen Kindern, indem wir unsere Leintücher auswaschen mussten, sondern befahl uns auch, es unseren Eltern zu schreiben. Viel schlimmer als ihre täglichen Grausamkeiten aber war, dass sie uns sagte, unsere Eltern seien Schlangen, also wie Tiere, die angeblich ihre Jungen fressen, weil sie uns weggeschickt hatten. Wie gemein kann ein Mensch nur sein? (Einmal sah ich sie auf dem Glatteis ausrutschen und hinfallen, und ich lachte und lachte. Ich bekam Schläge dafür, aber das war es wert.)

Wenn man gemeinsam unter der Fuchtel von jemandem wie unserer Heimleiterin gestanden hat und nirgendwo Zuflucht suchen, sich nicht an eine liebevolle Familie wenden konnte, dann erwächst daraus auch etwas Gutes: ein Gemeinschaftsgefühl. Unsere Eltern waren für uns nicht erreichbar, also suchten wir Halt beieinander. Wir knüpften Bindungen, die so stark sind, dass sie ein Leben lang halten. Und wenn wir zusammenkommen, sind wir nicht verbittert. Wir weinen nicht über das, was geschehen ist. Vielmehr finden wir Wege, einander zum Lachen zu bringen. Wenn man erst einmal gelernt hat, einer Sache, die sauer wie eine Zitrone ist, ein wenig Spaß abzupressen, verliert man diese Fähigkeit nie mehr. Man lernt, sich nicht mit dem Schrecklichen im eigenen Leben aufzuhalten, weil man sich einem überwältigenden Schrecken stellen musste und weiß, dass man dorthin nicht wieder zurückwill. Man hält nach dem Guten Ausschau, das das Leben zu bieten hat, und beklagt sich nicht mehr über Kleinigkeiten.

Was ist es, das uns verbindet, die wir in Heiden lebten? Nur die äußerliche Tatsache, dass wir gemeinsam in einem Kinderheim untergebracht waren – oder war es etwas anderes, etwas Inneres? Das ist eine gute Frage, und ob Sie es glauben oder nicht, ich kann sie beantworten, weil ich mich dasselbe gefragt habe. Für meine Masterarbeit an der New School habe ich eine Untersuchung über die anderen Kinder gemacht, die mit mir in Heiden waren. Einige Jahre später grub ich mithilfe eines bekannten Schweizer Journalisten noch mehr Material aus, und daraus entstand dann mein erstes Buch: »Die Geschichte der Karola Siegel«. Keine Sorge, ich breite das an dieser Stelle nicht weiter aus, denn schließlich sind Sie gerade mitten in einem anderen Buch, aber ich sah meine Grundannahme bestätigt: Weil wir alle aus Familien kamen, die vor der Machtergreifung Hitlers liebevoll und solide waren, hatten wir auch alle ein tragfähiges Fundament, das uns ermöglichte, zu tüchtigen und produktiven Menschen heranzuwachsen. Obwohl wir unsere Eltern verloren hatten und in Heiden einige harte Jahre durchstehen mussten, fiel keiner von uns aus der Gesellschaft heraus oder entwickelte eine Sucht. Wir konnten alle eine eigene Familie gründen und sie ernähren. Unsere Wurzeln hatten Halt gefunden, und wir wurden mit den Härten jener Jahre fertig. Wir trugen Narben davon, aber keine tödlichen Verletzungen.

Die Lehre, die ich Ihnen damit nahebringen möchte, lautet: Wenn Sie eine Kindheit hatten, die Ihnen starke Fundamente mitgab, dann haben auch Sie einen Hintergrund, aus dem Sie enorme Kraft schöpfen können. Wenn Sie ein Problem haben, dann sagen Sie sich nicht, Sie könnten es nicht bewältigen. Stärken Sie in sich die Überzeugung, dass Sie aufgrund Ihrer Erziehung die Kraft haben, mit beinahe allem fertigzuwerden. Und das stimmt auch! Ihre elementaren Kräfte zu erkennen, ist ein wichtiger Schritt auf dem Weg zur Lebenslust. Sie können sich darauf verlassen, dass wieder bessere Tage kommen, weil Sie zuvor schon gute Tage gekannt haben. Und Sie können Freude im Augenblick finden, weil Sie die Widerstandsfähigkeit haben, die Probleme zu lösen, die Sie vielleicht gerade belasten.

Noch etwas anderes hat in meinem Leben eine große Rolle gespielt, nämlich der Glaube. Dabei meine ich jetzt nicht den religiösen Glauben, sondern den Glauben an sich selbst. Wenn Ihr Hintergrund Ihnen nicht das solide Fundament gegeben hat, das wir Kinder in Heiden vorher von unseren Familien mit auf den Weg bekommen hatten, brauchen Sie etwas anderes, das Sie trägt, und in diesem Fall müssen Sie es selbst errichten. Sie müssen daran glauben, dass Sie die Fähigkeiten haben, vorwärtszukommen. Das soll nicht heißen, dass es nicht Tage geben wird, an denen dieser Glaube erschüttert wird, denn die gibt es immer. Wenn etwas gründlich schiefgeht, werden Sie sich fragen, ob Sie das Zeug haben, es trotzdem zu schaffen. Aber Sie müssen lernen, wieder auf die Füße zu kommen.

Als ich schwer verletzt wurde – dazu kommen wir noch –, war ich nicht sicher, ob ich je wieder würde gehen können. Aber ich zwang mich dazu, den nötigen Mut zu fassen. Ein Motiv dabei war der Gedanke, dass ich meine Familie verloren und deshalb die Pflicht hatte, weiterzumachen. Stand ich tatsächlich unter irgendeinem Druck, mich um ihretwillen erfolgreich zu schlagen? Natürlich nicht, meine Eltern waren aus dieser Welt geschieden. Aber ich nutzte diese Logik, um meine Kräfte neu zu sammeln.

Wenn es nicht die engste Familie ist, die Ihrem Leben Halt gibt, dann vielleicht die Religion oder andere Verwandte, ein Lieblingslehrer oder eine Lieblingslehrerin, Ihr Land, Ihr Volk – die Möglichkeiten sind unbegrenzt. Wenn Sie sich die Überzeugung zu eigen machen, dass Sie in Ihrem Tun nicht allein sind, ganz gleich, wie einsam Sie sich vielleicht fühlen, werden Sie in dem Glauben, den Sie aufgebaut haben, die nötige Kraft finden. Falls Sie mir nicht glauben, denken Sie nur an die vielen Soldaten, die sich ohne Zaudern in die Schlacht gestürzt und ihr Leben riskiert haben, um ihr Land zu schützen. Ihr Glaube gab ihnen den notwendigen Mut. Auch Sie können eine ähnliche Glaubensquelle finden, um schwere Zeiten durchzustehen.

KAPITEL 3

Wie ich Scharfschützin wurde und eine stürmische Liebesbeziehung begann

Folgen Sie Ihren Leidenschaften

Es gab eine Zeit, in der die berühmtesten Stars der USA ihre jüdischen Wurzeln verbargen, so zum Beispiel Kirk Douglas (der als Issur Danielovitch geboren wurde) oder Lauren Bacall (geborene Betty Joan Perske). Und einige tun das noch immer. Oder zumindest sprechen sie nicht darüber, weil sie das Gefühl haben, es könnte einer Karriere im Showbusiness hinderlich sein. Mein Berufsziel war nie, prominent zu werden; ich ließ meinen Familiennamen nur aus dem einzigen Grund fallen (was dazu führte, dass ich als Dr. Ruth bekannt bin, statt als Dr. Ruth Westheimer): Die Leute konnten ihn schlecht behalten und im Radio nur schwer aussprechen. Ich war immer sehr stolz darauf, Jüdin zu sein. Ich habe wegen meines Glaubens so viel gelitten, dass ein Verbergen meiner jüdischen Herkunft für mich nicht mehr und nicht weniger bedeutet hätte, als Hitler einen Teilsieg zuzugestehen. Daher wissen die meisten Leute, dass ich Jüdin bin. Aber meine Vergangenheit hält dennoch Überraschungen bereit. Die größte? Dass ich aus Deutschland stamme – keine Überraschung. Dass ich Großmutter bin – keine Überraschung. Dass ich Scharfschützin bin – ganz entschieden eine Überraschung!

Als es Zeit war, die Schweiz zu verlassen, musste ich entscheiden, wohin ich gehen wollte. Nach Deutschland zurück? Nach dem, was dort geschehen war, auf keinen Fall! Aber wenn meine Eltern oder andere Familienmitglieder noch am Leben sein sollten, würden sie – daran hatte ich nicht den geringsten Zweifel – als Allererstes zurückkommen und mich suchen. Und wo würden sie ihre Suche beginnen? *Eine* logische Möglichkeit war Frankfurt. Dort hatten sie mich zuletzt gesehen, und vielleicht hatten sie dort auch noch Hab und Gut. Dort wäre ich an ihrer Stelle hingegangen. Wenn ich nun irgendwo anders hinging, wie konnten sie mich dann finden? Inzwischen hatte ich zwar genug über den Holocaust erfahren, um zu wissen, dass sie höchstwahrscheinlich nicht mehr lebten. Aber es ging schließlich um meine Eltern, und da zählte selbst die kleinste Chance. Dadurch wurde die Entscheidung, die mir sonst wohl relativ leichtgefallen wäre – nach Palästina zu gehen –, wahrhaft herzzerreißend. Ein Stück weit gab mir mein Entschluss das Gefühl, meine Familie im Stich zu lassen. War es nicht meine Pflicht, in die Wohnung zurückzukehren, in der wir gelebt hatten, und darauf zu warten, dass sie vielleicht wieder auftauchten? Mein einziger Trost war, dass Palästina sicherlich der zweite Ort war, an dem sie mich suchen würden. Trotzdem lag mir auf dem Weg dorthin der Gedanke, dass ich aufgrund dieser Entscheidung meine Eltern vielleicht nie wiedersehen würde, bleischwer auf der Seele.

Als ich in Palästina ankam, sagte man mir sehr energisch, ich müsse meinen deutschen Vornamen, Karola, ablegen. Alles Deutsche wurde als belastet angesehen und war verpönt, es spielte keine Rolle, dass es der Name war, den meine lieben Eltern mir gegeben hatten. Aber falls meine Eltern mich suchten und auf den Gedanken kamen, in Palästina nach mir zu forschen, wie konnten sie mich finden, wenn ich meinen Namen geändert hatte? Schließlich fand ich eine halbwegs akzeptable Lösung und tauschte meine beiden Vornamen einfach aus, sodass aus Karola Ruth eine Ruth Karola wurde. Ich redete mir ein, so könnten mich meine Eltern leichter aufspüren. Aber in Wahrheit verringerte ich damit die Chancen, dass irgendjemand aus meiner Familie mich je wiederfinden würde. Und ich verlor durch diese Veränderung auch meine bisherige Identität. War es sowieso schon ein schmerzhafter Prozess, Ruth zu werden, so kamen jetzt noch Schuldgefühle hinzu.

Alle diese Gedanken wären mir niemals gekommen, wenn ich sterbliche Überreste meiner Eltern gehabt hätte oder ein Grab auf einem Friedhof hätte besuchen können. Dass ich diese Art von »Beweis« nicht besaß, hinterließ eine offene Wunde, die nie ganz verheilte. Manchmal träume ich noch heute, ich würde meine Eltern wiederfinden. Diese Erfahrung hilft mir dabei, die Gefühle von Angehörigen derjenigen Menschen besser zu verstehen, die etwa bei den Terroranschlägen am 11. September 2001 oder bei anderen tragischen Ereignissen ums Leben gekommen sind, deren Überreste aber nie gefunden wurden. Die Hoffnung, diese Vorstellung – dass der Mensch, den Sie lieben, vielleicht davongekommen ist und irgendwo verletzt in einem Krankenhaus oder im Koma liegt oder womöglich das Gedächtnis verloren hat und jetzt ein neues Leben führt – bleibt immer bestehen. Trauern ist wichtig, damit ein Mensch seine seelische Gesundheit wiedererlangt. Wer diese Gefühle nicht intensiv erleben kann, hat es schwer, einen Verlust völlig zu bewältigen.

Im Schweizer Kinderheim verarbeitete jeder von uns diesen Verlust auf andere Weise. Ich wurde Zeugin eines Beispiels dafür, als mein Freund Putz ins Büro der bösartigen Heimleiterin beordert wurde. Da ich wusste, dass das nichts Gutes bedeuten konnte, und sah, dass die Tür ein wenig offen stand, stellte ich mich davor und spähte horchend hinein. »Walter, wir haben die Nachricht bekommen, dass laut einer Aktennotiz deine Eltern nach Buchenwald gebracht wurden. Sie sind nicht unter den Überlebenden.« Walter sagte nichts. Er schaute an ihr vorbei und fing dann an zu lachen. Er lachte immer lauter und lauter, bis die Leiterin ihm eine Ohrfeige gab. Da reichte es mir. Ich stieß die Tür auf, rannte ins Zimmer und rief: »Rühren Sie ihn nicht an! Ich habe einen Brief von meinem Vater bekommen! Er und meine Mutter und meine Großmutter sind in Tel Aviv in Sicherheit! Mein Vater hat Arbeit auf einem Bauernhof gefunden! Wir haben ein kleines Häuschen ganz für uns allein! Walter kann mit zu mir kommen! Alle können mit zu mir kommen!«

Die Heimleiterin brachte diese Seifenblase zum Platzen, indem sie mich anknurrte: »Karola, ich habe keinen solchen Brief gesehen.« Natürlich lebte auch ich nicht ernsthaft in dieser Fantasie. Ich hatte sie aus dem Augenblick heraus erfunden, denn als ich Walter so lachen sah, wollte ich ihn instinktiv beschützen. Aber so gerne ich ihm in diesem Moment einen Rettungsring zuwerfen wollte: In Wahrheit ertranken wir doch allesamt beinahe in unserem Kummer.

Viele von uns machten sich auf den Weg nach Palästina. Als ich dort ankam, arbeitete ich zuerst eine Zeit lang in einem Kibbuz und ging dann nach Jerusalem, um mich zur Kindergärtnerin ausbilden zu lassen. 1948 brach der Unabhängigkeitskrieg aus, und wir Juden liefen Gefahr, unser Stammland zu verlieren. Das wollte ich auf keinen Fall zulassen, daher meldete ich mich freiwillig zu einer Untergrundorganisation. Es gab mehrere paramilitärische Gruppen, aber die größte war die Hagana, und der trat ich bei. Als ein Meter vierzig große Frau wäre ich von jeder anständigen Armee auf der Welt weggeschickt worden, aber es gab damals nicht viele Juden in Palästina (und nach dem, was die Nazis unserem Volk angetan hatten, auch sonst nirgendwo). Es gab aber zahlreiche Araber in den Ländern ringsum, die versuchten, die Bildung eines jüdischen Staates zu verhindern. Also wurden alle Hände gebraucht. Selbst die von Leuten wie mir, für die nur schwer passende Kleidung zu finden war, die als eine Art Uniform durchgehen konnte. Doch obwohl ich nicht mit meinem Geschlecht und meiner Größe punkten konnte, stellte sich heraus, dass ich andere Fähigkeiten hatte, die mich zu einer wertvollen Guerillakämpferin machten.

Als Erstes brachte man mir bei, eine Maschinenpistole auseinanderzunehmen und mit verbundenen Augen wieder zusammenzusetzen. Ich weiß nicht, wie nützlich diese Fertigkeit ist, aber wenn die Waffe mitten in der Nacht in einem Kampf eine Ladehemmung hat, ist man sicher froh, wenn man weiß, was zu tun ist. Auf jeden Fall wurde ich darin richtig gut. Wir wurden derart gedrillt, dass ich wette, wenn man mir heute so eine Maschinenpistole gäbe, könnte ich es immer noch, nur müsste ich vielleicht ein wenig mogeln und die Augenbinde wegschieben. Wir bekamen eine kurze Einweisung ins Schießen, dann wurde ich auf den Schießstand geschickt und bekam eine Waffe in die Hand gedrückt, die fast so groß war wie ich selbst. Im Stehen war sie schwer zu handhaben, aber ich wurde angewiesen, mich im heißen Sand auf den Bauch zu legen und auf eine Zielscheibe zu schießen, die in weiter Ferne stand. Ich rutschte herum und suchte noch eine Kopfhaltung, in der ich das Ziel anvisieren konnte, da trat der Ausbilder hinter mich.

»Siegel, was ist los?«

»Ich finde keine passende Position«, sagte ich und zappelte auf der Erde herum wie ein Hund, der versucht, die richtige Stellung für ein Schläfchen zu finden.

»Soll ich Ihnen ein Kissen bringen? Die Hagana hat jede Menge. Unsere Kämpfer sollen es schließlich bequem haben.«

»Ich gebe mir ja alle Mühe, aber ich habe das noch nie gemacht«, sagte ich und tat mir dabei ein wenig leid.

»Passen Sie auf, ich gebe Ihnen etwas Besseres als ein Kissen. Sehen Sie die Zielscheibe da vorne? Stellen Sie sich vor, Adolf Hitler stünde dahinter, und sein Herz wäre genau dort, wo der rote Kreis ist. Schauen Sie mal, ob es dann nicht leichter geht.«

Und es ging. Meine Gefühlslage änderte sich schlagartig. Statt in Selbstmitleid zu schwelgen, spürte ich einen Adrenalinstoß. Endlich hatte ich die Chance, mit dem Mann abzurechnen, der meine

Familie zerstört hatte, selbst, wenn das nur in meinem Kopf geschah. Der Kolben schmerzte an meiner Wange, und ich bekam Sand in die Bluse, aber das war mir egal. Ich zielte, drückte langsam den Abzug, wie ich es gelernt hatte, und feuerte fünf Kugeln ab. Und alle trafen in den roten Kreis!

Es stellte sich heraus, dass ich die Gabe besitze, Kugeln genau dorthin zu platzieren, wo ich sie haben will. Dabei hatte ich nicht etwa zu Hause in Frankfurt Cowboy und Indianer gespielt, aber aus irgendeinem Grund kann man mir ein Gewehr in die Hand drücken und eine Zielscheibe vor mich hinstellen, und ich treffe mit meinen Kugeln genau in die Mitte. Dieses Talent habe ich auch nie verloren. Einmal ging ich mit meinem Enkel Ari auf einen Jahrmarkt, und wir kamen an einer dieser Schießbuden vorbei, bei denen man Preise bekommt, wenn man das Ziel trifft – was aber nur wenigen gelingt, weil es viel schwerer ist, als es aussieht. Da fiel Ari wieder ein, dass ich erzählt hatte, ich sei einmal Scharfschützin gewesen, und er wollte Taten sehen. Wir kamen mit einem Dutzend Plüschtiere und einem Goldfisch in einer Plastiktüte voll Wasser nach Hause. Meine Tochter war wütend auf mich, weil sie nicht wusste, wohin sie mit all den Gewinnen sollte!

Obwohl ich sicher sehr bereitwillig auch in Wirklichkeit auf Hitler gezielt hätte, bin ich dankbar, dass ich nie auf einen Menschen schießen musste. Als Hauptaufgabe hatte man mir in der Hagana zugewiesen, mich auf dem Dach eines Gebäudes zu postieren und einen Kontrollpunkt unten im Auge zu behalten. Hätte sich jemand den Durchgang zu erzwingen versucht, hätte ich meine Schießkunst unter Beweis stellen müssen. Nur einmal, als ich Dienst hatte, vergaß jemand das Passwort. Ich sah, dass es ein Problem gab, griff nach meiner Waffe und entsicherte. Aber plötzlich fand der Mann unten seine Sprache wieder, nannte das Passwort, und ich konnte meine Waffe wieder zur Seite stellen.

Aber ich stand nicht nur auf Dächern und war bereit, feindliche Eindringlinge zu erschießen, sondern diente auch als Melderin. Ich war schnell. Außerdem dachten die Verantwortlichen vermutlich, da ich so klein bin, würde ich den Scharfschützen der Gegenseite wenig Angriffsfläche bieten, auf die sie zielen konnten. Das sagte zwar niemand laut, aber wenn ich eine Nachricht überbrachte, blieb ich ständig in Bewegung und duckte mich so dicht an den Boden, wie es eben ging, denn ich wusste, wenn sie mich als Melderin losschickten, war die Sache riskant.

Mein Einsatz für die Hagana dauerte nicht sehr lange. Er endete abrupt, als ich schwer verletzt wurde, was jedoch nichts mit meinen Aufgaben als Wachposten oder Melderin zu tun hatte. Es war an meinem zwanzigsten Geburtstag, dem 4. Juni 1948. Ich war in dem Mädchenheim, in dem ich während meiner Ausbildung zur Kindergärtnerin wohnte, die ich auch in der Zeit bei der Hagana fortsetzte. An jenem Nachmittag kündigten Sirenen einen Luftangriff an, und das hieß, dass ich schleunigst den Schutzraum im Keller aufsuchen sollte. Das war ein großer Raum mit Bänken an den Wänden, der mit Kerzen beleuchtet wurde. Da so ein Alarm ziemlich häufig vorkam, hatte ich keine übermäßige Angst. Aus Erfahrung wusste ich, dass wir vielleicht eine ganze Weile dort unten ausharren mussten. Eine Freundin hatte mir zum Geburtstag einen Roman in hebräischer Sprache geschenkt, und ich beschloss, noch schnell in mein Zimmer hinaufzulaufen, mir das Buch zu schnappen und dann in den Schutzraum zu gehen. Als ich auf dem Weg nach unten in der Eingangshalle angekommen war, schlug eine Granate direkt vor der Haustür ein. Splitter flogen in alle Richtungen. Plötzlich war überall Schutt und Blut, und von der Decke rieselte der Putz herunter. Drei Menschen starben, darunter ein Mädchen, das direkt neben mir gestanden hatte. Ich wurde gegen eine Wand geschleudert, kann mich aber nicht genau erinnern, wie das geschah. Ich hatte Granatsplitter im ganzen Körper, aber den schlimmsten Schmerz spürte ich in meinen Beinen. Ich schaute hinunter und sah, dass meine Freundin Hannelore meine neuen Schuhe aufzubinden versuchte, die ich zum Geburtstag bekommen hatte. Verblüfft fragte ich mich, warum sie das tat. Erst als die Schuhe von den Füßen herunter waren, sah ich, dass dort alles voll Blut war. Ich fragte sie: »Muss ich jetzt sterben?«

Ich fühlte mich sehr benommen. Ob das am Blutverlust lag oder an meiner Angst, nie mehr gehen zu können, weiß ich nicht. Aber als die Ambulanz kam und ich auf eine Trage gelegt wurde, kämpfte ich gegen das Gefühl einer beginnenden Ohnmacht und wollte unbedingt wach bleiben. Ich kannte einen Arzt im *Hadassah*-Krankenhaus, deshalb wollte ich dorthin gebracht werden.

»Bringen Sie mich ins *Hadassah*-Krankenhaus«, forderte ich den Fahrer auf.

»Glauben Sie vielleicht, das ist ein Taxiunternehmen? Ich bringe Sie dorthin, wo man mir sagt.«

»Aber ich habe dort einen guten Freund«, erklärte ich. »Er ist Arzt, und er wird sich um mich kümmern.«

Der Fahrer zögerte, und ich merkte, wenn ich noch weiter bettelte, würde er meinen Wunsch erfüllen.

»Ich bin Waise, meine Eltern sind im Holocaust umgekommen. Wenn ich sterben muss, will ich nicht alleine sterben. Im *Hadassah*-Krankenhaus sehe ich zumindest das Gesicht eines Freundes.«

Ich spiele die Holocaust-Karte nur ungern, aber ich war verzweifelt, und es half. Der einzige Haken war, dass der Arzt, den ich kannte, gerade keinen Dienst hatte. In meinem Körper steckten so viele Granatsplitter, und ich blutete so stark, dass ich nicht warten konnte, bis er kam. Aber weil ich mich auf ihn berief, konnte ich einen Freund von ihm dazu bewegen, sich meiner anzunehmen. Ich hatte einen ziemlich großen Splitter im Hals, der zum Glück keine Arterie getroffen hatte, sonst wäre ich niemals davongekommen. Ich hatte auch die Oberseite meines rechten Fußes eingebüßt, aber der Chirurg machte seine Sache ausgezeichnet und flickte mich wieder zusammen. (Als später alles verheilt war, konnte ich wieder tanzen und irgendwann sogar Ski fahren. Und nein, die Operation ist nicht der Grund dafür, dass ich so klein bin!)

Weitere Verletzte kamen in kurzen Abständen ins Krankenhaus. Ich wurde in einen anderen Teil des Gebäudes verlegt, der früher ein Kreuzgang gewesen war und für Patienten auf dem Weg der Besserung genutzt wurde. Das Haus war bis unters Dach vollgepackt mit verwundeten Soldaten und Zivilisten. Da ich bei der Einlieferung Angst vor einem weiteren Bombenangriff hatte, bat ich die Krankenschwester in der Aufnahme, mich in den Keller zu legen, wo einst die Bibliothek gewesen war. Sie sagte, dort gebe es keine freien Betten, aber ich redete außer mir vor Angst heftig auf sie ein. Zum Glück war sie nicht nur bereit, ein Auge zuzudrücken, sondern auch einfallsreich. Es war im ganzen Keller wirklich kein einziges Bett frei, aber die Schwester sah, wie klein ich bin, und ordnete an, mich auf ein Bücherregal zu betten, auf das ich gerade eben passte.

In dem Keller waren etwa fünfzig verletzte Soldaten, von denen manche sehr schwer verwundet waren und nicht mit dem Leben davonkommen würden. Aber die Stimmung war gemessen an diesen Bedingungen vergleichsweise gut. Auf meine Verfassung wirkte sich auf alle Fälle positiv aus, dass ich die einzige Frau im Raum war. Das verschaffte mir eine Menge Aufmerksamkeit, die ich sehr genoss. Und nicht nur all die Soldaten schenkten mir Beachtung, sondern es gab auch einen sehr gut aussehenden Pfleger, der auffallend viel Zeit bei mir verbrachte. Er hatte in Rumänien Medizin studiert, aber keinen Abschluss mehr machen können. Er war groß, dunkelblond und hatte blitzende Augen. Als einmal einige Tage Waffenruhe herrschte und keine Bombardierung zu befürchten war, kam er zu mir an mein Bücherregal und hatte eine Überraschung für mich.

»Ruth, ich glaube, ein bisschen Sonne würde dir guttun. Was meinst du?«

»Und wie soll ich nach draußen kommen?«, fragte ich und schaute in seine hellblauen Augen.

»So«, sagte er und nahm mich auf die Arme. Er trug mich den ganzen Weg in den Innenhof hinaus und bettete mich auf mehrere

Kissen auf der Erde, die er vorher bereitgelegt hatte. Ich muss sagen, diese Art des Transports war nicht zu überbieten. Und der Pfleger machte das die ganze restliche Woche jeden Tag. Glauben Sie mir, ich genoss jede Sekunde einer jeden Strecke und ließ ihn das auch spüren. Meine Botschaft muss angekommen sein, denn ein paar Wochen später, als ich wieder in meinem Wohnheim war, nahm er Kontakt zu mir auf, und wir hatten eine kurze, aber stürmische Liebesaffäre.

Obwohl ich verwundet wurde – oder vielleicht gerade deshalb –, bin ich sehr stolz darauf, dass ich einen aktiven Beitrag zur Entstehung des Staates Israel geleistet habe. Aber ich war lange ein wenig enttäuscht, dass ich dafür nie eine Anerkennung bekam. Doch dann erhielt ich im Sommer 2013 bei einem Besuch in Israel eine Auszeichnung. Besser spät als nie? Unbedingt. Allerdings hat auch nie jemand an meiner Geschichte gezweifelt – für eine Lüge ist sie zu unerhört.

Ich empfehle niemandem, in einem Krieg zu kämpfen, aber wenn es um ein tödliches Spiel und Gewehrkugeln geht, statt um ein Ballspiel, schweißt Sie das Gefühl, auf der gleichen Seite zu stehen, noch wesentlich enger zusammen. Aufs Ganze gesehen dienen Sie Ihrem Land. Aber auf die militärische Einheit gesehen, verteidigt buchstäblich einer das Leben des anderen. Sie hängen von den anderen Mitgliedern der Einheit ab, und die anderen hängen von Ihnen ab. Das ist ein einzigartiges Gefühl. Als Kinder kannten wir das ein Stück weit, wenn wir es mit der Heimleiterin zu tun hatten, aber so bösartig sie auch war – sie konnte doch nur unser Hinterteil, nicht unser Leben bedrohen. Wenn Sie in Gefahr sind, können Sie gar nicht anders, als jede Pause im Einsatz zu nutzen. Ich kenne Leute im Geschäftsleben, die unter großem Stress stehen. Aber versuchen Sie mal, durch eine Gasse zu rennen mit dem Wissen, dass Sie jeden Moment erschossen werden können. *Das* ist Stress! Daher fühlt man, wenn man gerade nicht im Dienst ist, eine gewaltige Erleichterung. Das ist dann vielleicht weniger Lebensfreude als die

Freude, dass man überhaupt noch lebt, aber es führt definitiv zu einer Wertschätzung des Lebens, die man kaum auf anderem Wege bekommt.

Zu Ihrem eigenen Wohl wünsche ich Ihnen, dass Sie so etwas wie ich in meiner Jugend nie erleben müssen. Aber wenn Sie im täglichen Leben *Joie de vivre* spüren wollen, ist es eine nützliche Übung, auf Ihre Gefühle zu achten, wenn Sie in eine gefährliche Situation geraten. Sind Sie mit Ihrem Partner oder Ihrer Partnerin im Auto unterwegs und kommen in einer brenzligen Situation knapp davon, dann gestehen Sie sich ein, wie eng es war. Berühren Sie einander, und schauen Sie sich in die Augen, wenn das gefahrlos geht. Und wenn Sie aussteigen, umarmen Sie einander so, dass es wirklich etwas ausdrückt. Vielleicht stellen Sie sich einen Moment lang das Schlimmste vor, sodass sich der Mensch in Ihren Armen besonders geschätzt fühlt. Die Lebenslust, die Lust am Leben und zu leben, ist nicht auf die besten Zeiten des Lebens beschränkt, man kann sie auch in den schlimmsten Momenten spüren.

Eines meiner wichtigsten Leitprinzipien, die ich dem Judentum entnehme, ist das Konzept von *Tikkun Olam*, das heißt wörtlich »Reparatur der Welt«. Niemand ist gegen Tragödien gefeit, jeder erlebt Augenblicke im Leben, die traurig und schwer zu bewältigen sind. Ich versuche nicht, bei Ihnen besonderes Mitleid zu erwecken, denn unter dem Strich ist mein Leben ziemlich geglückt. Aber ich habe gemeinsam mit all den vielen anderen Überlebenden des Holocaust erlebt, dass meine gesamte Welt zertrümmert wurde. Selbst wer einen Tornado überlebt hat und ringsum nur Zerstörung sieht, hat noch die Gesellschaft im Ganzen, auf die er zurückgreifen kann. Er bleibt Bürger eines bestimmten Staates und hat Freunde und Verwandte in der Nähe. Uns, die nach Heiden ins Kinderheim geschickt worden waren, blieb nichts von alledem. Wir mussten uns von Grund auf eine neue Welt aufbauen. Und daher verstehen wir besser als die meisten anderen, wie wichtig es ist, die Welt, die wir haben, in guter Verfassung zu halten. Wir Juden tun das durch

Mitzwas, gute Taten. Kein einzelner Mensch kann alles machen, aber wenn jeder von uns das Seine gibt, können wir einen Beitrag leisten. Wenn ich also anderen helfen konnte, sich mehr an ihrer Sexualität zu erfreuen, dann betrachte ich das als Teil meines Beitrags zu *Tikkun Olam*.

Ich bin meinem Judentum treu geblieben, aber ich lebe nicht mehr orthodox. Ich glaube nicht, dass ich streng einen bestimmten Satz von Regeln befolgen muss, um meinen Glauben zu beweisen, auch wenn ich diejenigen respektiere, die das tun. Aber ich gehöre nicht nur einer einzigen Synagoge an. Unter anderem deshalb, weil dann jemand, der sich fragt, warum ich letzte Woche nicht in der Synagoge war, annehmen kann, ich sei in einer anderen gewesen. Und ich gehe tatsächlich in viele Synagogen in New York, da ich häufig zu Sabbat-Gottesdiensten eingeladen werde und viele Rabbiner und Kantoren als gute Freunde betrachte. Als Prominente fühlt man sich in einem Gotteshaus manchmal ein bisschen seltsam. Man geht hin, um in Demut vor Gott zu treten, aber es ist schwierig, diese Demut dann auch zu empfinden, wenn man die Leute hinter sich tuscheln hört: »Schau mal, Dr. Ruth.« Bei solchen Gelegenheiten bin ich froh, dass ich erst spät im Leben berühmt geworden bin. Steht man schon als junger Mensch im Rampenlicht, sind die Versuchungen weitaus größer. Ich kann Spaß daran haben, dass ich Dr. Ruth bin, und gleichzeitig einen Schritt zurücktreten und mich auf meine Vergangenheit besinnen, um mit beiden Füßen auf dem Boden zu bleiben. Und zu meinen Stützen gehört auch eindeutig meine Religion.

Es gibt Leute, die benutzen die Religion dazu, die *Joie de vivre* zu töten. Sie sind davon überzeugt, man müsse allem entsagen, was Freude macht, und die Menschen sollten einzig am Gebet Vergnügen finden. Vielleicht könnte man sagen, sie hätten *Joie de religion*,

»Religionslust«. Solchen Leute rate ich, das Lied der Lieder in der Bibel zu lesen. Lesen Sie Zeilen wie die folgenden, und sagen Sie dann, die Religion sei nicht voller Freude:

> Dass er mich mit den Küssen seines Mundes küsste!
> Ja, köstlicher als Wein ist deine Liebe.
> Deine Öle sind köstlich an Duft;
> wie ausgegossenes Öl ist dein Name;
> darum lieben dich die Mädchen.
> Ziehe mich dir nach! Lass uns enteilen!
> Der König bringt mich in seine Gemächer.
> *Das Hohelied 1,2-4*

Wenn Sie die falsche Einstellung haben, können Sie allem die Lebendigkeit rauben – der Religion, der Liebe und sogar dem Sex. Sollten Sie also wenige der vielen Freuden genießen, die das Leben zu bieten hat, dann kommen Sie nicht mit Ausreden, gerade im Bereich der Religion. Prüfen Sie vielmehr, was Sie dazu bringt, Ihre Gefühle zu unterdrücken, und suchen Sie Wege, das zu ändern, sodass Sie nicht länger ein eingeschränktes, sondern ein reiches Leben führen.

Ich habe gerade erwähnt, dass ich mit mehreren Kantoren befreundet bin. Ein weiterer sehr guter Freund von mir ist der Dirigent Matthew Lazar. Mit ihm gibt es einen, wie ich finde, sehr unterhaltsamen und interessanten Film. Er heißt »A Jewish Spirit Sings«, und ich bin darin zu sehen und habe auch bei der Produktion mitgewirkt, unterstützt von meinem langjährigen Fernsehproduzenten John Lollos.

Die Inspiration für dieses Video war mein Buch »Die Sprache der Musik. Ein Leben mit Liedern« (mit Dr. Jerry Singerman als Co-Autor). Viele hatten das Gefühl, dass diese Geschichte darüber, welche Rolle die Musik in meinem Leben gespielt hat, ein zusätzliches Format verdiente, obwohl ich selbst gar nicht singen kann. Maestro Lazar, den ich Mattie nenne, leitet einen Chor mit Sitz in New York City, den *Zamir Choral*, und jedes Jahr holen Mattie und seine Frau Vivian Mitglieder verschiedener Chöre aus dem ganzen Land – jeweils über 500 Sänger – zum *North American Jewish Choral Festival* zusammen. Dort wird unglaublich viel gesungen. In großen Gruppen, die für den Schlussauftritt üben, genauso wie in Zweier- und Dreiergrüppchen, die auf dem Rasen sitzen oder die kurvigen Landstraßen entlangspazieren. Man braucht nicht die Liedtexte zu verstehen, um zu spüren, welchen Zauber all diese Stimmen erzeugen, die frei in der Landschaft erklingen. Im Jahr 2008 sollte ich bei diesem Festival eine Auszeichnung bekommen, und das erschien uns als großartige Gelegenheit zur Produktion eines Films, der alle diese Elemente zusammenbrachte. Das Ergebnis war »A Jewish Spirit Sings«.

Es gab viele Highlights an dem langen Wochenende, das wir im *Hudson Valley Resort and Spa* in den Catskills verbrachten, aber mir waren die Momente am liebsten, die meine drei Lieblingskantoren vereinten: Joseph Malovany *(Fifth Avenue Synagogue)*, Alberto Mizrahi *(Anshe Emet Synagogue)* und Jacob Mendelson *(Temple Israel Center in White Plains, New York)*, der schon im Ruhestand ist. Der Gesang dieser fantastischen Kantoren macht in der Synagoge einen zentralen Bestandteil der Liturgie aus und den Gottesdienst würdevoll. Aber oben in den Catskills bekamen die drei großen Sänger eine Chance, ihre wahre Persönlichkeit durchblitzen zu lassen. Kantor Mendelson bezeichnet sich als Humoristen, und tatsächlich kann er außerordentlich witzig sein, selbst wenn er religiöse Musik singt. Als er »Chad Gadya« (das ist das letzte Lied am Sederabend vor Pessach) mit Kantor Mizrahi im Duett sang, unterstützt vom *Zamir Choral* als Hintergrund, fing das ganze Publikum an, erheitert zu schmunzeln, klatschte und trampelte mit den Füßen. Einer der beiden sang jeweils eine Strophe, die der andere dann wiederholte, aber auf eine lustige, spielerische Weise, als wolle er fragen: Na, kannst du es noch besser? Etwas, das man bei zwei Kantoren normalerweise nie erleben würde. Gerade diese Kombination von religiöser Musik, hervorragenden Kantoren und der Freude, die beim spielerischen Wettstreit der beiden Männer von der Bühne ausging, machten diesen Moment für mich unvergesslich, wie auch für das ganze Publikum, das nach dem Ende der Nummer jubelte und stürmisch Beifall klatschte.

Ich weiß nicht viel über Popmusik, aber meiner Ansicht nach ist das Problem dabei, dass sie zu flache Wurzeln hat. Wenn jede Generation andere Musik hört, statt solcher, die eine Kultur und Gesellschaft zusammenhält, kann sie uns am Ende trennen. Und wenn die Leute über Kopfhörer hören, sodass sie von der Welt getrennt sind … davon will ich lieber gar nicht erst anfangen! In der Musik kann so viel Kraft liegen, aber sie ist dann am stärksten zu spüren, wenn sie ein ganzes Volk miteinander verbindet – wie etwa dann, wenn wir bei einer großen Sportveranstaltung die Nationalhymne singen. Das soll nicht heißen, dass Popmusik etwas Schlechtes ist. Aber als Gesellschaft sollten wir nicht zulassen, dass sie unser sonstiges musikalisches Erbe vollkommen in den Schatten drängt. Ich möchte Ihnen zwei Beispiele für die wichtige Rolle von Musik in meinem Leben geben, die einander insofern gleichen, als sie mit langen Zugfahrten zu tun haben, die aber dennoch ganz verschieden sind.

In dem Zug voller Kinder, der vor langer Zeit in die Schweiz fuhr, waren fast alle Gesichter von Tränen überströmt. Und wie hätte es anders sein können? Wir waren körperlich heil, aber wir waren aus dem herausgerissen worden, was uns am wichtigsten war, nämlich unseren Familien, und unsere Seelen waren verwundet. Ich hatte für das kleine Mädchen getan, was ich konnte, indem ich ihr meine Lieblingspuppe geschenkt hatte. Aber ich fühlte mich elend und fand nichts, was mir half, mich zusammenzureißen, denn wohin ich auch schaute, sah ich lauter noch unglücklichere Gesichter.

Also begann ich einfach zu singen, obwohl ich wie gesagt eigentlich gar nicht singen kann. Und entweder wollten die anderen Kinder mit einstimmen oder meine Stimme übertönen, jedenfalls begannen sie alle ebenfalls zu singen. Wir sangen zehn Stunden lang durch, bis wir am Ziel waren; sämtliche Lieder, die wir zu Hause in der Familie gelernt hatten. Und wir haben diese Lieder nicht einfach gesungen, wir haben uns an ihnen festgeklammert. Sie waren unser Rettungsboot, während wir auf ein unbekanntes Meer hinaustrieben. Genau wie Moses die Israeliten singend anführte, um ihnen Mut zu verleihen, als sie das Rote Meer durchquerten, so fanden wir alle Mut in den Liedern unserer Kindheit. Dabei spielte es keine Rolle, dass viele eher deutschen als jüdischen Ursprungs waren. Wir waren Kinder, und wir verstanden nichts von der Politik Nazideutschlands. Das waren die Lieder, die unsere Eltern uns vorgesungen und die wir in den Ferien gesungen hatten, die Töne hüllten uns ein, als wären wir immer noch in den Armen unserer Eltern. Wenn ich bei einem Synagogenbesuch »Tzadik Katamar« höre, das ich so oft an einem Freitagabend neben meinem Vater gehört habe, kann ich bis zum heutigen Tage fast seine Hand auf meiner spüren.

Auf der nächsten wichtigen Zugfahrt meines Lebens, als wir die Schweiz verließen und nach Toulon fuhren, um dort an Bord des Schiffes nach Palästina zu gehen, sangen wir auch alle beinahe die ganze Fahrt hindurch. Wieder brachen wir auf in ein fremdes Land, aber diesmal war unser Singen nicht der Versuch, unsere Angst zu überdecken, sondern Ausdruck der Hoffnung und Freude, die wir auf dem Weg in ein Land empfanden, von dem wir uns brennend wünschten, es würde uns zu der Heimat werden, die wir nicht hatten. Und wieder waren es überwiegend deutsche Lieder, die wir sangen. Wir ahnten nicht, dass sie nach unserer Ankunft in Palästina weitgehend aus dem Repertoire verschwinden würden. Die meisten Juden, die bereits in Palästina waren, kamen aus anderen Ländern, viele aus Polen, und sie wollten nichts Deutsches hören, weil es sie an das erinnerte, was die Deutschen ihnen angetan hatten. Aber damals sangen wir die Lieder mit Wonne und erhoben unsere Stimmen, um auch unseren Geist zu erheben, als wir die Reise in das verheißene Land antraten.

Natürlich habe ich diese Lieder aus meiner Kindheit nie vergessen. Ich habe nur eine Handvoll Fotos aus den frühen Jahren in Frankfurt, aber an Liedern, die ich in jenen glücklichen Zeiten immer wieder hörte, habe ich einen reichen Schatz im Kopf. Wenn ich sie vor mich hin singe, hilft mir das, die Zeit zurückzudrehen und mich an die Jahre zu erinnern, in denen mein Leben noch in Ordnung war. Sie können sich nicht vorstellen, wie viel Trost mir diese Lieder im Laufe meines Lebens gespendet haben.

~

Ich weiß, dass manche Juden, die den Holocaust überlebt haben, ihre Religion abgelegt haben. Sie haben ihre Hoffnung auf Gott verloren, und ich mache ihnen gewiss keinen Vorwurf, weil sie zu dieser Haltung gelangt sind. Ich aber habe, statt mich von meiner Religion abzuwenden, Trost darin gesucht. Ich hatte schon meine Familie verloren, wie konnte ich dann die Traditionen abschütteln, die sie mich gelehrt hatten? Und die wichtigste war das Judentum.

Als ich nach New York kam, zog ich nach Washington Heights, eine Gegend, in der sehr viele deutsche Juden wohnten, von denen die meisten schon geflohen waren, ehe die Nazis an die Macht kamen und die Tür zugeschlagen wurde. Auch in Washington Heights gab es noch Leute, die auf mich herunterschauten, aber nur wegen meiner Größe, nicht wegen meines Hintergrunds. Bisher war mir ein Vagabundenleben aufgezwungen worden, aber ich wollte mich nicht für den Rest meines Lebens wie eine Fremde fühlen, und in Washington Heights gab es viele deutsche Juden. Wenn ich nicht gerade mein noch spärliches Englisch üben wollte, konnte ich in fast jedes Geschäft gehen und Deutsch sprechen. Die Feinkostgeschäfte führten alles, was ich gerne aß, wenn ich Trost suchte. Am Zeitungsstand gab es deutschsprachige Zeitungen, die ich verstand. Mit anderen Worten: Ich hatte wieder ein Zuhause gefunden. Das war vor über fünfzig Jahren, und ich bin immer noch dort, auch wenn der Stadtteil sich verändert hat und es immer weniger von uns deutschen Juden gibt, während die Gegend zugleich schicker wird. Man nennt sie inzwischen sogar anders, Hudson Heights, um sie von den Washington Heights weiter unten zu unterscheiden, in der überwiegend Menschen aus der Dominikanischen Republik leben.

Ein Zentrum des kulturellen Lebens war und ist der YMHA von Washington Heights und Inwood. Mein Mann Fred und ich waren dort Mitglied, und meine beiden Kinder haben dort viele Stunden verbracht. Ich wurde in den Vorstand gewählt und irgendwann auch zur Präsidentin, und dieses Amt behielt ich schließlich elf Jahre lang. Und ich kann mit Stolz sagen, dass ich als Präsidentin nie eine Sitzung versäumt habe – allerdings gebe ich zu, dass ich manche ein wenig verschieben musste, damit meine Anwesenheitsliste keine Lücken bekam.

Falls Sie den letzten Absatz rasch überflogen haben, haben Sie den vier Anfangsbuchstaben YMHA vielleicht nicht viel Aufmerksamkeit geschenkt. Die meisten Leute sehen sie und denken sofort an YMCA, *Young Men's Christian Association* (zu deutsch *Christlicher Verein junger Männer* oder kurz CVJM), aber in diesem Fall und an vielen Stellen in New York City steht stattdessen YMHA, wobei das H für »Hebrew« (hebräisch) steht, also das jüdische Pendant zum YMCA. Einzelne Synagogen haben vielleicht einen besonderen Zusammenhalt, entweder durch ihre Ausrichtung (ultraorthodox, orthodox, konservativ oder reformorientiert) oder durch den Hintergrund ihrer Gemeinde (wie die deutschen Juden in Washington Heights). Aber der YMHA konnte auch als Begegnungsstätte dienen, wo alle Juden zusammenarbeiteten. Und das war der Aspekt, der meinen verstorbenen Mann und mich zu unserem YMHA hinzog.

Ich möchte noch einmal wiederholen, was ich bereits gesagt habe: Mein Ruhm ist mir nie zu Kopf gestiegen. Ich bin noch nicht einmal in die Mitte von Manhattan umgezogen. Als Prominente in Washington Heights zu wohnen, hat manchmal zu Zusammenstößen zwischen meinen beiden Leben geführt, aber das war dann eben so. Als ich fünfundsiebzig Jahre alt wurde, beschlossen wir, die Geburtstagsfeier in unserem YMHA zu machen. Die meisten Häuser dieses Vereins sind keine besonderen Schmuckstücke. Sie erinnern ein bisschen an die Turnhalle einer Schule, und das ist bei unserem nicht anders. Wo ich wohne, ist es sehr schön und sicher. Aber der untere Teil von Washington Heights ist die Art von Gegend, um die viele Leute einen Bogen machen. Obwohl sich die Lage inzwischen gebessert hat, haben sie damit nicht ganz unrecht. Also bedurfte es bei manchen Promis einiger Mühe, sie zu meinem YMHA zu locken. Dass es an jenem Abend goss wie aus Kübeln, machte es nicht leichter, weil man nur mit Mühe ein Taxi ergattern konnte.

Aber ich lasse mich von Kleinigkeiten wie einer überschwemmten Küche nie stören. (Ja, es schüttete derart, dass der Küchenboden des YMHA überschwemmt wurde.) Ich tue immer, was ich kann, um mich zu vergnügen, deshalb ging ich, solange die Gäste tropfnass am Haupteingang ankamen, in den Raum, wo die Band spielte, und tanzte mit meinem guten Freund Malcolm Thomson. Mit dem Singen mag es bei mir hapern, aber eine kesse Sohle kann ich aufs Parkett legen, und Malcolm und ich waren mit Schwung in Aktion, als Pierre auf mich zukam, mir sein Handy entgegenstreckte und die Musik zu übertönen suchte: »Ein Anruf für dich!«

Ich war auf dem Fest zu meinem Fünfundsiebzigsten mitten in einem Tanz, und er erwartete, dass ich einen Anruf entgegennahm? War das jemand von der Presse, der ein Zitat wollte? Das konnte warten. Ich scheuchte Pierre weg. Aber er reagierte nicht, sondern winkte mich immerfort Richtung Ausgang. Ich tanzte in Malcolms Armen einmal rund um den Raum, aber Pierre ließ nicht locker, und als wir wieder vorne vorbeikamen, trat er uns in den Weg, damit ich stehen bleiben musste. Ich sah rot und wollte schon an die Decke gehen, da rief Pierre: »Präsident Clinton ist dran.« Clinton war nicht mehr Präsident, aber er gehört zu meinen besonderen Lieblingen. Sein Büro war oben in Harlem in der 125. Straße, nicht weit von uns weg, und Pierre hatte ihn bearbeitet, er solle doch vorbeischauen. Eine Zeit lang sah es auch so aus, als würde er kommen, aber als Ersatz hatte er jetzt angerufen, um mir zum Geburtstag zu gratulieren. Dieser Anruf war einen »dansus interruptus« wert!

Der damalige Bürgermeister, David Dinkins, schaffte es zu kommen und hielt eine brillante Rede. Arnold Schwarzenegger schickte ein Luftballon-Bouquet. Mein Rabbiner sang auf Französisch, die Cellistin Inbal Megiddo spielte wunderschön, und irgendwie gelang es meinem sehr guten Freund und Geschäftsführer des YMHA, Marty Englisher, trotz des hereinflutenden Wassers eine Mahlzeit zu servieren.

Wenn man sich mit Lebensfreude umgibt, hat das den großen Vorteil, dass man tendenziell Menschen anzieht. Die Leute sind gerne um einen, weil sie dann etwas von der positiven Energie abbekommen, die man ausstrahlt. Man braucht nicht mit allen eng befreundet zu sein, aber einen Freundeskreis zu haben, der einen unterstützt, ist Gold wert. Und wenn Sie Schwung in jede Feier bringen, hat das den Nebeneffekt, dass überall, wo Sie auftauchen, eine Party in Gang kommt!

Es ist Ihnen vielleicht aufgefallen, dass ich den YMHA in Washington Heights als »meinen« Verein bezeichnet habe. Außerdem nenne ich auch das *Museum of Jewish Heritage – A Living Memorial to the Holocaust* »mein« Museum, da ich im Vorstand bin. Die meisten anderen Vorstandsmitglieder haben gewaltige Summen dafür gespendet, sodass sie eher Anlass hätten, es als ihr Museum zu bezeichnen. Da ich aber die Einzige im Vorstand bin, die tatsächlich im Holocaust die Eltern verloren hat, bin ich der Meinung, ich darf das sagen.

Ich bin sehr stolz darauf, in diesem Vorstand zu sein, und der Grund dafür ist traurig. Niemand muss irgendjemanden mögen, und wenn manche – aus welchem Grund auch immer – die Juden hassen wollen, dann ist das ihre Sache. Aber was immer sie über uns denken, an den Tatsachen kommt niemand vorbei: Den Holocaust hat es gegeben, und es wurden sechs Millionen Juden ermordet, darunter auch die Mitglieder meiner Familie. Holocaustleugner sind wahrhaft verachtenswerte Leute, die Lügen verbreiten. Dabei verdienen doch Menschen, die gelitten haben und gestorben sind, geehrt und nicht verleumdet zu werden. Ich nehme an, die Leugner denken, dass alle Juden nichts anderes im Sinn hätten, als Vorteile aus der Tatsache zu ziehen, dass wir beinahe ausgelöscht wurden. Dann wären also all die Nobelpreise und anderen Auszeichnungen, die Juden auf der ganzen Welt verliehen wurden, nur aus Mitleid vergeben worden? Dann gedeiht also Israel einfach nur deshalb, weil die Juden aller Welt leidtun? Das ist doch Unsinn. Aber wenn Lügen oft genug wiederholt werden, glauben die Leute daran, deshalb brauchen wir Einrichtungen wie mein Museum, um all diesen Lügen die Wahrheit entgegenzuhalten.

Juden sind nicht vollkommen. Niemand außer Gott ist vollkommen. (Wenn jemand jüdischen Glaubens so mit mir umgeht, dass es mir missfällt, sage ich manchmal zu Pierre, der Katholik ist: »Du kannst dir nicht erlauben, das über ihn/sie zu sagen, aber ich wohl.«) Es gibt in jeder Religion böse Menschen, auch bei Atheisten; genauso, wie es gute gibt. Aber anscheinend müssen Juden ständig dem Rest der Welt beweisen, dass sie nicht böse sind. Dass ich eine Rolle in einer Institution wie dem *Museum of Jewish Heritage* spiele, ist daher eine Fortsetzung des Kampfes, dem ich mich anschloss, als ich Mitglied der Hagana wurde. Jedes Mal, wenn ich in den Medien Aufmerksamkeit für das Museum wecken kann, die noch mehr Menschen zu einem Besuch motiviert, ist das, als hätte ich mit einer Kugel ins Schwarze getroffen, und das macht mich sehr glücklich.

Überhaupt nicht glücklich macht mich dagegen, dass unsere Vorstandssitzungen am frühen Morgen stattfinden. Ich stehe normalerweise erst um neun Uhr auf, daher ist es ein Opfer, wenn ich schon um halb neun den weiten Weg bis Battery Park zurückgelegt haben muss. Aber unser Treffpunkt ist herrlich. Das Museum steht am Rand von Manhattan direkt am Hudson River. Der Architekt hat eine großartige Leistung vollbracht (und zwar nicht nur in Bezug auf die Schönheit des Gebäudes, sondern auch auf seine Standfestigkeit: Als aufgrund des Hurrikans Sandy das Wasser stieg, hielten die Schutzvorrichtungen).

Unser Sitzungsraum befindet sich im obersten Stockwerk und hat V-förmige Glaswände, sodass man Aussicht auf die Freiheitsstatue, Ellis Island und den ganzen Hafen von New York hat. Ich muss gestehen, wenn in den Sitzungen die praktischen Einzelheiten an die Reihe kommen, richtet sich meine Aufmerksamkeit oft mehr auf die draußen vorbeifahrenden Schiffe als auf die Zahlen des Budgets, mit denen wir bombardiert werden. Ich verlasse mich darauf, dass Freunde im Vorstand mir Schützenhilfe leisten, wenn es zur Abstimmung kommt.

Als ich dem Vorstand neu beitrat, gab es eine Ausstellung, die mir sehr viel bedeutet hat. Ihr Thema waren jüdische Soldaten in der amerikanischen Armee während des Zweiten Weltkrieges. Und unter den Fotos an der Wand befand sich eines von meinem Fred Westheimer (und hier kann ich mit Fug und Recht das Wort »mein« benutzen!). Fred war ein deutscher Jude wie ich, aber seine Familie war 1938 nach Portugal geflohen – sie war klug genug, zu erkennen, was auf sie zukam. Dann war Freddy in die Vereinigten Staaten gekommen, wo er in die Armee ging, um gegen Hitler zu kämpfen. Es machte mich stolz, das Foto meines späteren Mannes an der Wand des Museums zu sehen, und ich war traurig, als die Exponate wieder abgehängt wurden. Damals war Fred schon gestorben, und sooft ich ins Museum ging, stattete ich ihm einen Besuch ab.

Ich denke, es ist gut, hier noch einmal zu wiederholen, dass Gefühle der Trauer – und natürlich wurde ich traurig, wenn ich mir das Foto von Fred anschaute, als er ein gut aussehender Soldat war – Teil der Lebensfreude sind. Das ganze Spektrum der Emotionen zu empfinden gehört zum Leben. Niemand ist gerne traurig, aber wenn Sie nicht gerade klinisch depressiv sind, ist es besser, von Zeit zu Zeit traurig zu sein, als überhaupt keine Gefühle zu spüren. Und wenn Sie Ihre Trauer unterdrücken, besteht eine große Chance, dass Sie dafür eine andere Emotion haben, nämlich Schuldgefühle. Besser erinnern Sie sich einen Moment lang an den Menschen, den Sie verloren haben, sind eine Weile betrübt und vergießen vielleicht sogar ein paar Tränen; schütteln dann aber diese Gefühle wieder ab und können beim nächsten Anlass ein Fest ohne Schuldgefühle mitfeiern.

Juden sind dafür »bekannt«, dass sie keinen Sex haben. Das ist ein Mythos, den jüdische Comedians in die Welt gesetzt haben. Sie haben nämlich entdeckt, wie leicht sie Lacher erzielen, wenn sie sich beklagen, ihre Frau bekomme jedes Mal Kopfschmerzen, wenn das Thema Sex auftauche. Aber die jüdische Religion hat eine klare Haltung zur Bedeutung der Sexualität. Es ist nicht nur eine religiöse Pflicht für Mann und Frau, dass sie ehelichen Verkehr haben, sondern der Mann muss auch sicherstellen, dass die Frau ihn genießt – das heißt, einen Orgasmus hat. Ich habe ein ganzes Buch über dieses Thema geschrieben, »Himmlische Lust: Liebe und Sex in der jüdischen Kultur« (gemeinsam mit Jonathan Mark von der *Jewish Week*), daher werde ich mich hier jetzt nicht wiederholen.

Aber obwohl ich Jüdin bin, obwohl ich meine Familie durch die Nazis verloren und für die Unabhängigkeit Israels gekämpft habe, kam der einzige Protest während meines Wirkens als Dr. Ruth ausgerechnet von jüdischen Glaubensgenossen. Das war 1982, und meine Radiosendung begann gerade, Erfolg zu haben. Ich wurde eingeladen, einen Vortrag in einem jüdischen Zentrum in Rego Park im Stadtbezirk Queens zu halten, das nicht gerade als Hort des Konservatismus gilt. Aber anscheinend dachte eine kleine Gruppe von Orthodoxen, meine Anwesenheit dort sei anstößig, und sie drohte, dagegen zu demonstrieren. Würde so etwas heute passieren, würde ich einfach absagen. Wer braucht eine solche Erschwernis? Aber damals wollte ich mich von niemandem zu einem Rückzieher zwingen lassen, wenn ich von etwas überzeugt war. Ich wusste, was ich an jenem Abend sagen wollte, war nichts Anstößiges, sondern eindeutig Teil der Tora, also der Regeln, die ein Jude befolgen soll. Es war Mitte Juni, und in der Woche davor war ich in Los Angeles Gast in »The Tonight Show« mit Johnny Carson gewesen. Vielleicht rief diese landesweite Aufmerksamkeit die Demonstranten auf den Plan, ich weiß es nicht. Ich weiß aber, dass ich auf dem Weg dorthin nervös war. Im Laufe des Tages hatte ich mit dem Direktor des Hauses gesprochen.

»Dr. Ruth, ich möchte Sie nicht beunruhigen, aber man hat uns gesagt, dass es heute Abend Proteste geben wird.«

Für jemanden, der die Pogromnacht miterlebt hatte, war die Vorstellung, dass Demonstranten kämen, ziemlich erschreckend, auch wenn man mir sagte, sie seien ebenfalls Juden.

»Sind Sie sicher, dass Sie für meine Sicherheit garantieren können?«, erkundigte ich mich.

»Jaja, ich habe mich mit dem hiesigen Polizeichef in Verbindung gesetzt, und er sagte, er werde die Lage unter Kontrolle halten.«

Damals in Deutschland hatte die Polizei zugeschaut, wenn Schläger über die Juden herfielen, und ging anschließend einfach weiter. Aber ich hatte ein gutes Verhältnis zur New Yorker Polizei, denn jedes Jahr veranstaltete mein YMHA ein Frühstück für die Polizisten in unserem Revier. Nachdem ich berühmt geworden war, wollten alle Polizisten, die zu dem Frühstück kamen, ein Autogramm von mir, damit sie es ihren Frauen zeigen konnten. Ein Teil von mir vertraute also darauf, dass ich unbeschadet durch den Abend kommen würde, ein anderer Teil war aber sehr nervös, und besonders befürchtete ich, diese Demonstration könnte groß in der Presse erscheinen. Ich wurde mit dem Auto abholt und saß ganz still auf dem Rücksitz, was sonst nicht meine Art ist, denn normalerweise stelle ich dem Fahrer viele Fragen über sein Leben. Aber an jenem Abend wollte ich lieber schweigen. Ich musste mich sammeln, damit ich für den Fall, dass bei unserer Ankunft die Sache aus dem Ruder laufen würde, entweder den Mut hatte, mir einen Weg durch die Demonstranten zu bahnen, oder den Fahrer anzuweisen, mich schleunigst wieder nach Hause zu bringen.

Als wir uns dem jüdischen Zentrum näherten, sah ich die Polizei. Vor dem Gebäude standen mindestens fünfzig Polizisten, einige davon in Kampfausrüstung, und ein Dutzend Polizeiautos parkten an verschiedenen Stellen und blockierten den Verkehr. Aber ich sah keine Demonstranten. Wir hielten vor dem Eingang, und ein großer, stämmiger Polizist öffnete mir die Tür. Als ich ausstieg, hörte ich ein paar Rufe. Ganze acht Demonstranten waren gekommen und wurden durch Polizeibarrikaden auf der anderen Straßenseite ferngehalten. Ich verstand nicht, was sie riefen, und ich bemühte mich auch nicht, ihre Worte aufzuschnappen, während ich rasch ins Gebäude ging. Ich war erleichtert, dass die Demonstration so klein war, und ich war sehr dankbar für die sichtbare Unterstützung durch die New Yorker Polizei. Und das war in all den Jahren, in denen ich Hunderte von Vorträgen auf der ganzen Welt gehalten habe, wirklich das einzige Mal, dass ich in irgendeiner Weise bedrängt wurde. Und das durch meine Glaubensbrüder. Oje!

Besonders unfair fand ich das Dazwischenfunken der Demonstranten bei dieser Veranstaltung vor allem deshalb, weil ich immer sehr darauf achte, nicht die Gefühle der jüdischen Gemeinde zu verletzen. Wenn ich zu einer jüdischen Gruppe spreche, weiß ich, dass alles, was ich sage, für Erwachsene hundert Prozent in Ordnung ist. Ich lasse nie jemanden unter achtzehn Jahren in meine Vorträge, wenn ich für Erwachsene spreche, weil ich dem Publikum die Erlaubnis geben möchte, guten Sex zu haben, und Teenagern würde ich diese Erlaubnis nicht geben. Andererseits lasse ich auch keine Erwachsenen in meine Vorträge, wenn ich zu Teenagern spreche, weil ich weiß, diese würden sich dann unwohl fühlen und wären mir gegenüber weniger offen. Beide Entscheidungen stoßen manchmal auf Widerspruch, aber ich bleibe meiner Linie treu. Wenn ich beispielsweise gebeten werde, an einem Freitagabend zu sprechen und vermute, dass im potenziellen Publikum viele Juden sein könnten, lehne ich den Termin ab. Und zwar nicht, weil ich religiöse Einwände dagegen hätte, am Freitagabend zu arbeiten, sondern weil ich die Juden ausschließen würde, die dann nicht zu der Veranstaltung kämen, und damit würde ich sie beleidigen.

Ein anderes Beispiel für Treue zu mir selbst ist, dass ich einmal gebeten wurde, für eine Wohltätigkeitsveranstaltung einen Weihnachtsbaum zu schmücken. Mehrere Prominente dekorierten kurz vor den Ferien Weihnachtsbäume, die man dann in einer Auktion verkaufen wollte, um Spenden zu sammeln. Ich wollte zwar gerne mitmachen, aber keinen Weihnachtsbaum schmücken. Daher schlug ich einen Kompromiss vor. Wir nannten meinen Baum nicht Weihnachtsbaum, sondern Chanukka-Busch, und ich hängte als Schmuck kleine Dreidel und andere jüdische Symbole daran. Den größten Gewinn bei dieser Aktion hatte die Wohlfahrtseinrichtung, denn ein Herr, der später ein guter Freund von mir wurde, bot 10 000 Dollar für meinen Baum und dann noch einmal 10 000 Dollar, wenn ich ihm einen zweiten schmückte. Wow!

Dass ich keinen Weihnachtsbaum schmücken wollte, heißt übrigens nicht, dass ich mich nicht mit Christen oder Angehörigen des katholischen Klerus verstehe. Einmal war ich zum Essen im Restaurant *Four Seasons*, als ich bemerkte, dass in einem Nebenraum eine geschlossene Gesellschaft aß. Ich wusste nicht, wer dort war, aber ich bin nicht schüchtern und außerdem immer neugierig, also spähte ich hinein. Es waren lauter Priester und Nonnen, und sie begrüßten mich mit großem Hallo und wollten unbedingt, dass ich hereinkam und ihnen Guten Tag sagte. Und obwohl ich für die Abtreibung eintrete, gehört anscheinend sogar der New Yorker Kardinal Dolan zu meinen Fans.

Vor der *Steubenparade* (der deutsch-amerikanischen Parade, bei der ich – wie schon erwähnt – einmal *Grand Marshal* war) wurde in der St.-Patrick's-Kathedrale ein Gottesdienst gefeiert. Natürlich nahm ich daran teil und saß in der ersten Bank. Einerseits, weil ich Ehrengast war, andererseits, weil ich immer darauf achte, in der ersten Reihe zu sitzen, damit ich alles sehen kann, was geschieht. Nach dem Gottesdienst kam der Kardinal her und begrüßte alle Honoratioren. Als er zu mir kam, lächelte er mich strahlend an und gab mir ein Küsschen auf die Wange, und ich legte ihm die Hand an die Wange. Diese kleine Jüdin kommt also viel herum!

Ich habe bereits erwähnt, dass Juden ausdrücklich dazu aufgefordert werden, befriedigenden Sex zu haben. Also Sex, bei dem beide Partner einen Orgasmus erreichen. Das gilt auf alle Fälle für orthodoxe Juden, die auch andere religiöse Regeln befolgen müssen, wie etwa, keinen sexuellen Kontakt mit der eigenen Frau zu haben, solange sie ihre Periode hat und die sieben darauffolgenden Tage. Dann geht sie in die *Mikwe*, das Ritualbad. Wenn sie wieder nach Hause kommt, kann das Paar Verkehr haben. Das ist wieder einmal ein Fall, bei dem man die Dinge so oder so beurteilen kann. Man könnte sagen, aufgrund ihrer Religion dürften orthodoxe Juden beinahe die Hälfte der Zeit keinen Sex haben. Man könnte aber auch sagen, dass die Paare jeden Monat nach dieser festgesetzten Frist der Abstinenz sehnsüchtig darauf warten, miteinander schlafen zu dürfen. Und dass sie dann den allerbesten Sex haben, weil ihre Erregung besonders groß ist. *Joie de vivre* ist eine Frage der Einstellung, und jeder, der eine positive Einstellung zur Sexualität hat, kann darin große Lust finden, wie groß die Herausforderungen auch sein mögen.

Ich weiß, dass die Leser dieses Buches nicht notwendigerweise Juden sind und vielleicht nicht einmal an Gott glauben. Doch fast jeder kann Lebensfreude erfahren, nur wird es jemand, der extrem zynisch ist und an nichts glaubt, wesentlich schwerer haben. Ein Mensch zu sein, ist etwas sehr Besonderes. Sie müssen nicht glauben, dass unsere Lebenskraft von Gott stammt. Aber wenn Sie die Welt anschauen, ohne die vielen Geschenke des Himmels zu würdigen, die wir haben, die Schönheit der Erde, die Güte und Freundlichkeit ihrer Bewohner, die Liebe, die Sie mit anderen teilen können, dann werden Sie nie echte Freude erleben. Also … glauben Sie an *irgendetwas*, und folgen Sie Ihren Leidenschaften!

KAPITEL 4

Arm und glücklich in der »Stadt der Lichter«

Öffnen Sie sich der Liebe

Was ist das Leben ohne Liebe? Und was ist Liebe ohne Herzschmerz? Ich hatte drei Ehemänner. In zwei Fällen starb die Liebe, in der dritten – und längsten – Ehe starb mein Mann. Aber es geht mir wie in dem Lied von Edith Piaf, »Je ne regrette rien«. Ich bereue nichts davon, denn ohne die Strahlkraft der Liebe ist das Leben sehr farblos.

Viele junge Leute durchlaufen eine Phase, in der sie sich in ihrer Haut nicht wohlfühlen, aber irgendwann liegt sie hinter ihnen, und schon bald interessiert sich jemand vom anderen Geschlecht für sie. Da ich nur einen Meter vierzig groß bin, bin ich nie ganz aus dieser Phase herausgewachsen, und in der Jugend war ich lange Zeit davon überzeugt, dass kein Mann mich je attraktiv finden würde. Ich habe Ihnen schon von meinem ersten Freund, Putz, erzählt und auch von dem Pfleger, mit dem ich eine Affäre hatte; außerdem, dass ich drei Ehemänner hatte. Offensichtlich war es also mit meinen prophetischen Gaben nicht weit her. Aber ich weiß auch, dass meine realistische Einschätzung der Lage wichtig war, weil sie mir half, selbst etwas für mein Glück zu tun. Wenn ich mich nicht auf einen idealen Körper verlassen konnte, der Männer anlockte, brauchte ich einen Plan B. Und dazu gehörte unter anderem, Lebenslust an den Tag zu legen. Obwohl ich damals noch nicht genau hätte sagen können, was das ist. Einerseits fühlte ich mich sehr niedergeschlagen, wenn ich allein war, war sehr unglücklich über mein Leben in Palästina und vollends unsicher in Bezug auf meine Zukunft. Andererseits ließ ich in Gesellschaft meiner Freunde und Freundinnen – etwa bei den Tanzveranstaltungen, die wir im Kibbuz am Freitagabend hatten – meine wahre Persönlichkeit durchblitzen, und die Männer reagierten entsprechend.

Natürlich tat ich mehr, als einfach ich selbst zu sein. Zum Beispiel gab es einen Mann, den ich mochte, und der auch mich mochte. Eigentlich mochte er mich lieber als ich ihn, aber ich genoss auf jeden Fall die Aufmerksamkeit. Ich rechnete mir aus, wann ich im Kibbuz zum Mittagessen gehen musste, damit ich zur gleichen Zeit wie er ging und mit ihm zusammen essen konnte. Diese Taktik hatte die erwünschte Wirkung, und seine Zuneigung zu mir wuchs. Als ich jedoch seinen Bruder kennenlernte (der Soldat war und dessen Uniform ich sehr sexy fand), änderte sich meine Zielrichtung rasch, und wie es sich für eine künftige Scharfschützin gehörte, traf ich ins Schwarze.

Aber während dieses ganzen Geplänkels war das wahre Objekt meiner Begierde ein anderer Mann. Wir waren Freunde, und die Zeit, die wir zusammen verbrachten, war teils sehr schön, teils frustrierend, weil er jemand anderen »auf diese Weise« mochte. Unerwiderte Liebe tötet die Lebensfreude ab, weil das Herz an jemandem hängt, der nicht die gleichen Gefühle für einen selbst hegt. Jedes Mal, wenn man mit diesem Menschen zusammen ist, schwebt man auf Wolken, die Hoffnung steigt bei jedem Blick und jeder zufälligen Berührung ins Unermessliche. Aber sobald man wieder allein ist, muss man sich der Realität stellen und erkennen, dass der Betreffende nicht zu haben ist. Mir werden zu diesem Thema oft Fragen von Leuten gestellt, die in einer solchen Lage festsitzen, und ich rate ihnen immer, so viel Abstand wie möglich von dem Betreffenden zu halten. Das kann bedeuten, dass man die Schule, den Arbeitsplatz oder sogar den Wohnort wechseln muss. Um *Joie de vivre* in vollem Umfang genießen zu können, kann man nicht diese Glasdecke über sich gebrauchen, die einen an jeglichem Höhenflug hindert.

Ich verlor meine Jungfräulichkeit im Kibbuz. Ich verrate nicht, mit wem, weil wir noch immer befreundet sind und er mit jemand anderem verheiratet ist – und wir Frauen sind ebenfalls befreundet –, aber es war auf einem Heuboden, der nicht nur für Ungestörtheit sorgte, sondern auch für ein weicheres Polster als unsere harten Betten. Es war wunderbar. Wir zogen uns immer wieder auf diesen Heuboden zurück (und dass ich nicht schwanger wurde, ist ein kleines Wunder, denn wir verwendeten keinerlei Verhütungsmittel). Die Franzosen benützen für den Orgasmus unter anderem den Ausdruck *la petite mort*, »der kleine Tod«. Damit ist weniger der Orgasmus selbst gemeint als das Gefühl, das man unmittelbar danach hat, eine Art leichter Blackout, der auftreten kann, wenn die beanspruchten Lebenskräfte für eine Weile aus dem Körper weichen. Und tatsächlich können Sie, wenn ein Orgasmus stark genug ist, das Gefühl haben, zu bersten und zu sterben. In diesem Sinne könnte man beinahe sagen, dass ein Orgasmus über die Lust am Leben hinausgeht – man erlebt ansatzweise den Tod statt das Leben. Aber das stimmt nicht, denn Lebenslust umfasst viel mehr Emotionen als nur Freude.

Um ganz lebendig zu sein, muss man ein breites Spektrum von Emotionen empfinden, sogar Trauer. Wenn Sie nur glückliche Zeiten erleben, dann werden Sie sie weniger schätzen, als wenn Sie sie mit traurigen Zeiten vergleichen können. Ein Gefühl wie Sehnsucht ist nicht besonders freudig, aber es ist eine emotionale Erfahrung, die Sie lebendiger macht. *Joie de vivre* hat nicht nur mit dem Erleben von Freude zu tun, sondern mit Offenheit gegenüber allen Gefühlen. Ich möchte das mit einem persönlichen Beispiel illustrieren, das aus der Mutterliebe erwuchs.

Meine Tochter Miriam ging nach Israel und diente bei den israelischen Streitkräften. Natürlich vermisste ich meine Tochter, weil sie weit weg war. Und ich machte mir Sorgen um sie, denn bei einer Armee ist es immer gefährlich, selbst wenn kein Krieg herrscht, weil es dort Feuerwaffen und Schießübungen gibt. Aber ich war auch sehr stolz auf sie, weil sie dasselbe Engagement für Israel an den Tag legte wie ich früher. Als Amerikanerin brauchte sie nicht in Israel zum Militär zu gehen. Aber sie hatte das Gefühl, das sei für sie als Jüdin wichtig. Als sie nach New York zurückkehrte, schwelgte ich in einem unbeschreiblichen Hochgefühl, weil ich sie wiederhatte! Solange sie weg war, tat mir das Herz weh, aber ich rief sie so oft wie möglich an, besuchte sie, wann ich konnte, und betete, sie möge heil wieder nach Hause kommen. Ich ließ nicht zu, dass ihr Aufenthalt in Israel meine Freude am Leben zerstörte. Denn dass ein Kind das Elternhaus verlässt, gehört zum Leben. Aber als ich sie wiederhatte, war ich überglücklich! Ich hätte die ganze Zeit mit einem langen Gesicht herumlaufen können, solange Miriam in Israel war. Aber sich in etwas hineinzusteigern, das man nicht ändern kann, ist falsch. Es ist in Ordnung, jeden Tag ein paar Minuten lang traurig zu sein oder sich Sorgen zu machen, aber dann muss man diese negativen Emotionen wieder wegschieben, denn das Leben ist zu kostbar, als dass man auch nur einen Tag verschwenden dürfte.

Meinen ersten Mann lernte ich durch den Chirurgen kennen, der sich nach der Bombenexplosion 1948 um mein Bein gekümmert hatte. David war Soldat in der israelischen Armee, und ich habe anscheinend ein Faible für Männer in Uniform. Er stammte aus einer relativ wohlhabenden Familie in Tel Aviv und wollte Arzt werden. Ich war überrascht, dass er sich in mich verliebte, denn ich hielt mich noch immer für unattraktiv und zu klein, aber zum Glück war auch David klein, sodass ich gegenüber allen größeren Mädchen im Vorteil war.

War ich über Davids Heiratsantrag erstaunt, so war sein Vater enttäuscht. Er dachte, wir seien zu jung, und David hätte eine bessere Partie machen können und sich nicht gerade ein Flüchtlingsmädchen auszusuchen brauchen. Aber wir heirateten trotzdem und gingen nach Paris. David hatte damals die Armee schon verlassen. Da man in Israel nicht Medizin studieren konnte, brachen wir auf in die »Stadt der Lichter«.

Ich habe Ihnen schon eine Reihe von französischen Wörtern und Ausdrücken aufgetischt, die ich allesamt in Paris gelernt habe. Aber da ich in Paris lebte, lernte ich ihre Bedeutung nicht nur so, wie man sie aus einem Wörterbuch lernt, sondern erfasste ihren Sinn durch das Leben in dieser magischen Stadt. Wenn Sie nur einmal einige Tage in Paris verbracht und all die berühmten Sehenswürdigkeiten besucht haben, umgeben von Scharen von Touristen, dann ist Ihnen die echte Stadt und ihr Zauber entgangen. Als David und ich dort lebten, waren wir richtig arm. Wir wohnten in einem ungeheizten möblierten Zimmer im dritten Stock eines Hauses ohne Aufzug, hatten nur kaltes Wasser und kein Bad. Die Toilette – wenn man ein französisches Stehklo als Toilette bezeichnen will – befand sich zwei Treppen tiefer. Trotzdem liebte ich jede Sekunde dieser Zeit.

Meine Freunde waren überwiegend israelische Studenten, die auch von so gut wie nichts lebten. Unsere finanzielle Situation wurde in Paris mit der Zeit sogar noch schlechter, denn Israel schränkte den Devisenverkehr ein, und Davids Eltern konnten uns nicht mehr das Geld überweisen, das sie vorher für sein Studium geschickt hatten. Wenn wir in ein Café gingen, tranken wir zu zweit eine Tasse Kaffee. Wir konnten einen Schaufensterbummel machen, *faire du lèche-carreau* (wörtlich: »am Schaufenster lecken«), aber nichts kaufen. Aber mit Studentenermäßigung konnten wir dennoch ordentlich essen, gelegentlich einen Film sehen und in die *Comédie Française* gehen, um ein Theaterstück anzuschauen. Und selbst wenn man am unteren Ende der Leiter stand, gehörte man trotzdem dazu, solange man in Paris lebte, und war Pariser. Bei diesem Gedanken hüpft mir noch immer ein wenig das Herz.

David und ich lernten so viel Französisch wie eben möglich, denn die Franzosen sind sehr stolz auf ihre Sprache, und wenn man sich eingliedern und französische Freunde finden will, muss man die Sprache können. Dadurch war es uns möglich, viel mehr von dem zu genießen, was Paris zu bieten hatte, auch wenn wir uns nicht die Luxusgüter leisten konnten, die wir ringsum sahen.

Nachdem ich so viele Jahre sehr arm war, weiß ich die Bedeutung des Geldes ganz sicher zu schätzen. Doch obwohl Geld etwas zur Lebensfreude beitragen kann, vor allem, solange es das Notwendige zu sichern gilt, kann man *Joie de vivre* ganz entschieden auf sehr vielen Wegen fördern, die keinen Cent kosten. Wie schon erwähnt, gehe ich in den Winterferien immer in die Fifth Avenue, um mir die Schaufensterdekorationen anzusehen, und ich gehe zu Umzügen und schaue aus dem Fenster, um den Sonnenuntergang zu betrachten. Ausschlaggebend ist die richtige Einstellung. Jeder dieser Eindrücke kann noch stundenlang nachwirken und einen wärmen. Ein Spaziergang, sei es in den Straßen einer Stadt, wo Sie die Menschen in Ihrer Umgebung beobachten, oder in einem Park, wo Sie die Natur genießen können, kann sehr erhebend sein. Sie müssen sich nur zuerst einmal zwingen, überhaupt nach draußen zu gehen, und diesen Spaziergang mit der Vorstellung machen, dass Sie bei jedem Schritt Lebensfreude tanken.

Dieses Zurückdenken an Paris erinnert mich an eine meiner späteren Reisen dorthin. Es war 1985, meine Fernsehshow beim Sender Lifetime hatte großen Erfolg, ich war auf den Titelblättern von *People* und *TV Guide* erschienen, hielt Vorträge im ganzen Land und schrieb Bücher. Man kann getrost sagen, ich hatte alle Hände voll zu tun. Mitten in all das hinein platzte die Einladung, in einem Film mitzuspielen, der in Frankreich gedreht wurde. Angesichts dessen, was ich alles bewältigen musste, war meine Zusage nicht nur ein Risiko, sondern völlig verrückt. Doch die Chance, dass ich, die ich so viele Abende in der letzten Reihe des obersten Rangs der *Comédie Française* verbracht hatte, jetzt als Star in einem französischen Film zurückkehren konnte, war für mich einfach so reizvoll, dass ich es nicht übers Herz brachte, sie auszuschlagen.

Der Regisseur war Daniel Vigne, der vor allem durch seinen mehrfach ausgezeichneten Film »Die Wiederkehr des Martin Guerre« bekannt wurde. Für den Film »Une femme ou deux«, den er jetzt drehen wollte, hatte er Linda Hunt für die Rolle von Mrs. Heffner im Sinn gehabt. Es war wichtig, dass die Schauspielerin klein war, aber sie hatte noch nicht zugesagt, daher kam er nach New York, um mich zu interviewen. Wir trafen uns in einem Hotel in Midtown. Ich ging vor allem aus Neugier hin. Aber noch ehe ich Daniel kennenlernte, sagte mir irgendjemand unten in der Lobby, er hätte sich schon für Linda Hunt entschieden. Das weckte meinen Kampfgeist. Da ich auf jeden Fall für die Rolle vorsprechen sollte, beschloss ich, mein Bestes zu geben. Daniel ist sehr charmant, und da Sie wissen, dass mein zweiter Mann Franzose war, verstehen Sie sicher, dass ich eine Schwäche für gut aussehende Franzosen habe. Aber was immer mich an jenem Nachmittag ritt, ich gab alles (und derjenige, der mir gesagt hatte, Linda Hunt sei auserkoren, hatte wahrscheinlich keine Ahnung), und am Ende sagte Daniel zu mir: »Sie sind engagiert.«

Der Film, der Mitte der 1980er-Jahre unter dem Titel »Eine Frau zum Verlieben« auch in Deutschland lief, war eine romantische Komödie mit einer verwickelten Handlung, wie die Franzosen das lieben. Ob Sie es glauben oder nicht: Es kam darin zu einer Verwechslung zwischen der einen Meter achtzig großen Sigourney Weaver und mir mit meinem Meter vierzig. Aber so verwickelt die Geschichte auch war, nicht minder verzwickt war nun mein Leben geworden. Irgendwie musste ich in meinen Arbeitsplan, der mir sowieso schon kaum Zeit zum Atmen ließ, Flüge nach Paris mit fünf bis sechs Tagen Aufenthalt einbauen. Ich ließ Pierre einige Vorträge absagen (sodass ich letztlich finanziell sogar draufzahlte, denn ich bekam nicht viel für die Rolle), aber ich hatte ja noch einen Job beim Fernsehen. Und die Live-Sendungen konnte man nicht vorher aufnehmen, sodass ich anwesend und ansprechbar oder wenigstens wach sein musste. Niemand außer meinem Produzenten John Lollos, meinem Co-Moderator Larry Angelo und einigen im Team wusste Bescheid. Bei einer dieser Sendungen am späten Abend war ich gerade eben aus Paris zurückgekommen und nickte am Ende der Sendung ein. John merkte es und sagte dem Aufnahmeleiter, er solle Larry ein Zeichen geben; sie hielten die Kamera auf ihn gerichtet, während der Leiter zu mir kam und mir auf die Schulter tippte. Zum Glück bin ich es gewohnt, kurze Nickerchen zu machen, und konnte die Zügel schnell wieder aufnehmen, doch selbst diese kleine Pause gab mir neue Energie.

In dem Film spielt Gérard Depardieu die Rolle eines Anthropologen, der einen Tag zu früh an den Flughafen geht, um eine Gönnerin abzuholen (das bin ich), und nimmt stattdessen Sigourney mit. An einem Drehtag stand ich vor einem großen Mietshaus, in dem eine Szene spielen sollte, und wartete darauf, dass man mich nach oben rief. Ich ging zum Haus nebenan und versuchte die Tür zu öffnen, aber sie war verschlossen. Als ich gerade dastand und an dem Haus hinaufschaute, kam Michel Aumont, ein hervorragender Schauspieler, der auch in dem Film mitspielte, zu mir.

»Doktor Ruth, wir filmen in dem Haus dort drüben, nicht in dem hier.«

»Das weiß ich, Michel«, antwortete ich, »aber ich wollte mal sehen, ob ich einen Blick in dieses Haus werfen kann.«

»Mais pourquoi?« Wir unterhielten uns auf Französisch.

»Als ich zum ersten Mal nach Frankreich kam, habe ich hier gewohnt. Im obersten Stockwerk«, sagte ich und zeigte nach oben. »Ich musste jeden Tag all diese Treppen hinauf- und hinuntergehen. Und bei meinen kurzen Beinen fiel mir das nicht leicht. Es gab keine Heizung im Haus. Und die Toiletten waren zwei Stockwerke tiefer.«

»Und jetzt sind Sie hier und spielen in einem französischen Film mit, der gleich nebenan gedreht wird! Da verstehe ich gut, dass Sie nachdenklich aussehen.«

»Als ich hier gelebt habe, war mein Lebensziel, Kindergärtnerin zu werden. Ich hatte keine hochfliegenden Pläne, sondern war sehr bodenständig. Dass ich jetzt, viele Jahre später, wieder genau am selben Fleck stehe und in einem Film mitspiele, ist gar nicht so leicht zu begreifen.«

»Sie sehen sich noch immer als diese junge Frau.«

»Natürlich, und wenn ich die Zeit zurückdrehen und meinem damaligen Ich sagen könnte, was heute hier geschieht, dann würde es mich auslachen und sagen, ich solle auf dem Teppich bleiben. Es ist fast so, als wären wir zwei Personen. Die jüngere, die kämpfen muss, um irgendwie durchzukommen, und Dr. Ruth, die im Haus nebenan in einem Film mitspielt.«

Ein Produktionsassistent kam und bat uns, ihm in das Haus zu folgen, in dem gefilmt wurde, aber ich rührte mich nicht gleich von der Stelle. Ich war noch in Gedanken versunken. Wie hatte *jene* Ruth *diese* Ruth werden können? Wie hatte *jene* Ruth dahin kommen können, dass sie in einem Film mit einem der größten Schauspieler Frankreichs mitwirkte, der von einem der besten Regisseure Frankreichs gedreht wurde, und in dem auch eine der berühmtesten Schauspielerinnen der USA mitspielte? Diese Erfahrung war so unfassbar, dass ich gehen musste, denn hätte ich mir erlaubt, noch länger darüber zu sinnieren, wäre mir meine ganze Rolle entglitten.

Bei meiner nächsten Reise nach Frankreich drehten wir eine Szene in der Salle Richelieu in der Sorbonne. In ebendiesem Raum war ich vor vielen Jahren in einer Physiologie-Prüfung durchgefallen! Als ich mich umschaute, musste ich mich auch hier wieder im Geiste kneifen, weil der Weg, den ich zurückgelegt hatte, so unglaublich war. Dann überzog ein breites Lächeln mein Gesicht, und ich dachte: »Wenn mich jetzt nur meine Kollegen von damals und der Lehrer sehen könnten!« Wäre der Film an irgendeinem anderen Ort auf der

Welt gedreht worden, wäre ich vielleicht nicht bereit gewesen, dafür mein Leben auf den Kopf zu stellen. Ich habe sogar weitere Filmrollen abgelehnt, aber vor allem, weil die Produzenten nicht wollten, dass ich eine Rolle spiele, sondern dass ich einfach Dr. Ruth war (ein bekannter Filmkritiker riet mir einmal, das nie zu machen, und ich hörte auf ihn). Aber dieser Film hier wurde in Paris gedreht, wo ich einmal so arm gewesen war. Hier das Leben eines Filmstars zu führen, wenn auch nur für ein paar Wochen, war ein Angebot, dem ich nicht widerstehen konnte. Es war sehr bewegend für mich.

Und die Szene in der Sorbonne? Sie endete mit einer Schlacht mit Essen! Das machte unglaublich Spaß! In dem Film verguckt sich Gérard Depardieu in die Hochstaplerin, daher gibt ihm die Frau, die ich verkörpere, am Ende kein Geld. Im wahren Leben war er sehr großzügig und hat eine Party für alle Beteiligten in einem Weinkeller an der Seine gegeben. Alle vergnügten sich bestens und tranken Ströme von Wein, allen voran Gérard. Obwohl ich nur einen winzigen Schluck trank, hätte meine Stimmung nicht besser sein können!

Und wenn ich gerade von Erlebnissen in Paris spreche, will ich Ihnen noch ein weiteres erzählen – von einem Wagnis, auf das ich mich einließ und das mit einem besonderen Clou endete. Ich bekam eine Anfrage, ob ich ein Buch über Kunst machen wolle. Nun gehe ich zwar eifrig in Museen, aber die vielen Besuche dort haben aus mir keine Kunstexpertin gemacht. Doch der Verlag, Abbeville, brachte mich mit einem Kurator des *Metropolitan Museum of Art* zusammen, Gary Tinterow (der heute Direktor des *Museum of Fine Art* in Houston ist). Wir sollten das Buch gemeinsam machen, wobei er die Fachkenntnisse auf seinem Gebiet beisteuern sollte und ich die aus meinem Bereich. Das Buch, das immer wieder nachgedruckt wird, heißt »The Art of Arousal«, und ich bin sehr stolz darauf. Ich glaube, es ist ein Buch, das sich Paare gut zusammen anschauen können, weil die Kunst viele erotische Inhalte hat, aber alles andere als pornographisch ist. Mann und Frau können dieses Buch gemeinsam betrachten, ohne dass jemandes Gefühle verletzt werden, aber vielleicht werden beide Partner dabei ein klein wenig erregt.

So zufrieden ich mit dem Buch auch war, entzückte es mich doch ganz besonders, dass es auch auf Französisch erschien, zumal die französische Ausgabe in einem edlen Schuber steckte. Und dann wurden Gary und ich zu einer Signierstunde in den Louvre eingeladen! Als ich in Paris lebte, hatte ich unzählige Stunden im Louvre verbracht, und dass ein Buch, an dem ich mitgeschrieben hatte, dort verkauft wurde, freute mich über alle Maßen. Französische Filme sind eine Kunstform für sich, aber der Film, in dem ich mitspielte, war nicht von der ernsten Sorte, daher bedeutete es mir eine Menge, dass mein Buch im Louvre verkauft wurde. Auch wenn ich nicht gerade neben der »Mona Lisa« hing, immerhin teilte ich das Haus mit ihr!

Als Gary und ich in Paris unterwegs waren, erspähte ich einmal einen Mantel im Schaufenster eines schicken Modegeschäfts. Er war rot und hatte einen schwarzen Samtkragen. Normalerweise weckt Kleidung keine Begehrlichkeiten in mir, aber in diesen Mantel verliebte ich mich auf den ersten Blick; die Franzosen nennen so etwas *le coup de foudre.* Ich zog Gary mit in das Geschäft, aber betrüblicherweise hatten sie den Mantel nicht in meiner Größe da. Sie erklärten sich aber bereit, einen machen zu lassen, und obwohl er *très cher* war, wirklich teuer, sagte ich Ja. Gary flog einen Monat später noch einmal nach Paris und versprach, ihn dann für mich abzuholen. Ich trug diesen Mantel jahrelang und war ganz traurig, als er so abgewetzt war, dass ich ihn nicht mehr anziehen konnte.

Die Extravaganz, die ich mir bei der Anschaffung dieses Mantels leistete, unterschied sich deutlich von dem, was ich üblicherweise auf meinen Reisen ausgebe. Normalerweise kaufe ich eine Menge kleiner Mitbringsel ein, die ich verschenken kann. Einige Stücke behalte ich selbst, aber die meisten gebe ich her, wenn ich für jemanden ein Dankeschön brauche. In Paris schaue ich immer bei einem Geschenkladen unter den Arkaden der Rue de Rivoli vorbei, die den Tuilerien gegenüberliegen. In diesem Geschäft, zu dessen Eingang man ein paar Stufen hinuntergehen muss, stocke ich immer meinen Vorrat an Kleinigkeiten aus Limoges-Porzellan auf, besonders an Tellerchen. Ich weiß, dass sie kitschig sind, aber ich mag sie. (Ich habe einen Freund, für den ich auf Reisen immer Golfbälle kaufe. Und bei seiner letzten Reise nach Paris brachte er mir einen Golfball aus Limoges-Porzellan mit!)

Als ich zehn Jahre alt war, hätte ich mir nie vorstellen können, dass unsere Familie bald auseinanderbrechen würde. An meinem zwanzigsten Geburtstag hätte ich nie gedacht, dass mich eine Bombenexplosion erwischt. Und als ich in Paris studierte, hätte ich mir in meinen kühnsten Träumen nicht ausmalen können, dass ich eines Tages zurückkehren würde, um in einem Film mitzuspielen. Ich lese jeden Tag mein Horoskop in der *NY Post*, weil es unterhaltsam ist, aber mir ist dabei völlig klar, dass man die Zukunft nicht vorhersagen kann. Die genannten Beispiele sind Überraschungen großen Stils, aber irgendetwas trifft Sie jeden Tag unvorbereitet. Manches davon ist gut, manches weniger gut, aber Überraschungen gehören zum Leben. Wenn Sie versuchen, sich vor Schocks oder Veränderungen zu schützen, wirkt das so ähnlich wie der Versuch, Gefühle wie Trauer zu unterdrücken: Am Ende sind Sie vielleicht mehr tot als lebendig. Sie müssen stattdessen lernen, Überraschungen anzunehmen. Wenn Sie oder jemand, den Sie lieben, eine schlimme medizinische Diagnose bekommen, können Sie sich natürlich nicht damit wohlfühlen, aber auch diese Erfahrung können Sie nicht verhindern. Sorgen Sie also dafür, dass Sie schöne Überraschungen nach Kräften genießen, denn dann können die hässlichen, die unvermeidlich auch kommen, nicht all die schönen Überraschungen ruinieren. Stellen Sie sich vor, ein Mann hätte nie Sex mit seiner Partnerin, weil er fürchtet, dass er vielleicht irgendwann einmal keine Erektion zustande bringt. Manche Leute handeln nach einer solchen Logik und führen deshalb ein sehr armseliges Leben. Hüten Sie sich vor einem solchen Verhalten!

Aber zurück zu meiner Geschichte und meinen früheren Jahren in Frankreich. Mein erster Mann, David, studierte Medizin, und so gut wie alle unsere Freunde waren Studenten. Ich arbeitete in einem Kindergarten, aber ohne den Abschluss einer höheren Schule hatte ich keinerlei Chance, auf eine Universität zu gehen und meinem ursprünglichen Ziel näherzukommen, Ärztin zu werden und zu promovieren. Aber dann erkannte die französische Regierung, dass der Krieg die Schulbildung sehr vieler junger Leute vorzeitig abgeschnitten hatte, und schuf eine alternative Zugangsmöglichkeit zur Sorbonne. Sie führte einen einjährigen Vorbereitungskurs ein, und alle, die ihn mit Erfolg abschlossen, konnten sich anschließend regulär als Studenten einschreiben. Ich nahm daran teil und konnte ein Jahr später am Institut für Psychologie der Sorbonne zu studieren beginnen. Ich wollte eine *licence* erwerben, die damals zwischen einem Bachelor und einem Master angesiedelt war. Das war zwar in Anbetracht meiner Französischkenntnisse ein schwieriges Vorhaben, aber es siegte die *Joie de vivre*! Ich fühlte mich wie im siebten Himmel.

Und im Unterricht schwebte ich auch oft hoch in der Luft. An der Sorbonne wird in Hörsälen unterrichtet, die Amphitheater heißen und auch so aussehen. Aufgrund meines Stundenplans kam ich nie früh genug an, um einen Sitzplatz zu ergattern. Dieses Problem löste ich so, dass ich jeweils einen großen Studenten bat, mich auf ein Fenstersims zu heben, und so hatte ich am Ende den besten Platz im ganzen Saal! Ich weiß, dass viele Leute in dieser Situation nie den Nerv gehabt hätten, um eine solche Hilfe zu bitten oder sich so zu exponieren. Sie würden einfach hinten stehen und könnten nichts sehen. Aber mit Lust zu leben verlangt eben auch eine Portion Courage. Ich bin klein, deshalb dränge ich mich immer nach vorne. Ich sehe nicht ein, dass meine Größe mich benachteiligen sollte. Manchmal ist sie sogar ein Vorteil, denn gerade, weil ich so klein bin, lassen die Leute mich durch. Und vorne zu sitzen, ermöglicht mir manchmal auch eine stärkere Beteiligung, als wenn ich irgendwo in der Mitte wäre. Und hat man sich ein paarmal nach vorne geschoben und gesehen, dass es klappt, wird es auch immer leichter, es wieder zu tun. Man gewinnt Erfahrung und erkennt, dass es auch nicht das Ende der Welt ist, wenn es einmal nicht klappt. Man darf dabei nur nicht zögern, sondern muss einfach in dem Wissen losmarschieren, dass man das jetzt macht. Schwankt man innerlich und fragt sich: Soll ich oder soll ich nicht?, dann zieht man es wahrscheinlich nicht durch. Kennen Sie das Sprichwort: »Wer zögert, der hat schon verloren«? Es stimmt. Aber wenn Sie erst einmal Geschmack am Gewinnen gefunden haben, weil Sie ein bisschen gedrängelt haben, zögern Sie nicht mehr, weil Sie sich nicht mehr mit weniger als einem Sieg zufriedengeben wollen.

Ich war im Madison Square Garden, als Bill Clinton bei seiner ersten Präsidentschaftswahl die Nominierung durch die Demokraten annahm. Und ich war nicht nur dort, sondern saß ganz vorne. Ich hatte Bill geraten, zu kandidieren, daher hatte ich unmittelbaren Anteil an der Spannung des Augenblicks und saß nicht irgendwo oben auf einem Balkon bei der Fernsehanstalt, die mich dorthin gebracht hatte. Auf diese Weise kommen Sie an die intensivsten Gefühle heran, die das Leben zu bieten hat. Sie müssen danach greifen und sie am Schopf packen, nicht darauf warten, dass sie Ihnen wie durch ein Wunder in den Schoß fallen. Hin und wieder mag Sie ein Lotteriegewinn von selbst finden, aber am ehesten bekommen diejenigen, was sie wollen, die sich aktiv darum bemühen.

Wie ich schon gesagt habe, gehört zur *Joie de vivre* auch Trauer, denn wenn Sie in der Wirklichkeit leben, wird nicht immer alles perfekt laufen. So war es auch bei meiner Ehe mit David. Er hatte beschlossen, doch nicht Arzt werden zu wollen, und kehrte nach Israel zurück, um dort einen Master in *Middle Eastern Studies* zu machen. Ich begleitete ihn, aber als an der Sorbonne das Semester wieder begann, ging ich nach Paris zurück. Manche Fernbeziehungen klappen gut, unsere nicht. Davids Vater hatte recht gehabt: Wir waren zu jung gewesen. Schließlich ließen wir uns auf dem Postweg scheiden.

Wenn mir das Leben eine Lektion erteilt hat, dann die, so wenig Zeit wie möglich zu verschwenden. Ganz gleich, wie lange man lebt, die Jahre vergehen derart schnell, dass es schon schade um vergeudete Sekunden ist. Deshalb sage ich einem Paar, das zu mir in die Praxis kommt und offenkundig nicht zusammenpasst, es sollte sich so schnell wie möglich trennen. Warum sollte man noch mehr kostbare Lebenszeit vertun und unglücklich sein, wenn es eine andere Möglichkeit gibt? Dass man das Talent hat, einen Schaden zu begrenzen, ist sehr wichtig dafür, das Leben voll auszukosten. Es gibt Arten von Elend, denen man nicht ausweichen kann, etwa eine schwere Krankheit. Aber eine Ehe kann man auflösen, und sobald klar ist, dass es darauf hinausläuft, sollte man es auch rasch tun. Ich bin noch immer mit meinen früheren Ehemännern befreundet, vielleicht zum Teil deshalb, weil wir nicht an unseren Ehen festhielten, bis sie wehtaten, so entstand sehr wenig Bitterkeit.

Meinen zweiten Mann, Dan, lernte ich über Freunde aus Israel in einem Pariser Café kennen. Er hatte keinen Beruf, aber er sah gut aus, war freundlich und lieb, und so begannen wir eine wunderbare Liebesaffäre. Und dann fiel mir, auch wenn ich Ihnen gerade gesagt habe, Sie sollten nicht erwarten, dass Ihnen etwas in den Schoß fällt, ein Geschenk in den meinen. Ich hatte Deutschland nicht um irgendeine Wiedergutmachung gebeten, aber dann erhielt ich einen Scheck über 1500 Dollar von der Bundesregierung. Solche Zahlungen gingen an Menschen, die unter den Kriegsverbrechen der Nazis gelitten hatten und ihre Schulbildung in Deutschland nicht hatten beenden können. Obwohl ich Deutschland um nichts gebeten hatte, wollte ich eine solche Summe auch nicht zurückschicken.

»Dan, schau mal, was ich mit der Post bekommen habe!«

Dan blickte auf den Scheck und stieß einen Pfiff aus. »Du hattest dich doch schon gefragt, wie du den Rest deiner Ausbildung bezahlen sollst. Jetzt weißt du es.«

»Ich habe nachgedacht und bin zu dem Schluss gekommen, dass ich ja sowieso nach Israel zurück möchte. Welchen Sinn hat es dann, so hart für diesen französischen Abschluss zu arbeiten?«

»Aber du hast mir doch immer gesagt, wie wichtig eine Ausbildung ist. Erst kürzlich hast du mit mir geschimpft, weil ich keinerlei Unterricht mehr besuche.«

»Man muss nicht unbedingt in eine Schule gehen, um Bildung zu erwerben.«

»Jetzt klingst du wie ich.«

»Vielleicht hast du einen schlechten Einfluss auf mich, aber ich habe beschlossen, das Geld für eine Reise nach Amerika zu verwenden. Ich habe einen Onkel in San Francisco, den ich nicht mehr gesehen habe, seit ich drei Jahre alt war. Einige meiner Freunde aus Heiden sind auch dort, und ich habe einfach Lust, die Vereinigten Staaten zu besuchen.«

»So, so.« Dan sah ein wenig traurig aus.

»Oh, das Beste habe ich dir noch gar nicht gesagt. Ich möchte, dass du mitkommst!«

Wir kauften Fahrkarten vierter Klasse für die *Liberté*. Eigentlich hätten wir nicht an Deck gehen dürfen, aber wir stahlen uns nach oben und blieben die ganze Nacht wach, um bei der Ankunft die Freiheitsstatue zu sehen. In New York trafen wir uns mit Freunden und verbrachten die erste Nacht im Hotel, aber ich wusste, dass wir uns das nicht lange leisten konnten. Ich wusste auch, dass es eine deutsch-jüdische Zeitung namens *Aufbau* gab, und kaufte eine Ausgabe, weil ich hoffte, dort ein Angebot für ein billiges Zimmer zu finden. Aber mein Blick blieb an einer großen Anzeige hängen, die die *Graduate Faculty of Political and Social Science* der *New York School for Social Research* aufgegeben hatte. In der stand, sie würde ein Stipendium für einen Masterstudiengang in Soziologie an ein Opfer der Nazis vergeben. Ich ging schnurstracks hin, und innerhalb von vierundzwanzig Stunden hatte ich das Stipendium. Wir fanden auch ein kleines Zimmer in Washington Heights, das wir mieten konnten und das nur vier Blocks von meiner heutigen Wohnung entfernt lag. Das ist allerdings nicht weiter erstaunlich, da Washington Heights wie gesagt eine deutsch-jüdische Enklave ist.

Weil das Stipendium nur für meine Studiengebühren reichte, brauchten wir Geld für unser tägliches Leben. Unsere Vermieterin wusste von jemandem, der ein Hausmädchen suchte. Nun hatte ich zwar noch keinen akademischen Grad, aber das besagte Schweizer Diplom für Hauswirtschaft. Das Ehepaar, das mich einstellte – für den stolzen Lohn von fünfundsiebzig Cent in der Stunde –, stammte aus Frankfurt, die Frau hatte sogar dieselbe Schule besucht wie ich. Aber meine Zeit als Hausmädchen dauerte nicht lange. Bald darauf fand Dan für uns beide Jobs an der französischen Botschaft, und ich bekam eine Lohnerhöhung von 25 Prozent, sodass ich jetzt einen Dollar in der Stunde verdiente.

Anfangs hatte ich Schwierigkeiten mit dem Unterricht, weil ich die Sprache noch nicht beherrschte. Bis ich eines Tages in einer Klasse zwei deutsche Studenten entdeckte, die sich Notizen auf Deutsch machten; die halfen mir weiter. Einerseits kann man sagen, das Schicksal lächelte mir freundlich zu, aber wenn ich mich nicht umgedreht und sie um Hilfe gebeten hätte, hätte ich dieses Lächeln gar nicht gesehen. Das Leben kann sehr schön sein, aber man muss auch bereit sein, die Gunst der Stunde zu nutzen und zuzugreifen.

Und das Schicksal hielt noch eine weitere Überraschung für mich bereit: Ich war schwanger. Aus irgendeinem Grund hatte ich angenommen, ich könnte gar nicht schwanger werden, vielleicht, weil ich so klein war. (Ich spreche vor Studenten immer über sexuelle Mythen, beispielsweise, dass einem Haare auf der Handinnenfläche wachsen, wenn man masturbiert, aber ironischerweise habe ich noch nie den Aberglauben erwähnt, dem ich selbst aufsaß. Da meine Eltern auch beide klein waren, sind sie vielleicht in die gleiche Falle getappt!) Wegen des Babys beschlossen Dan und ich, zu heiraten. Ich war im siebten Himmel, obwohl ich mich jeden Morgen übergeben musste. Für mich war diese Übelkeit unbedingt ein

Teil des Lebens mit Lust und Liebe, sowohl für mich als auch für das Baby, und ich beklagte mich nie darüber. Und das Glück, das ich bei Miriams Geburt empfand, war unglaublich. Ich hatte meine ganze Familie durch die Nazis verloren, aber jetzt hatte ich meine eigene, neue Familie gegründet.

Als Miriam ein Jahr alt war, trennten Dan und ich uns. Wir hatten eine wunderbare Liebesaffäre gehabt, aber was uns verband, war nicht stark genug, um eine Ehe zu tragen, die ein Leben lang hielt. So fehlte etwa das Element der intellektuellen Anregung. Ich spreche oft über sexuelle Langeweile, und das ist auch sicher ein Thema. Aber nach meiner Meinung ist sexuelle Langeweile nur ein untergeordneter Aspekt, wenn ein Paar kein befriedigendes Sexleben hat. Langweilt man sich intellektuell miteinander, trägt das wesentlich mehr Schuld daran.

Manche Leute haben einen bestimmten Weg gefunden, einen Orgasmus zu erreichen, der von ihnen jedes Mal ein genau festgelegtes Verhalten erfordert. Paare, bei denen das einer oder alle beide brauchen, können durchaus einmal andere Positionen und andere Zugänge zu ihrer Sexualität ausprobieren, aber dann müssen sie zu ihrem erprobten Verfahren zurückkehren, um am Ende beide sexuell befriedigt zu sein. Man könnte denken, dass die Beziehung eines solchen Paares nicht stabil ist, weil sein sexuelles Verhalten so vorhersagbar ist. Aber das muss überhaupt nicht sein. Wenn es im sonstigen gemeinsamen Leben der beiden reichlich intellektuelle Anregung gibt – was heißen könnte, dass sie oft in Konzerte gehen und Museen besuchen, Bücher lesen und über sie diskutieren oder einfach ein gemeinsames Hobby wie Gärtnern haben und stundenlang über Samenkatalogen brüten – dann hätten sie eine starke Beziehung. Und diese feste Verbindung würde auch auf den Bereich der Sexualität übergreifen, sodass sie füreinander attraktiv bleiben. Andererseits wird ein Paar, dessen Sexleben aufregend wie in einem Pornofilm ist, das sich aber außerhalb des Schlafzimmers miteinander zu Tode langweilt, nicht dauerhaft zusammenbleiben.

Hier habe ich Ihnen Extreme dargestellt, die für mich und Dan nicht zutrafen. Aber als junge Mutter war ich klug genug, in die Zukunft zu schauen, und sah die Ehe mit Dan nicht als erfülltes Leben vor mir. Auch wenn das hieß, dass ich Miriam alleine großziehen musste, zumindest bis ich einen anderen Partner gefunden hatte, wusste ich, dass es richtig war, mich von Dan zu trennen. Er ging nach Frankreich zurück und war nicht mehr Teil von meinem und Miriams Leben. Ich wusste, dass er kein Geld hatte und vermutlich auch nicht so schnell welches haben würde. So erwartete ich keinen Unterhalt und bat ihn auch nicht darum. Damals waren Briefe die einzige Kommunikationsmöglichkeit, und offen gestanden hatte ich keine freie Minute, um noch zur Feder zu greifen, nachdem ich tagsüber Miriam zu erziehen und zu ernähren hatte und abends zur Universität ging. Ihm wird es wohl ähnlich gegangen sein. Nach einiger Zeit fuhr ich mit Miriam nach Mexiko, wo ich mich scheiden lassen konnte. Mein Kontakt zu Dan ist zwar nie ganz abgerissen, aber dass der Atlantik zwischen uns lag, hat unsere Beziehung nicht eben gestärkt.

War unsere Trennung traurig? Natürlich, aber vor allem um dessentwillen, was hätte sein können. Ich wusste, dass ich glücklicher sein würde, ohne dass Dan neben mir hertrottet, denn nun hatte ich mehr Möglichkeiten für mein weiteres Leben. Ich wusste nicht, wohin die Reise ging, aber zumindest saß ich nicht mehr im Sumpf fest. Beunruhigte es mich, dass ich eine alleinerziehende Mutter war? Ich hatte seit meinem zehnten Lebensjahr für mich selbst sorgen müssen, daher war ich es gewohnt, die Verantwortung für das tägliche Leben zu schultern. Ich hatte finanziell gesehen nie viel besessen, aber ich kam immer zurecht. Daher war ich zuversichtlich, dass ich für mich und Miriam aufkommen konnte. Sie war die Freude meines Lebens.

KAPITEL 5

Wie ich meinen dritten Ehemann eroberte

Wer wagt, gewinnt – verfolgen Sie tatkräftig Ihre Ziele

Da ich das Leben als alleinerziehende Mutter bestens kenne, weiß ich, wie schwierig es sein kann, die Balance zwischen Leben und Arbeit zu halten. Ich hatte keine Verwandten, die mir bei der Erziehung von Miriam helfen konnten; eine Großmutter oder gar zwei, auf die ich zurückgreifen konnte, oder selbst eine entfernte Cousine. Deshalb war ich auf Freunde angewiesen, wenn ich Hilfe brauchte. Diese Erfahrung führte dazu, dass ich mich einfach dazu äußern musste, als die zentrale Figur in der Sitcom »Murphy Brown« alleinerziehende Mutter wurde. Im Fernsehen wurde so getan, als sei das ganz einfach, und das hätte womöglich manche ledige Frau zu der Überzeugung gebracht, sie könne ohne erhebliche Folgen in Murphy Browns Fußstapfen treten. Zwar habe ich nie eine Sekunde der Jahre bereut, in denen ich Miriam allein aufzog. Angesichts der Schwierigkeiten ist es mir aber wichtig, nach Möglichkeit jeder anderen Frau von der Idee abzuraten, denselben Kurs einzuschlagen. Ganz oben auf meiner persönlichen Wunschliste stand, jemanden zu finden, der mein Kind mit mir zusammen großzog.

Mein Lieblingswort im Englischen heißt *done* – erledigt. Ich mag es nicht, wenn ich auf einem Berg von unerledigten Aufgaben sitze. Damit Sie das Leben richtig genießen können, ist es besser, wenn Ihnen nicht ständig eine ellenlange To-do-Liste im Kopf herumschwirrt. Natürlich lassen sich manche Punkte auf Ihrer Liste leicht abhaken, wie etwa Geschirr abwaschen, während andere mehr Zeit brauchen. Außerdem haben Sie bei manchen Punkten weniger Kontrolle über die Dinge – und einen Ehemann zu finden, gehört ganz gewiss in diese Kategorie. Einerseits darf eine solche Aufgabe nicht zum zwanghaft verfolgten Ziel werden, denn das nimmt Ihnen jede Chance, das tägliche Leben zu genießen. Andererseits kann man es auch nicht einfach dem Zufall überlassen. Also darf das, was Sie an der Erledigung einer Aufgabe hindert, weder ganz vorne noch ganz hinten in Ihrem Kopf angesiedelt sein, sondern muss irgendwo in der Mitte liegen. Dann haben Sie genug Antrieb, um Ihr Ziel tatkräftig zu verfolgen, aber nicht so viel, dass Sie unglücklich sind, bis Sie es erreicht haben.

Eine wichtige Ressource, die mir diese Zeit gut überstehen half, war mein Freundeskreis. Selbst als alleinerziehende Mutter war ich nicht die Frau, die zu Hause sitzt. Wenn irgendwo eine Party war, nahm ich Miriam mit und legte sie mitten zwischen den Mänteln auf ein Bett, damit sie schlafen konnte, während wir im Zimmer nebenan tanzten und uns unterhielten. Einer meiner Freunde schlug einmal vor, wie sollten am Wochenende gemeinsam Skifahren gehen. Ich bat einige andere Freunde, auf Miriam aufzupassen, und fuhr los. Mit von der Partie war auch ein weiterer Freund aus Holland, der mit mir zusammenarbeitete. Er hieß Hans. Wir ließen uns gemeinsam den Berg hochziehen, aber der Lift war ein Bügelschlepplift – und das klappt prima, wenn man ungefähr gleich groß ist, aber Hans war mehr als einen Meter achtzig groß. Da passte was nicht zusammen. Als wir oben ankamen, wurde ich dem Präsidenten des Skiclubs vorgestellt, dem wir für dieses Wochenende beigetreten waren, Manfred Westheimer. Fred war klein, und da er keinen Ehering trug, wusste ich gleich, dass er ledig war.

»Hans, du sagst doch immer, ich rede bei der Arbeit zu viel und deshalb wirst du mit deinen Aufgaben nicht fertig.«

»Ja, stimmt.«

»Und wie sich gezeigt hat, passen wir auch auf einem Schlepplift nicht so toll zusammen.«

»Ja, ich hab's gemerkt. Entweder sitzt er dir am Hals oder er hängt mir an den Knöcheln.«

»Genau. Dann hast du sicher nichts dagegen, wenn ich ab jetzt mit dem Kleinen dort drüben den Lift teile, mit Manfred.«

»Ruth, das halte ich für eine prima Idee.«

Ich nutzte die Zeit, die Manfred und ich zusammen mit dem Schlepplift fuhren, nach Kräften. So verbrachten wir nicht nur den Tag zusammen, sondern redeten bis zwei Uhr morgens miteinander. Am nächsten Tag rief ich eine Freundin an und sagte: »Ich habe den Mann gefunden, den ich heiraten werde.« Das einzige Problem war, dass es in unserer Gruppe noch zwei weitere Frauen gab, die dieselbe Idee und außerdem einen Vorsprung hatten. Mit einer der beiden teilte ich sogar das Zimmer, und sie sagte, ich solle die Finger von ihrem Freund lassen. Falls Ihnen das bis jetzt noch nicht aufgefallen ist: Ich habe einen gewissen sportlichen Ehrgeiz, sodass solche Worte bei mir das glatte Gegenteil von dem bewirken, was sie eigentlich sollten. Hätte sie einfach traurig ausgesehen, hätte sie mir vielleicht leidgetan, aber nachdem sie mir eine Kampfansage gemacht hatte, wollte ich erst recht.

Fred war Ingenieur, was bedeutete, dass er einen festen, gut bezahlten Job hatte. Das war für jede ledige jüdische Frau, die er kennenlernte, Grund genug, Eroberungspläne zu schmieden. Zudem sah er gut aus, war freundlich und ein hervorragender Gesprächspartner. Außerdem spielte er Gitarre und Mundharmonika. Er hatte die Gewohnheit, dumme Witze zu erzählen, die ich nicht verstand, aber am Anfang lachte ich trotzdem.

Wenn Sie etwas Bestimmtes im Leben wollen, dann reicht ein halbherziger Einsatz nicht aus, besonders wenn Sie wissen, dass noch jemand anders dasselbe will. Ich gebe Ihnen ein Beispiel. Fred hatte seine Gitarre in der Wohnung meiner Hauptkonkurrentin gelassen. Dass diese Gitarre für Fred ein Grund war, noch einmal dorthin zu gehen, war das Letzte, was ich wollte. Was sollte ich machen? Ich rief Dale an.

»Dale, ich muss eine Gitarre kaufen. Wohin soll ich gehen?«

»Ruth, wofür brauchst du denn eine Gitarre? Du spielst doch gar nicht, und ich bezweifle, dass du je spielen wirst.«

»Fred hat seine Gitarre in der Wohnung dieser anderen Frau liegen lassen.«

»Und …«

»Und ich werde ihm eine neue kaufen, damit er nicht hingeht und sie holt.«

»Ruth, das ist verrückt.« Und das sagte ein Mann, der Kopf und Kragen riskierte, um wie ein Irrer den Berg hinunterzubrettern, damit er so oft wie möglich fahren und sein Liftticket voll ausnutzen konnte.

»Du sagst, das ist verrückt, aber ich sage dir, ich wäre verrückt, wenn ich Fred auch nur in die Nähe der Wohnung dieser Frau ließe. Wo kann ich dich treffen?«

Die Gitarre kostete achtundzwanzig Dollar, was für mich ein kleines Vermögen war. Ich sah sie aber nicht als eine Ausgabe, sondern vielmehr als eine Investition an. Dadurch, dass ich Fred eine neue Gitarre kaufte, hielt ich ihn nicht nur von den Fängen der anderen Frau fern, sondern sammelte eine Menge Pluspunkte für meine Großzügigkeit, da er keine Ahnung hatte, warum ich sie ihm kaufte.

Auch hier trifft wieder das Sprichwort zu: »Wer zögert, der hat schon verloren.« Ich witterte Gefahr für den Fall, dass Fred in diese Wohnung ging, und wollte sie von vornherein unterbinden. Ich hätte auch das Beste hoffen können, und vielleicht wäre nichts passiert. Fred hätte seine Gitarre geholt und wäre zu mir zurückgekommen, und ich wäre um achtundzwanzig Dollar reicher gewesen. Aber jetzt wägen Sie einmal diese achtundzwanzig Dollar gegen das andere mögliche Szenario ab, nämlich, dass ich Fred an die Konkurrenz verloren hätte. Das war kein akzeptabler Ausgang der Sache, also fasste ich meinen Entschluss und führte den Plan auch aus.

Manchmal tun mir Männer leid, die eine Frau zu einem Date einladen müssen. Sie holen sich oft einen Korb, und das ist schwer zu ertragen. Ich kann mir gut vorstellen, dass ein Mann, der mehrmals abgewiesen wurde, kopfscheu wird und zögert, wieder die nächste Frau zu bitten, mit ihm auszugehen, sodass er sich eine Gelegenheit nach der anderen entgehen lässt. Sie können sich nicht wirklich am Leben freuen, wenn Sie immer zögern. Sie müssen Entscheidungen treffen, und auch wenn manche davon nicht das geplante Ergebnis haben werden, wissen Sie zumindest, wer dafür verantwortlich ist. Wenn sie sich als richtig erweisen, brauchen Sie die Lorbeeren nicht zu teilen.

Fred und einige seiner deutsch-jüdischen Freunde hatten einen Ort an einem See in Upstate New York entdeckt, der Lake Oscawana hieß. Da der See von Hügeln umgeben war, fühlte er sich für sie europäisch an, und sie liebten ihn so sehr, dass sie möglichst wenig darüber sprachen, weil sie fürchteten, auch andere könnten kommen und den Reiz verderben. Fred hatte eine Beteiligung an einem Sommerhaus, an dem auch meine Rivalin beteiligt war. Das ging auf gar keinen Fall. Anschließen konnte ich mich ihrer Gruppe nicht, weil sie keine Kinder aufnahm, konnte aber Miriam am Wochenende auch nicht allein lassen. Dann entdeckte ich, dass die Sommerblockhütte nebenan zu mieten war, aber der Preis war für mein knappes Budget viel zu hoch. Ich begann Freunde anzurufen und ihnen von dieser fabelhaften Gelegenheit des Trips an den See zu erzählen, und schon bald hatte ich so viele Leute umgarnt, dass ich den Sommer am Lake Oscawana verbringen konnte. Damals hatte ich noch keine Ahnung, dass ich den See eines Tages als Freds Geliebte bezeichnen würde, weil er ihn anscheinend fast ebenso sehr liebte wie mich! Aber mein erster Vorstoß dorthin war erfolgreich. Ich konnte Fred nicht ganz für mich allein behalten. Denn er hatte für die Mahlzeiten in seinem Haus bezahlt, und die wollte er sich nicht entgehen lassen. Daher schlief er in unserem Haus und aß nebenan! Fred stellte die Frage aller Fragen auf einer Wanderung in den Catskills. Wir saßen auf einem Felsen und ruhten uns aus.

»Ruth, willst du mich heiraten?«

»Fred, du weißt, dass ich will.«

»Prima, aber ich stelle zwei Bedingungen.«

»Oh, oh«, dachte ich im Stillen. »Hoffentlich haben sie nichts mit der anderen Frau zu tun.«

»Erstens müssen wir vor dem 31. Dezember heiraten. Dann können wir unsere Steuererklärung gemeinsam einreichen und eine Menge Geld sparen.«

Ich hätte mir denken können, dass ein Mann, der zwar mit mir schlief, aber nicht mit mir aß, um Geld zu sparen, eine solche Bedingung stellen würde. »Gut, Fred, aber dann musst du mir bei den Vorbereitungen helfen, weil die Zeit bis dahin so kurz ist.«

»Natürlich. Und außerdem möchte ich, dass du es zwei Tage lang niemandem erzählst.«

Also, diese Bedingung zu erfüllen, fiel mir schwer. Ich konnte einwilligen, aber ich war nicht sicher, ob ich das auch durchhalten konnte, wenn es um eine so wichtige Neuigkeit ging!

»Warum zwei Tage, Fred? Kann ich es nicht einmal Miriam erzählen?«

»Ich möchte, dass meine Eltern es zuerst erfahren. Und wenn du es Miriam erzählst, wird sie es nie und nimmer für sich behalten. Deshalb musst du es mir versprechen.«

Ich versprach es – und hielt mein Versprechen sogar –, und am 10. Dezember 1961 heirateten wir im Windermere Hotel auf der Upper West Side von Manhattan. Alle unsere Freunde waren da, aber unsere »Flitterwochen« dauerten nur eine Nacht, weil Fred dienstlich nach Kansas fliegen musste. Sechs Monate nach unserer Hochzeit wurde ich mit unserem Sohn Joel schwanger. Miriam war sechs, als Joel geboren wurde, aber es gab keinerlei Rivalität unter den Geschwistern, teils, weil sie so viel älter als er war, teils, weil ich sie mit Geschenken und Liebe überschüttete, um dafür zu sorgen, dass sie nicht eifersüchtig wurde. Alles in allem glaube ich, dass ich bei der Erziehung meiner beiden Kinder meine Sache gut gemacht habe. Ein Beweis dafür ist unter anderem, dass sie beide in meine Fußstapfen getreten sind und in Pädagogik promoviert haben. (Ja, der »Dr.« in Dr. Ruth ist ein *Doctor of Education*, EdD, kein Dr. med., wie viele Leute fälschlicherweise annehmen. Obwohl ich immer wieder sage, dass ich keine Ärztin bin.)

Schwierig ist es jedoch für Eltern, auf der Höhe der Zeit zu bleiben, sowohl im Allgemeinen als auch im Persönlichen. Ich gebe Ihnen ein Beispiel. Als Miriam ein Teenager war, bat sie mich um ein eigenes Telefon.

»Aber das haben alle anderen auch«, erklärte sie.

»Vielleicht hätte ich dich in eine staatliche Schule schicken sollen, in der nicht alle Kinder so viel haben.«

»So teuer ist das doch nicht.«

»Und woher willst du das wissen?«

»Und wie soll ich sonst mit meinen Freundinnen in Verbindung bleiben?«

»Du bist doch den lieben langen Tag mit ihnen zusammen. Reicht das denn nicht? Musst du auch noch die ganze Nacht mit ihnen reden?«

»Wir reden über die Hausaufgaben. Wenn wir am Telefon gemeinsam lernen könnten, würde ich meine Noten verbessern.«

»Miriam, ich bin doch nicht von gestern. Das einzige Thema, um das es bei diesen wichtigen Telefonaten gehen wird, sind Jungs. Und schließlich haben wir ja ein Telefon.«

»Und an dem hängst du die ganze Zeit!«

Diese Auseinandersetzung hatten wir wieder und wieder, aber ich gab nicht nach. In meiner Kindheit war es völlig undenkbar, dass ein junges Mädchen ein eigenes Telefon hatte. Vermutlich hatten das noch nicht einmal die Töchter der reichen Familien. Für mich hätte das geheißen, dass ich Miriam verwöhne, und obendrein hätte es sie von ihren Schulaufgaben abgelenkt. Aber wissen Sie was? Ich hatte unrecht. Ich verbrachte nämlich tatsächlich eine Menge Zeit am Telefon, sodass Miriam unser häusliches Telefon nicht wirklich zur Verfügung stand. Und für ihre Generation war das Telefonieren wichtig, um dabei zu sein. Miriam war nicht etwa unbeliebt, aber heute verstehe ich, welche Probleme es ihr bescherte, kein eigenes Telefon zu haben. Und wie viele Kämpfe wären uns erspart geblieben!

Ein erfülltes Leben kann nicht egoistisch sein. Wenn die Menschen in Ihrer Umgebung über Ihr Verhalten unglücklich sind, wird es dadurch auch für Sie schwerer, Ihr Leben zu genießen. Natürlich müssen Eltern bei manchen Gelegenheiten hart bleiben, aber man muss auch nachgeben können. Sie können nicht automatisch sagen: »Was für mich gut genug war, ist auch für meine Kinder gut genug.« Die Welt, in der Sie aufgewachsen sind, gibt es heute nicht mehr. Und selbst wenn die Welt Ihres Partners oder Ihrer Partnerin der Ihren ähnlich war, war sie nicht die gleiche. Deshalb müssen Sie denen, die um Sie herum leben, auch den Raum geben, in dem sie eigenständig leben und wachsen können. Eheleute sollten manches zusammen machen. Aber es ist auch in Ordnung, wenn jeder einiges für sich allein macht. Erwachsen daraus allerdings allzu große Veränderungen, kann das schwer zu akzeptieren sein. Der Übergang von Ruth Westheimer zu Dr. Ruth war für meine Familie ganz bestimmt nicht leicht.

~

Ehe ich Dr. Ruth war, konnte ich unerkannt in jedes Restaurant gehen, wie andere Leute auch. Aber irgendwann ging das nicht mehr, und das gefiel der Familie nicht. Zwar konnten wir schickere Restaurants besuchen als vorher. Oft aber wurde der Grund dafür, dass ich dort war – nämlich meine Prominenz –, auch zum Hindernis. Ein Restaurant, in das ich gerne mit der Familie ging, heißt *The*

Sea Grill und hat Aussicht auf die Eislaufbahn im Rockefeller Center. Der Maître begrüßte uns stets herzlich, und wir bekamen einen Tisch direkt am Fenster, damit wir die Eisläufer vorbeigleiten sehen konnten. Oft jedoch blieben andere Gäste bei uns stehen und begrüßten mich oder wollten gerne ein Autogramm.

»Mom, warum lässt du dir all diese Störungen gefallen?«, fragten Miriam oder Joel oft.

»Weil wir deswegen an einem so schönen Tisch sitzen, weil die Leute wissen, wer ich bin, und die Berühmtheit bringt auch bestimmte Verpflichtungen mit sich.«

»Glaubst du, Frank Sinatra gibt auch Autogramme?«

»Ich bin nicht Frank Sinatra, und ich wette, auch er gibt hin und wieder mal ein Autogramm. Miriam, ich muss mal zur Toilette gehen – kommst du mit?«

»Warum willst du immer, dass ich mitgehe?«

»Wenn ich allein gehe, werde ich von Frauen angehalten, die mir Fragen stellen, und komme ewig nicht mehr an unseren Tisch zurück.«

Wenn ich nicht mit der Familie zusammen war, sondern mit Leuten aus meinem Arbeitsumfeld, stieß ich auf mehr Verständnis für die Folgen des Ruhms; sie gaben sich alle Mühe, mir das Leben so leicht wie möglich zu machen. Gott sei Dank wurde ich nie so berühmt, dass ich es mit einer Menschenmenge zu tun bekam, die sogar gefährlich werden konnte, aber es reichte für einige missliche Situationen zwischen meiner Familie und mir. Wegen der manchmal negativen Reaktionen auf beiden Seiten – bei Mann und Kindern, weil meine Prominenz für sie lästig war, bei mir, weil ich darüber frustriert war, dass sie nicht begriffen, wie ich mich verhalten musste – hielt ich meine Familie oft von Veranstaltungen fern, zu denen ich nur deshalb eingeladen wurde, weil ich Dr. Ruth bin.

Aber es gab ein paar bemerkenswerte Ausnahmen, wie etwa, als für die Sendung »60 Minutes« ein Porträt von mir gemacht wurde. Die Moderatorin Diane Sawyer kam in unsere Wohnung in Washington Heigths, um dort ein Interview mit mir zu machen. Normalerweise hätte ich Fred in einer solchen Situation gebeten, sich im Hintergrund zu halten, aber er war ein so großer Fan von Diane, dass ich das nicht übers Herz brachte. Also saßen wir in unserem Wohnzimmer auf unserer dänischen Couch, uns gegenüber Diane, und zwei Kameras waren auf uns gerichtet. Das Interview galt mir, aber wen sprach Diane zuerst an? Fred.

»Mr. Westheimer, sagen Sie, wie ist Ihr Sexleben?«

»Diane, die Kinder des Schuhmachers laufen barfuß.«

Ich hätte wütend werden sollen, aber wissen Sie was? Ich flocht diese Geschichte später regelmäßig in meine Vorträge ein, weil sie stets großes Gelächter erntet. Ich spreche nie über mein Sexleben, ebenso wie ich nicht über das Sexleben meiner Klienten spreche. Ich bin eine überzeugte Verfechterin der Diskretion, besonders, wenn es um Sexualität geht. Aber eine Geschichte wie diese ermöglicht mir, das Thema abzubiegen, ohne den Anschein zu erwecken, ich hätte etwas zu verbergen.

Als ich einmal zu einer Party in die *Playboy*-Villa eingeladen wurde, brachte ich es nicht übers Herz, Freddie zu sagen, er dürfe nicht mitkommen. Damals war ich ungefähr sechzig, und es wäre dumm von mir gewesen, auf die nackten Frauen eifersüchtig zu sein, die in der berühmten Grotte schwammen. Ich hätte mit diesen handverlesenen Zwanzigjährigen nicht einmal mithalten können, als ich selbst zwanzig war, warum sollte ich also Freddy um das Vergnügen bringen, seine Fantasie zu beflügeln? Auf lange Sicht konnte mir das nur zugutekommen, denn ich hatte natürlich nicht vor, ihn dort ohne meine Aufsicht allein zu lassen. (Mal ganz abgesehen von der Aufsicht eines schwulen Freundes, der mit uns hinging.)

Eifersucht ist in vielen Beziehungen ein Problem. Einer der beiden Partner überreagiert, wenn sein Gegenüber Interesse an jemandem vom anderen Geschlecht zeigt. Viele Leute werden sogar auf Fantasiebilder ihrer Partner eifersüchtig. Das ist ein großer Fehler. Nach langen gemeinsamen Jahren brauchen viele Leute eine Fantasie, um so stark erregt zu werden, dass sie Sex haben können … und zwar mit ihren Partnern! Solange Ihr Partner, Ihre Partnerin nur mit Ihnen Sex hat, ist es unwichtig, was in seinem oder Ihrem Kopf passiert. Ein lustvolles Leben verlangt, dass Sie dem Partner genauso viel Lust zugestehen wie sich selbst. Vielleicht haben Sie Fantasien, vielleicht nicht. Aber wenn Sie zu kontrollieren versuchen, was im Kopf Ihres Gegenübers vorgeht, ist das einfach keine erfolgversprechende Strategie. Wenn der andere sich wegen seiner Gedanken schuldig fühlt, wird keine Lebenslust aufkommen, vielmehr wird sie ersticken.

Ich weiß, dass es Menschen gibt, überwiegend Frauen, die Probleme mit ihrer körperlichen Erscheinung haben. Sie haben zugenommen, vielleicht nach der Geburt mehrerer Kinder, und das verringert ihr Selbstwertgefühl. Eine solche Reaktion schränkt Sie mit Sicherheit in Ihrer Lebensfreude ein. Der erste Schritt zur Lösung eines solchen Problems ist, wie gerade schon gesagt, dass Sie keinen Anspruch darauf erheben, über die Bilder im Kopf Ihres Partners Bescheid zu wissen. Vielleicht hat er eine Fantasie über das neueste spindeldürre Supermodel, vielleicht sagt er auch die Wahrheit, wenn er erklärt, dass er Ihre größeren Rundungen mag. Denken Sie daran, dass mit dickeren Oberschenkeln auch oft größere Brüste einhergehen, denen er vielleicht viel mehr Aufmerksamkeit schenkt. Wenn Sie sich alte Gemälde ansehen, stellen Sie fest, dass Ihre Kurven einmal dem Ideal entsprachen. Sie mögen vielleicht nicht das sein, wonach die Madison Avenue Ausschau hält, aber das heißt nicht, dass die Neigungen Ihres Partners von dem bestimmt werden, was er auf den verschiedensten Bildschirmen sieht. Vielleicht gefällt ihm von Haus aus eine mollige Frau besser als eine dünne.

Für eine Frau, die ein Problem mit ihrem Aussehen hat, ist es auch wichtig, dass sie nicht versucht, sich stets bedeckt zu halten oder nur im Dunkeln Sex zu haben. Viele Männer brauchen auch visuelle Stimulation, um erregt zu werden. Wenn Sie ihnen diese nehmen, erschaffen Sie damit vielleicht geradezu eine sich selbst erfüllende Prophezeiung – nämlich, dass es mit Ihrem Sexleben bergab geht –, aber nicht wegen Ihres höheren Gewichts, sondern aufgrund Ihrer Reaktion darauf. Wenn Sie Lebenslust spüren wollen, dann ist es hilfreich, sie auch zu leben. Also stellen Sie Ihren Körper vor Ihrem Partner zur Schau, zeigen Sie sich ihm, und fühlen Sie sich dabei auch wohl. Dann schauen Sie, wie er darauf reagiert. Dasselbe würde ich übrigens auch einem übergewichtigen Mann raten. Das soll nicht heißen, dass es nicht gute Gründe dafür gibt, Ihr Gewicht zu reduzieren. Übergewicht birgt gesundheitliche Gefahren, die man nicht ignorieren sollte. Aber lassen Sie Ihr Gewicht nicht zu einer Obsession werden, solange Sie daran arbeiten, es auf ein möglichst gesundes Niveau zu bringen.

Meine Ehe mit Fred dauerte beinahe sechsunddreißig Jahre und endete, weil Fred 1997 viel zu jung starb. Fred war bei guter Gesundheit und ein begeisterter Skifahrer, aber dann erlitt er einen Schlaganfall und kam ins *Columbia Presbyterian Hospital* in Washington Heights. Auch wegen seiner berühmten Frau kam er auf die Luxusstation und bekam die bestmögliche Pflege. Wenn ich nicht an seiner Seite war, ging ich in die Lounge, die von dem Licht, das durch riesige Oberlichter hereinströmte, wunderbar beleuchtet wurde und von den Klängen eines Flügels erfüllt war, an dem ein professioneller Pianist saß und spielte. Verstehen Sie, was ich mit Luxus meinte? Ich hatte nicht viel Zeit, diese Umgebung zu genießen, denn erstens machte ich mir Sorgen um Fred, und zweitens musste ich damals gerade die Korrekturfahne von »Sex für Dummies« lesen, für deren Freigabe ich einen engen Zeitplan hatte.

Dank der hervorragenden Betreuung von Dr. Stephan Mayer erholte sich Fred von seinem Schlaganfall und konnte schließlich sogar wieder arbeiten, was ihm sehr wichtig war, denn es machte ihn glücklich und stolz, weiterhin ein nützliches und produktives Leben führen zu können. Dann erlitt er einen zweiten Schlaganfall. Ich war bei einer Oscar-Party gewesen, rief ihn an und sagte, ich sei auf dem Heimweg, und er sagte, es gehe ihm gut. Als ich nach Hause kam, saß er im Bett. Er sagte zu mir: »Ruth, hilf mir, ich hatte wieder einen Schlaganfall. Ich habe starke Kopfschmerzen.« Ich rief den Notarzt, und er kam wieder ins *Columbia Hospital.* Dr. Mayer eilte ins Krankenhaus, da ich auch ihn angerufen hatte, aber diesmal erholte Fred sich nicht mehr. Er sprach nie wieder ein Wort. Zehn Tage später starb er. Und ich war nun nicht mehr nur Waise, sondern auch Witwe. Eine viel schwerere Rolle. Ein Kind ist widerstandsfähig, ein älterer Erwachsener viel weniger. Ein Kind muss sich irgendwann von seinen Eltern lösen, und selbst im Alter von zehn Jahren ist der Keim der Unabhängigkeit schon gelegt. Ganz anders als bei einem Kind, das schon halb aus der Tür ist, verhält es sich bei einer guten Ehe: Hier kommen sich die Partner jeden Tag ein Stück näher.

»Geh nach draußen und sei aktiv«, würde ich jedem raten, der in die Situation kommt, in der ich nun war, aber ich weiß, wie schwer das für andere sein kann. Ich hatte das Glück, bereits bekannt zu sein, deshalb erhielt ich all die Ablenkung, die ich brauchte, statt nur in einer leeren Wohnung Trübsal zu blasen. Wenn jeden Tag mehr Einladungen in der Post sind, als Sie jemals wahrnehmen können, ist es viel leichter, in diesen Strom sozialer Aktivität einzutauchen und sich ablenken zu lassen.

~

Es gibt viele Arten von Tränen, und man kann viele davon gleichzeitig vergießen. Als ich vor so vielen Jahren im Zug saß und keine Ahnung hatte, welche Zukunft den Juden bevorstand, die in Deutschland blieben, weinte ich ein Stück weit aus Erbitterung. Ich hatte nicht nach Heiden gehen wollen, ich wollte bei meinen Eltern und meiner Großmutter bleiben, daher hatte ich das Gefühl, ich sei ungerecht behandelt worden. Ich war einsam, und auch das ließ die Tränen fließen. Ich hatte Angst vor dem, was mich in der Schule, in die ich fuhr, erwartete. Ich hatte die einzige Puppe hergegeben, die ich mitgenommen hatte, und jetzt fehlte sie mir und alle meine anderen Spielsachen auch. Und ich vermisste jedes Familienmitglied auf eine andere Weise, die Erinnerung an die Umarmungen meiner Großmutter rief andere Emotionen hervor als die Erinnerung an die gemeinsamen Gänge zur Synagoge mit meinem Vater. Und obwohl ich erst zehn Jahre alt war, hatte ich schon den Hass der Nazis gegen die Juden erlebt. Ich hatte die ausgebrannte Ruine unserer Synagoge gesehen. Ich hatte die vielen zertrümmerten Schaufenster gesehen. Und ich hatte gesehen, wie Uniformierte mit schwarzen Stiefeln meinen Vater abgeholt hatten. Ich hatte mehr Angst um meine Familie als um mich selbst, aber ich fühlte mich auch schuldig, weil ich sie allein zurückgelassen hatte, sodass sie jetzt ohne mich den Nazis ausgeliefert waren. Ich hatte also jede Menge Gründe zum Weinen.

Waren Sie je in einer traurigen Situation und haben versucht, Ihre Tränen zurückzuhalten? Das ist schwer, weil es für jede Träne so viele Gründe gibt. Sie schieben eine Emotion weg und werden dafür von einer anderen eingeholt. Also sperren Sie sie in eine Art inneren Schrank. Aber wenn Sie Ihre Emotionen dann brauchen, entdecken Sie, dass sie eingeschlossen und außer Reichweite sind. Wenn Sie jemanden lieben wollen, können Sie das nicht, weil nicht nur die Trauer unter Verschluss ist, sondern alle anderen Emotionen auch. Und je länger das anhält, desto größere Angst bekommen Sie vor der Flut der Emotionen, die über Sie hereinbrechen könnte, wenn Sie diese Tür öffnen. Deshalb ist es gut zu weinen und die Gefühle herauszulassen. Dass ich erst zehn war und noch nicht die Möglichkeit hatte, diese Tränen zurückzuhalten, half mir am Ende, mit alledem fertigzuwerden. Denn im Laufe der Zeit lernte ich, statt möglichst alle Emotionen unter Verschluss zu halten, manche eher klein zu halten und andere zuzulassen. Das ermöglichte mir, zu lieben, zu lachen und zu weinen, während ich meinen Lebensweg weiterging.

KAPITEL 6

Vom Kündigungsschreiben zur eigenen Radioshow
Freuen Sie sich an den verrückten Wendungen im Leben

Was mir den Weg in die Bekanntheit ebnete, war paradoxerweise der Verlust meiner alten Arbeitsstelle. Die »Schule der Schicksalsschläge« hat in puncto Aufstiegschancen eine Menge zu bieten, allerdings fühlt man sich während der Unterrichtsstunden oft eher als Versager und nicht als aufsteigender Stern. Und oft ist man gerade oben auf dem Gipfel, wenn der Absturz kommt, sodass man ganz besonders tief und schmerzhaft fällt. Einmal, als es mich traf, war ich zum Beispiel eine äußerst beliebte Dozentin, und meine Kurse waren immer knallvoll. Die Leiterin des Seminars hatte hingegen Schwierigkeiten, genügend Studenten für ihre Kurse zusammenzubringen. Das hätte mir eine Warnung sein sollen, aber wie das oft ist, sah ich die Gefahr nicht kommen. Doch so elend ich mich fühlte, als ich auf mein Kündigungsschreiben starrte, gab mir die Entlassung wenig später die Freiheit, das Angebot anzunehmen, das mich auf das rosa Cover des Promimagazins *People!* führte. Man weiß also nie, was auf einen wartet.

Im Jahr 1967 lief die Förderung für das Projekt im Gesundheitswesen aus, an dem ich mitarbeitete, und ich stand ohne Job da. Ich fragte herum, erkundigte mich nach Möglichkeiten und erfuhr, dass *Planned Parenthood* eine wissenschaftliche Mitarbeiterin suchte. Ich bewarb mich und bekam nicht nur den Job, sondern eine Woche später kündigte die Frau, die das Projekt leitete, und ich bekam ihre Stelle! Mein Pech hatte sich in Glück verwandelt.

Nun war es meine Aufgabe, zwei Dutzend Frauen zu professionellen Kräften auszubilden und später zu betreuen. Sie sollten nach Harlem gehen und dort bei rund zweitausend Frauen eine Befragung durchführen, wie es bei ihnen um Verhütung und Abtreibungen stand. Am Ende meines ersten Tages kam ich nach Hause und sagte zu meinem Mann: »Fred, diese Leute sind verrückt! Sie reden den ganzen Tag über nichts anderes als Sex!« Aber etwa eine Woche später war ich zu dem Schluss gekommen, sie seien gar nicht so verrückt, und Sex sei ein Thema, mit dem ich nähere Bekanntschaft schließen wolle. Wie die meisten Menschen hielt ich Sex für eine Privatsache – und das tue ich immer noch –, aber es wurde mir bald klar, dass die Leute seriöse Hilfe bei ihrem Sexleben brauchten.

Weil ich inzwischen selbst den ganzen Tag über Sex rede, meinen viele Leute heute, meine Ansichten dazu hätten einen radikalen Wandel durchlaufen und ich sei eine Art Freigeist geworden und fände jede Art von Sex, die wie auch immer mit wem auch immer vollzogen wird, völlig in Ordnung. Obwohl ich heute natürlich viel mehr darüber weiß, was im Schlafzimmer der Leute geschieht, hat sich meine Einstellung im Großen und Ganzen kaum geändert. Wie ich immer und immer wieder betone, bin ich altmodisch und spießig. Ich möchte, dass Menschen *in einer Beziehung* möglichst guten Sex haben, und ich befürworte keineswegs manche moderne Praktiken wie »Freundschaft Plus« (*Friends with Benefits*). Ich spreche das für den Fall an, dass Sie denken, ich sei leichten Herzens in das Gebiet der Sexualität eingestiegen, denn dann sind Sie auf dem Holzweg. Mein Hintergrund als orthodoxe Jüdin, die in Deutschland erzogen wurde, ist sehr konservativ. Jenes Ehehandbuch meiner Eltern lag in einem abgeschlossenen Schränkchen, erinnern Sie sich? Sex war kein Thema, über das man sich in meinem Elternhaus ausließ. Ein zusätzlicher Grund dafür war, wie es zu meiner Geburt gekommen war.

Meine Großmutter väterlicherseits hatte meine Mutter als Haushälterin eingestellt. In der Liste ihrer Aufgaben war nirgendwo erwähnt, sie solle Sex mit dem Sohn des Hauses haben, aber genau das geschah. Und da die beiden nicht verhüteten, kam es zu einer dieser unerwünschten Schwangerschaften, gegen die ich von morgens bis abends predige, und das Ergebnis war ich. Trotz dieser Ironie des Schicksals bleibe ich fest bei meiner Ansicht, dass die Verwendung von Verhütungsmitteln wichtig ist. Vielleicht hat mir meine Großmutter diese Überzeugung vermittelt, denn sie war meiner Mutter gegenüber immer ein wenig kühl, und der Grund dafür war eindeutig, wie ihre Schwangerschaft zustande gekommen war. Aufgrund meiner strengen Erziehung passiert es auch heute noch, dass ich ab und zu erröte, wenn ich öffentlich über Sex rede, obwohl ich schon seit so vielen Jahren Sexualtherapeutin bin.

Menschen, die sexuell frustriert sind, werden es schwerer haben, in ihrem Leben *Joie de vivre* zu finden. Es gibt aber einen Unterschied zwischen dem Wissen darüber, wie man sexuelle Befriedigung erreicht, und völliger Offenheit gegenüber dem Sex. Wie man erzogen wurde, beeinflusst durchaus, welche Einstellung man zum Sex hat. Manche kommen aus einem Elternhaus, in dem das Thema nie zur Sprache kam, und erlernen später eine offenere Haltung, während andere mit einem solchen Hintergrund zeitlebens Schwierigkeiten mit dem Thema haben. Aber man kann ein sehr diskreter Mensch sein und dennoch einen Orgasmus bekommen. Ihr Leben muss kein offenes Buch sein, damit Sie sexuelle Erfüllung finden. Wahr ist natürlich, dass Sie als Paar ein umso befriedigenderes Sexleben führen dürften, je offener Sie über dieses Thema mit Ihrem Partner, Ihrer Partnerin sprechen können und je besser Ihre Kommunikation ist. Aber es gibt viele Paare, die nicht über Sex reden, und dennoch finden beide Partner Erfüllung in ihrer Sexualität.

Um Lust und Liebe zu empfinden, müssen Sie sich in Ihrer Haut wohlfühlen. Sie dürfen nicht zulassen, dass Ihre Bedenken Ihnen die Luft abdrücken. Wenn Ihre Erziehung so prüde war, dass sie Sie daran hindert, sexuelle Befriedigung zu erfahren, dann würde ich Ihnen dringend raten, sich professionelle Hilfe zu suchen. Doch wenn Sie in der Sexualität sehr konservativ sind, aber regelmäßig einen Orgasmus haben, dann machen Sie sich keine Sorgen. Sie können Ihren Horizont auch auf anderen Gebieten erweitern, intellektuell ebenso wie physisch.

Bei *Planned Parenthood*, das man in Deutschland vielleicht am ehesten mit *pro familia* vergleichen kann, das sich auch um Familienplanung und Sexualberatung kümmert – bei diesem Projekt jedenfalls erwartete man von mir nur, die Frauen auszubilden, die dann die praktischen Befragungen durchführten. Aber ich wollte sehen, wie mein Unterricht umgesetzt wurde. Deshalb begleitete ich sie manchmal zu den Umfragen. Die Straßen in East Harlem waren damals nicht die sichersten, und das Innere mancher Häuser war oft in noch schlechterem Zustand als die Straßen. Wenn ich die vielen Treppen hinaufkletterte – Sie erinnern sich, dass mir Treppen mehr Mühe machen als den meisten anderen –, den Urin roch und über den Müll hinwegstieg, fragte ich mich schon mal, ob ich die richtige Entscheidung getroffen hatte und nicht besser in meinem Büro geblieben wäre. Doch wenn ich den jungen Frauen zuhörte, die ihre Geschichte erzählten, öffnete mir das die Augen. Ich hatte auch Armut kennengelernt, aber da ich zehn gute Jahre in meiner Familie erlebt hatte, besaß ich ein solides Fundament. Die meisten jungen Frauen, die wir befragten, standen jedoch mutterseelenallein in der Welt. Obwohl sie sexuell aktiv waren, hatten sie keine Ahnung davon, was welche Folgen hat.

Die Frauen, die ich aussandte, sollten eigentlich nur Fragen stellen, aber ich konnte mir oft nicht verkneifen, auch einige Ratschläge hinzuzufügen. Ich erinnere mich noch, wie ich im Wohnzimmer einer jungen Mutter von drei kleinen Kindern saß. Von der

Decke bröckelten ganze Putzstücke, der Tisch musste an die Wand gelehnt werden, weil er nur drei Beine hatte, und das grüne Sofa, auf dem wir saßen, war fürchterlich fleckig. Ich fragte sie nach dem Vater ihrer Kinder, und während sie bei zwei Kindern wusste, wer die Väter waren, war sie sich beim dritten nicht ganz sicher. Und natürlich half ihr keiner davon in irgendeiner Weise.

»Haben Sie zurzeit einen Partner?«, fragte ich sie.

»Ja«, antwortete sie.

»Verhüten Sie?«

»Nein.«

»Warum nicht?«

»Er sagt, er mag Kondome nicht.«

»Möchten Sie noch ein Kind?«, fragte ich sie und sah ihr in die Augen. Als Antwort blickte sie nur zu Boden.

Ich erklärte ihr die Möglichkeiten, obwohl mir klar war, dass das vierte Baby wahrscheinlich unvermeidlich war. Das machte mich traurig, aber zumindest konnte das Programm, an dem ich arbeitete, Frauen wie ihr vielleicht einmal eine Hilfe bieten.

Mein nächster Job war es, als Professorin am Lehman College in der Bronx zu unterrichten. Dort wurde es zu meinem Spezialgebiet, angehenden und auch schon im Beruf stehenden Lehrkräften beizubringen, wie man Sexualkundeunterricht gestaltet. Aufgrund der »Expertise«, die man bei mir vermutete, stellte man mir plötzlich sehr konkrete Fragen über Sexualität, und zwar sowohl die Studenten als auch meine Kollegen an der Fakultät. Studenten ließen sich oft beim Zusammenpacken ihrer Bücher eine Menge Zeit, damit sie den Unterrichtsraum als Letzte verlassen konnten, dann kamen sie zu mir und fragten Dinge wie: »Frau Professor, schützt der *Coitus interruptus* wirklich zuverlässig?« oder »Mein Freund und ich haben Sex, aber ich hatte noch nie einen Orgasmus. Ist das normal?« Ich gab ihnen meist eine halbwegs vernünftige Antwort, die aber mehr auf dem gesunden Menschenverstand als auf Wissenschaft beruhte. Ich wollte ihnen aber gerne eine kundigere Auskunft geben können, was mich zu dem Entschluss brachte, mein Wissen aufzustocken.

Als ich frisch in die Vereinigten Staaten kam, musste ich rasch Englisch lernen und wandte mich der Lektüre von Zeitschriften vom Typ *True Confessions* zu. Die Sprache war so einfach, dass ich sie verstand, und die Geschichten waren unterhaltsam genug, um meine Aufmerksamkeit zu fesseln. Doch obwohl es in diesen Zeitschriften auch um Sex ging – sogar gewagten Sex –, brauchte ich jetzt etwas Fundierteres. Um mir einen soliden Hintergrund zu erwerben, nahm ich im ersten Anlauf eine Woche lang an Seminaren teil, die das *Long Island Jewish Hospital* anbot. Ich lernte viel, aber auf lange Sicht genügte es nicht. Dann las ich an einem Schwarzen Brett, dass die bekannte Sexualtherapeutin Dr. Helen Singer Kaplan einen Vortrag in der *Ford Foundation* hielt. Ich kaufte eine Eintrittskarte und marschierte hin.

Der Saal wurde brechend voll, doch ich war früh gekommen, da ich wusste, wenn ich nicht einen Platz ganz vorne bekam, würde ich überhaupt nichts sehen. Nachdem Helen Kaplan gesprochen hatte, zeigte sie ein paar kurze Filme. Dann konnte man Fragen stellen. Ich war entschlossen, etwas zu fragen, aber im Publikum saßen überwiegend Experten, deshalb schlug mir das Herz bis zum Hals, als ich mir eine Frage zu überlegen versuchte, die nicht sofort verriet, wie wenig ich wusste, aber trotzdem interessant war.

»Frau Dr. Kaplan, glauben Sie, dass vorzeitiger Samenerguss leichter zu behandeln ist, wenn der Mann eine Partnerin hat?« Das entfachte eine Diskussion im Publikum. Nach dem Vortrag ging ich zu Helen Kaplan, solange sie noch am Rednerpult stand. Sie äußerte sich anerkennend zu meiner Frage, was mir den Mut gab, sie zu fragen, ob ich an ihrem Ausbildungsprogramm für Sexualtherapeuten an der *Cornell Medical School* teilnehmen dürfe. Sie lächelte mich an und sagte: »Natürlich.« Das war an einem Donnerstag, und am folgenden Dienstag erschien ich dort. Wie Sie vielleicht schon bemerkt haben, bin ich sehr ungeduldig!

Ungeduld ist vielleicht keine Tugend, aber wenn Sie ständig Dinge vor sich her schieben, werden Sie auch weniger Freude am Leben haben. Jedem von uns ist nur ein begrenzter Zeitraum auf dieser Erde zugemessen, und wir wissen nicht, wann die Uhr in unserem Inneren stehen bleibt, deshalb ist es ein großer Fehler, Zeit zu verschwenden. Ich verstehe, dass Sie vielleicht zögern, wenn Sie etwas Unangenehmes tun müssen und es aufschieben. Aber wissen Sie was, irgendwie werden diese Aufgaben dann immer erledigt, einfach, weil es sein *muss*. Doch man *muss* weder den neuesten Film im Kino sehen, noch am ersten warmen Frühlingstag die Sonne im Gesicht spüren. Deshalb ist es leicht, nur kurz zu seufzen und auf diese Art von Vergnügung zu verzichten. Aber wenn Sie dauerhaft alles aufschieben, was Ihnen Spaß macht, dann wird Ihr Leben langweilig. Machen Sie also Schluss mit dem Aufschieben, wo es um Lebensfreude geht, und erheben Sie es stattdessen zur obersten Priorität, Ihr Leben nach Kräften zu genießen.

~

In den darauffolgenden drei Monaten war ich regelmäßig Gast in Helen Kaplans Programm. Je mehr ich lernte, während ich ihrem Unterricht lauschte, desto klarer wurde mir, dass Sexualtherapeutin der richtige Beruf für mich war. Er sprach mich an, weil ich ein so ungeduldiger Mensch bin. Sexualtherapie ist eine Form von Verhaltenstherapie, bei der die Patienten nicht eine Menge Zeit damit verbringen müssen, die Wurzeln ihrer Probleme zu suchen, sondern sofort Anweisungen bekommen, was sie tun sollen, um ihre Situation zu verbessern.

Ich gebe Ihnen ein Beispiel. Viele Männer klagen, sie könnten beim Geschlechtsverkehr nicht lange genug durchhalten. Dieses Problem nennt man vorzeitigen Samenerguss. (Den ja auch meine erste Frage an Helen Kaplan betraf.) Es ist keine körperliche Störung, sondern eher eine Art Lernschwäche. Zu den Theorien über dieses Phänomen gehört etwa, dass junge Männer, die hinter einer verschlossenen Toilettentür oder Schlafzimmertür masturbieren, sich antrainieren, schnell zum Orgasmus zu kommen, weil jederzeit ein Familienmitglied an die Tür klopfen kann. Die Folge ist, dass sie in dieser Methode der sofortigen Befriedigung stecken bleiben, die weniger wünschenswert ist, sobald sie beginnen, Sex mit einer Partnerin zu haben. Aber als Sexualtherapeutin kümmert man sich nicht darum, warum jemand an vorzeitigem Samenerguss leidet. Man beginnt keine psychologische Tiefenforschung, um herauszufinden, ob und wie ein Patient als Jugendlicher masturbiert hat oder ob er in der vierten Klasse für seine Lehrerin geschwärmt hat. Die Aufgabe einer Sexualtherapeutin ist, ihm beizubringen, wie er die gewünschte Kontrolle erlangen kann. Und das lässt sich in ziemlich kurzer Zeit erreichen. Sie geben Ihrem Klienten Hausaufgaben. Und wenn er sie ordentlich macht (noch besser ist es, wenn er eine Partnerin hat, die bereit ist, mitzumachen), kann er innerhalb weniger Wochen Kontrolle über seine Ejakulationen gewinnen. Viele Ratschläge einer Sexualtherapeutin sind von dieser Art. Die Arbeit ist kurz, geht schnell voran und erzielt gute Ergebnisse. Genau wie ich!

Kurz entschlossen schrieb ich mich als Studentin in das Programm von Helen Kaplan ein. Erinnern Sie sich, dass ich gesagt habe, ich sei altmodisch und spießig? Aus diesem Grund fiel es mir überhaupt nicht leicht, die Patienten in der Klinik bis in alle Einzelheiten über ihr Sexualleben auszufragen. Bei manchen Klienten (da wir keine Ärzte sind, nennen wir sie »Klienten«), sprudelten alle Details ohne großes Nachhaken heraus, aber anderen musste man gut zureden.

»Sie hatten also gestern Abend mit Ihrem Mann oralen Sex, hat er in Ihren Mund ejakuliert?«

Wenn man medizinische Begriffe wie »ejakulieren« verwendet statt »kommen«, wie man im Alltag sagt, macht das die Sache nicht unbedingt einfacher. Vor allem deshalb nicht, weil eine gute Sexualtherapeutin sich im Geiste genau vorstellen muss, was ein Klient beim Sex macht. (Aus diesem Grund behandle ich auch keine Leute, die Sodomie oder Sadomaso praktizieren.) Aber mit der Zeit überwand ich meine natürliche Abneigung dagegen, im Sexualleben anderer Leute herumzustochern, und konnte sogar lächeln, wenn ich an die »Hausaufgaben« dachte, die die Leute in ihren Schlafzimmern machten. Nach einer zweijährigen Ausbildung erhielt ich von der *Cornell University* das Zertifikat, dass ich nun »Psychosexualtherapeutin« war. Ich hängte es sofort an die Wand. Und begann sehr schnell, eine Privatpraxis aufzubauen.

Als führende Expertin auf dem Gebiet der Sexualtherapie wurde Helen Kaplan mit Vortragsanfragen bombardiert. Da sie die meisten nicht annehmen konnte, übernahmen das manchmal andere Mitglieder der Fakultät. Eines Tages traf ein Brief ein, in dem es hieß, die Manager der Abteilungen für Fragen des Gemeinwesens der New Yorker Radiosender würden jemanden suchen, der ihnen einen Vortrag hält, und ich erklärte mich bereit. Das tat ich oft, denn ich glaubte nicht nur an die Wichtigkeit dessen, was wir Sexualtherapeuten machten; ich dachte auch, wenn ich viele Leute kennenlernte, würden sich mir vielleicht neue Türen öffnen.

Ich war ungewöhnlich nervös, als ich im Aufzug in den Ballsaal des *St. Moritz Hotels* hochfuhr, aber ich kann nicht sagen, dass ich eine Vorahnung gehabt hätte, wohin dieses fünfzehnminütige Referat führen würde. Solange ich diese Gruppe von Führungskräften beim Radio noch in der Hand hatte, beschloss ich, einen Versuchsballon steigen zu lassen, ohne mir vorstellen zu können, wie hoch er aufsteigen würde. Ich sagte ihnen, dass wir in diesem Land mehr Sexualerziehung bräuchten und dass Radiosender als wichtige Instanzen die Pflicht hätten, zur Verbreitung verlässlichen Wissens über Sexualität bei ihren Hörern beizutragen. Eine der anwesenden Managerinnen, Betty Elam vom Sender WYNY-FM, bat mich um meine Visitenkarte und rief mich ein paar Tage später an. Sie lud mich ein, in einem Programm für Fragen des Gemeinwesens bei ihrem Sender zu sprechen. Und so wurde ich von Mitch Lebe interviewt. Der arme Mitch, ein langjähriger Reporter bei New Yorker Sendern, musste von Betty regelrecht gezwungen werden, diese Aufgabe zu übernehmen. Sein Programm lief am Sonntagmorgen um zehn, und das letzte Thema, mit dem er sich befassen wollte, war Sex. Aber irgendwie brachte er es hinter sich, und die Folge dieses Interviews war, dass mir Betty am 5. Mai 1980 eine Sendung von fünfzehn Minuten Länge anbot, jeweils am Sonntagabend um 0.15 Uhr.

In meiner ersten Sendung, die wir an einem Dienstagnachmittag aufnahmen, sprach ich nur über meine Philosophie. Aber ich forderte die Hörer auf, mir ihre Fragen zu schreiben, und bald ging viel Post beim Sender ein. Von da an las ich die Briefe laut vor und beantwortete dann die Fragen. Als der Programmdirektor des Senders, Maurice Tunick, zu mir sagte: »Sie werden das Stadtgespräch (*talk of the town*) sein«, verstand ich nicht nur die Anspielung auf die Kolumne dieses Namens im *New Yorker* nicht, sondern glaubte ihm auch nicht. Schließlich kam meine kleine Sendung zu so später Stunde am Sonntagabend, dass ich mir kaum vorstellen konnte, sie könnte viele Zuhörer haben. Ein früher Hinweis auf den Erfolg meiner Sendung war dann, dass Leute meine Stimme wiedererkannten. Das erste Mal geschah das, als ich einem Blinden, der auf der Straße bettelte, eine Münze gab und ein paar Worte dazu sagte, und er antwortete: »Danke, Dr. Ruth.« Dann begannen mich Taxifahrer zu erkennen, sobald ich etwas sagte. Da ich im Radio sprach, wusste niemand, wie ich aussah, aber mein einzigartiger Akzent war offenbar unverkennbar.

~

Hier muss ich kurz aus der Geschichte ausbrechen und Ihnen eine andere erzählen. Als ich in die Vereinigten Staaten kam, riet man mir, ein paar Stunden Sprechunterricht zu nehmen, damit ich meinen Akzent ablegen oder zumindest abschwächen konnte, der eine ziemlich einzigartige Mischung der Akzente mehrerer Länder ist, in denen ich gelebt habe, darunter Deutschland, Israel und Frankreich. Zwar fand ich, das sei keine schlechte Idee, aber ich konnte es mir damals einfach nicht leisten, also kam es nicht infrage. Als viele Jahrzehnte später Debra Jo Rupp für die Theateraufführung von »Becoming Dr. Ruth« engagiert wurde, nahm sie sich ihrerseits gleich mal einen Coach, der ihr meinen Akzent beibringen sollte! War das ein Fest für mich!

~

Zurück zu meinen Radio-Anfängen. Das Programm von WYNY bestand überwiegend aus Musik, nicht aus Wortbeiträgen. Die eigentlichen »Stars« des Senders waren deshalb die DJs. Der Sender hatte eine unabhängige Public-Relations-Firma engagiert, um ihn noch bekannter zu machen, und der junge Mann, der die Sache in die Hand nahm, hielt Ausschau nach möglichen Aufhängern für Presseberichte. Als er erfuhr, dass es eine Sexualtherapeutin gab, die eine Sendung gestaltete, wollte er mich kennenlernen. Dieser PR-Mann war Pierre Lehu, den ich Ihnen zu Beginn dieses Buches als meinen »Kommunikationsminister« vorgestellt habe. Er kümmerte sich nicht nur um meine Öffentlichkeitsarbeit, sondern schrieb auch an vielen meiner Bücher als Co-Autor mit und hilft mir, mein Leben zu organisieren. Wenn meine Kinder wissen wollen, wo ich bin, wissen sie, dass ein Anruf bei Pierre der kürzeste Weg ist, das zu erfahren. Die Firma, für die er arbeitete, hatte ihren Sitz in einer ehemaligen Wohnung, und Pierres Büro war einst die Küche gewesen, daher waren die Wände von Regalen und Schränken bedeckt.

»Frau Dr. Westheimer, um bei der Presse Interesse zu wecken, brauche ich einen Ansatzpunkt, einen Aufhänger. Haben Sie in letzter Zeit irgendetwas gemacht, das Sie von anderen Sexualtherapeuten unterscheidet?«

Ich muss gestehen, dass mich seine Frage etwas überraschte. Ich erzählte ihm von meinem Kurs für behinderte Studenten, den ich am *Brooklyn College* gegeben hatte.

»Dieser Kurs hat mich sehr inspiriert, und ich habe ebenso viel von meinen Studenten gelernt wie sie von mir. Er war so fabelhaft, dass ich ihn nie mehr wiederholen werde.«

»Warum nicht?«, fragte Pierre mit verdutzter Miene. (Ich habe eine Verpflichtung gegenüber Pierre, ein Versprechen zu halten, das ich ihm einmal gegeben habe, nämlich ihn einmal täglich zum Lachen zu bringen, aber im Laufe der Jahre blieb ihm zusätzlich noch oft genug der Mund offen vor Staunen!)

»Weil durch die Mischung von behinderten und nicht behinderten Studenten beide Gruppen wichtige Lektionen voneinander lernen. Ich glaube nicht, dass wir den Zauber dieses Kurses noch ein zweites Mal hinbekämen.«

Dieser Ansatz gefiel ihm. Meine anfängliche Reaktion auf die PR-Arbeit hingegen war weniger positiv. Als er mich anrief, um mir zu sagen, dass ein Reporter von den *New York Daily News* ein Interview mit mir machen wolle, war ich entsetzt. Ich war Hochschulprofessorin, und die *New York Times* war meine Bibel. Wie konnte ich in einer Boulevardzeitung wie den *Daily News* erscheinen? Das würde meinen Ruf ruinieren. Es stellte sich dann aber heraus, dass der Reporter in Harvard studiert hatte, was mich beeindruckte, und der Artikel war schließlich perfekt.

Pierre brachte mich noch in einige andere lokale Medien, und meine wachsende Bekanntheit gab mir den Mut, Betty um mehr Sendezeit zu bitten. Ich verabredete ein Treffen mit ihr nach einer meiner dienstäglichen Aufnahmesitzungen im Rockefeller Center. Wir trafen uns in ihrem Büro, das eher klein war, denn solche Sendungen brachten nicht sehr viel Gewinn.

»Betty, die Briefe kommen in Strömen, und Sie haben gesehen, wie viel über mich in der Presse kam.«

Sie antwortete mit ihrer sanften Stimme: »Natürlich, Ruth, wer nicht? Ich glaube, die DJs werden langsam eifersüchtig.«

»Ich würde sie gerne noch eifersüchtiger machen. Ich hätte gerne eine längere Sendung mit Live-Anrufen.«

Darüber musste Betty erst einmal nachdenken. Es war eine Sache, eine Sexualtherapeutin spät in der Nacht über ihr Thema sprechen zu lassen; und eine ganz andere, eine frühere Sendung zu machen, bei der vielleicht jüngere Leute zuhören würden. Und bei Anrufen waren auch die Hörer live in der Sendung und konnten unter Umständen unangebrachte Dinge sagen. »Ich muss Frank fragen«, antwortete sie schließlich und gab den schwarzen Peter an Frank Osborn, den Manager des Senders, weiter. Später fand ich heraus, dass er auf der hierarchischen Leiter weit nach oben gehen musste, bis zu verschiedenen Führungskräften bei NBC, um die Idee abzuklären. Aber wie gesagt war es für den Radiosender schwer, Geld mit einer Sendung zu sozialen Themen zu verdienen. Wenn meine Sendung populär würde, waren viele Werbe-Dollars möglich. So gaben die Sender-Mächtigen ihre Zustimmung.

Jetzt war ich an der Reihe, Sand ins Getriebe zu streuen. Ich bat um einen Termin bei Frank in seinem geräumigen Eckzimmer. Er forderte mich auf, Platz zu nehmen, aber wegen meiner Größe – oder besser gesagt Kleinheit – wollte ich lieber stehen bleiben. Ich ging sogar auf seine Seite des Schreibtischs, sodass ich direkt neben ihm stand und die Größere war, wenn auch nur knapp. Frank ist ein großer Mann.

»Frank«, sagte ich und legte ihm die Hand auf die Schulter. »Ich weiß, dass es in meiner neuen Sendung Werbung geben wird. Das ist in Ordnung, aber ich kann nicht zulassen, dass Abtreibungskliniken darin Werbung platzieren.«

Ich glaube, dass Abtreibung legal bleiben muss, aber ich wusste auch, dass es Leute geben würde, die sich darüber aufregten, dass diese kleine deutsche Professorin im Radio offen über Sex sprach. Ich wusste weiterhin, dass die Gegner für den Fall, dass es auch

Werbung für Abtreibungskliniken in meiner Sendung geben würde, so massiv auftreten konnten, dass die Sendung bald aus dem Programm gestrichen würde.

»Ruth, ich denke, da haben Sie recht. Ich sage der Vertriebsabteilung, dass sie alle Werbung von mir genehmigen lassen müssen, und wenn irgendetwas auf meinen Schreibtisch kommt, von dem ich vermute, dass Sie etwas dagegen haben könnten, frage ich Sie.«

Und so wurde ab September 1981 »Sexually Speaking« am Sonntagabend um 22 Uhr live gesendet. Ich bekam eine Producerin, die die Anrufe aussieben musste: Susan Brown, die genau richtig war für diesen Job. Sie war eine junge Katholikin, die leicht errötete. Genau der Typ, der mir bestens den Rücken freihalten konnte. Ich würde ohne Umschweife Begriffe benutzen, die sonst niemand im Radio sagte – Wörter wie Penis, Vagina, Orgasmus und Masturbation. Das würde natürlich manche Leute auf falsche Ideen bringen, und Susan sollte die Leute aussortieren, die keine Chance bekommen sollten, Grenzen zu überschreiten. Für den Fall, dass jemand ein verbotenes Four-Letter-Word benutzte, war in meine Sendung eine Verzögerung von sieben Sekunden eingebaut, und ich hatte einen großen gelben sogenannten *kill button*, einen Notausschalter, vor mir, mit dem ich alles Unpassende ausmerzen konnte, ehe es über den Äther ging. Ich brauchte ihn aber fast nie zu benutzen. Das war auch gut so, denn ich habe nicht die schnellsten Reflexe!

Dass ich mit der Sendung dieses Neuland betreten konnte, verdankte ich einer günstigen Konstellation verschiedener Faktoren. Erstens hatte ich meine Ausbildung. Ich wollte niemanden schockieren, sondern Wissen vermitteln. Dann meinen konservativen Hintergrund. Ich achtete sorgfältig darauf, keine aufreizende Sprache zu benutzen. Dass ich schon eine ältere Frau war, half den Leuten ebenfalls, meine Antworten und Ratschläge zu akzeptieren. Weiterhin glaube ich, dass mir mein Akzent eine gewisse Autorität verlieh, die ich sonst nicht gehabt hätte. Er war auch teilweise der Grund dafür, dass mir die *New York Times* den Spitznamen *Grandma Freud* gab. Ich war noch keine Großmutter und auch keine Psychiaterin, aber diese Bezeichnung bündelt recht gut, warum es annehmbar war, dass und wie ich im Radio über Sexualität sprach.

Wo wir gerade beim Thema Namen sind: Anscheinend konnten die Anrufer den Namen »Westheimer« entweder nicht aussprechen oder schlecht behalten, und daher begannen sie, mich bei ihren Anrufen einfach Dr. Ruth zu nennen. Die Medien griffen das auf, und so kam mir mein Nachname immer mehr abhanden. Mit Beginn der Live-Sendung im Radio nahm die Berichterstattung in den Medien explosionsartig zu. Und es blieb nicht länger bei Printmedien, sondern ich rückte ins Fernsehen auf und hatte erste Auftritte in New Yorker Lokalsendern, später in landesweit gezeigten Sendungen wie »The Late Night Show with David Letterman« und »The Tonight Show« mit Johnny Carson. Johnny ließ sogar eigens einen Stuhl für mich anfertigen, und sobald ich mich setzte, glitt eine Fußstütze heraus, auf die ich meine Füße stellen konnte. Später hielt er einmal einen komödiantischen Monolog, in dem er mich imitierte, und ich war nie mehr in einer Sendung mit ihm, kam aber in die Show, wenn Joan Rivers die Gastgeberin war. Und dann erschien ich, wie schon erwähnt, auf dem Titelblatt vom *People Magazine* und wurde zu einer etablierten öffentlichen Größe.

Den größten Lacherfolg bei all meinen Talkshow-Auftritten im Laufe der Jahre erzielte zweifellos ein Vorfall in der Sendung von David Letterman. Dave fragte mich, ob in letzter Zeit irgendwelche interessanten Fragen bei mir eingegangen seien. Ich antwortete, ein junger Mann habe keine Frage, sondern einen Kommentar geschickt und gesagt, seine Freundin hätte Spaß daran, Zwiebelringe über seinen erigierten Penis zu werfen. Das Publikum brach in schallendes Gelächter aus, und Dave tat so, als sei er empört, stand auf und verließ die Bühne. Der Gast nach mir war der Baseball-Werfer Tug McGraw, der in seine Redeanteile ständig Zwiebelringe einflocht, was noch mehr Lacher erntete. Und die Zuschauer zu Hause wurden einbezogen, denn man garnierte in der Showkulisse rasch einen Teller mit Zwiebelringen, den sie in jeder Pause zur Senderkennung zeigten. Sie verwendeten dieses Bild auch künftig jedes Mal, wenn ich bei »Letterman« war, und die Leute sprechen mich noch heute darauf an.

Ich gebe zu, dass ich mit solchen Auftritten meine Grenzen ein wenig überschritt und dann mehr Komikerin als Sexualtherapeutin war. Aber erstens war die Geschichte von dem jungen Mann mit den Zwiebelringen wahr und kein Witz, den ich mir ausgedacht hatte. Außerdem wurde ich auch umso häufiger eingeladen, je unterhaltsamer ich war – und desto besser konnte ich meine wichtigen Botschaften verbreiten. Ich bin altmodisch und spießig, aber dumm bin ich nicht!

Übrigens kann ich nicht gut Witze erzählen. Und doch kann ich Menschen zum Lachen bringen, große Gruppen ebenso wie Einzelne. Diese Fähigkeit beruht hauptsächlich auf meinem fröhlichen Temperament. Ich laufe nicht mit einem langen Gesicht herum, sondern meist mit einem Lächeln auf den Lippen. Worüber ich mich amüsiere? Ich halte aktiv nach Dingen Ausschau, über die ich lächeln kann. Wenn ich am Abend in ein Konzert gehen will und merke, dass ich schlechte Laune bekomme, denke ich an die wunderbaren Melodien, die ich später hören werde. Ich bemühe mich ganz bewusst darum, positiv zu sein. Natürlich kommen einem auch negative Gedanken in den Sinn, mir genauso wie jedem anderen auch. Aber warum sollte man diesen Gedanken nachgeben und zulassen, dass sie die Laune in den Keller rauschen lassen? Ich rate Ihnen, alle Versuchungen zum negativen Denken abzuwehren und daran zu arbeiten, sich positiv auszurichten. Probieren Sie es aus, und beobachten Sie, was passiert. Ich wette, Sie bekommen Lust, diese Erfahrung häufig zu wiederholen.

Es machte mir Spaß, wenn mich die Leute auf der Straße erkannten oder die Männer in den Feuerwehrautos und von der Müllabfuhr im Vorbeifahren hupten und winkten. Vor allem aber fand ich die zunehmende Bekanntheit gut, weil mir das ermöglichte, mit meinen Botschaften zum Thema Safer Sex ein viel größeres Publikum zu erreichen. So stolz ich auf das bin, was ich gemacht habe, ist doch noch wichtiger, dass ich viele Türen aufgestoßen habe, vor allem auch für die ernsthafte Aufklärung über Sexualität. Heute hören und sehen Sie Diskussionen über jegliches sexuelle Thema in allen Medien. Natürlich ist ein Teil der Informationen falsch. Das bringt es mit sich, wenn man das Thema popularisiert. Aber einige elementare Botschaften – etwa, dass man Kondome benutzen soll, um sich gegen Krankheiten zu schützen – sind bei allen angekommen, und das ist gut. Schwangerschaften im Teenageralter haben deutlich abgenommen, und zwar nicht zuletzt deshalb, weil viel mehr Teens als früher wissen, wie wichtig Kondome sind.

Während ich den Menschen, die mit einem sexuellen Problem in meine Praxis kommen, außerordentlich persönliche Fragen stelle, tue ich das in der Öffentlichkeit nie. Was allerdings nicht heißt, dass die Leute nicht *mir* öffentlich persönliche Fragen stellen. Besonders schwierig ist es für mich, in Restaurants und Theatern zur Toilette zu gehen, weil ich dort oft von irgendeiner Frau bedrängt werde, die einen Rat verzweifelt nötig hat. Manchmal gebe ich eine kurze Antwort, manchmal lächle ich freundlich und sage: »Tut mir leid, ich kann Ihnen nicht helfen.« Wenn ich mit einer anderen Frau unterwegs bin, bitte ich sie sehr oft, mich zur Toilette zu begleiten, einfach als Schutzschild!

Die folgende Geschichte zeigt Ihnen, wie ich Probleme löse. Pierre ging zu seinem vierzigjährigen Highschool-Klassentreffen. Da er wusste, dass ich an jenem Abend nichts vorhatte, fragte er mich, ob ich mitkommen wolle. Normalerweise würde ich nicht zu einem privaten Fest wie diesem gehen, aber dann erfuhr ich, dass die extravagante Modedesignerin Vera Wang in seiner Klasse gewesen war und dass die Party in ihrem fabelhaften Appartement in der Park Avenue stattfand. Ich liebe meine Wohnung in Washington Heights wegen ihrer wunderbaren Aussicht auf den Hudson River, aber sie reicht nicht ganz an die Liga von Wohnungen heran, die ich bei Vera Wang vermutete. Außerdem bot mir das die Chance, einige von Pierres Freunden kennenzulernen und ein bisschen mehr über ihn privat zu erfahren. Also nahm ich die Einladung an.

Das Appartement war den Besuch auch tatsächlich wert. Weitläufige Räume voll exquisiter Möbel, alles sehr geschmackvoll eingerichtet, wie man es bei einer Ästhetik-Ikone erwarten würde. Ich war Vera schon einige Male bei Promi-Veranstaltungen begegnet, aber unser Kontakt lag bis dahin auf der Küsschen-links-Küsschen-rechts-Ebene. Vera in dieser Umgebung im Umgang mit ihren alten Freunden zu sehen, erlaubte mir, diese berühmte Modedesignerin von einer Seite zu sehen, die ich sonst nie kennengelernt hätte. Es war Spätfrühling 2007, und mein Leben änderte sich gerade. Ich hatte eine Praxis in einem Gebäude an der Ecke 73. Straße und Lexington Avenue, das seit über zwanzig Jahren ein Ärztehaus gewesen war, aber jetzt wollten die Eigentümer dort Genossenschaftswohnungen einrichten. Daher warfen sie uns alle hinaus – mit nur dreißig Tagen Kündigungsfrist. Das war natürlich in vieler Hinsicht lächerlich, besonders, weil sie Jahre brauchen würden, um die Sache umzusetzen, und bis dahin die gesamten Mieten verloren. Einige wollten sich einen Anwalt nehmen, um gerichtlich gegen den Rauswurf vorzugehen, aber das ist nicht meine Art. Wenn sie mich nicht wollten, wollte ich auch nicht mehr dort sein. Also verbreitete ich die Kunde, Dr. Ruth wäre bald obdachlos. So stellte ich es jedenfalls dar.

Eine Frau, die auch auf der Party war, Leslie Rahl, hatte Manhattan Island die Treue gehalten. Als sie mein Klagelied hörte – und glauben Sie mir, ich stimmte es überall an, denn man weiß ja nie –, sagte sie: »Dr. Ruth, ich kann nicht zulassen, dass Sie auf der Straße stehen. Ich habe in meinem Büro mehr Platz, als ich brauche. Bitte ziehen Sie doch bei mir ein.«

Sie haben sicher schon Leute erlebt, die sagen, sie könnten vor Freude einen Luftsprung machen, und dann keinen Finger rühren? Ich habe wirklich einen Luftsprung gemacht. Natürlich hätte ich auch anderswo Platz finden können, aber ich hatte einfach keine Zeit für eine lange Sucherei. Und als ich zu Leslie ging und mir ihre Räume ansah, fand ich sie wunderbar. Hoch oben und mit einer herrlichen Aussicht auf das Chrysler Building! Von da an hatte ich meine Praxis immer bei Leslie, und als sie umzog, nahm sie mich mit und schrieb sogar meinen Namen in den Mietvertrag, obwohl sie kein Geld von mir verlangt. Sie will nur, dass ich meinen Esprit mitbringe. Sie sagt, meine Energie und gute Laune seien mehr wert als alles, was ich ihr bezahlen könnte. Warum sollte ich ihr da widersprechen? Ich lade sie zwar regelmäßig zum Mittagessen ein; und wenn sie mich bittet, zu einer Wohltätigkeitsveranstaltung zu gehen, bin ich dort. Wenn ich sage, es sei gut, Dr. Ruth zu sein, würde mir derzeit niemand widersprechen.

Und das bringt mich zu einer letzten Geschichte für dieses Kapitel. Ich war im *Sea Grill*, wie gesagt eines meiner Stammrestaurants. Einer der Ober nahm mich beiseite und sagte mir, er hätte mich über Hodenkrebs sprechen hören und wie wichtig es sei, sich selbst zu untersuchen. Er hatte sich abgetastet, einen Knoten gefunden, war zum Arzt gegangen, und es hatte sich herausgestellt, dass es Krebs war. Er erklärte, ich hätte ihm das Leben gerettet. Menschen auf diese Weise helfen zu können, war genau der Grund dafür gewesen, dass ich als junge Frau Ärztin werden wollte. So etwas passiert mir nicht jeden Tag, aber ich weiß, dass ich mehreren Menschen das Leben gerettet und ihnen noch auf zahlreichen anderen Wegen geholfen habe, indem ich verhindert habe, dass sie krank oder ungewollt schwanger wurden. Für mich liegt genau darin meine Hauptaufgabe als Dr. Ruth. Der Ruhm kam so spät in mein Leben, dass es für mich völlig in Ordnung gewesen wäre, wenn ich nie in einer Luxuslimousine gefahren wäre, nie eine Premiere besucht oder irgendeine der sonstigen Vergünstigungen genossen hätte, die Prominenz mit sich bringt. Sie macht Spaß, aber ich lasse sie mir nie zu Kopf steigen. Immense Befriedigung gibt mir allerdings, dass ich so vielen Menschen in wichtigen Belangen helfen konnte. Wobei nicht der geringste ist, dass ich ihnen beigebracht habe, *terrrrific sex* zu haben!

Als ich zehn Jahre alt war, wollte ich Ärztin werden. Vielleicht wusste ich damals noch nicht genau, was das bedeutet, aber ich wusste, dass ich Menschen helfen wollte. Der Freude, die man im Geben finden kann – sei es durch Geld oder Beistand oder einfach dadurch, dass man jemandem zuhört, der ein offenes Ohr braucht –, kommt keine andere gleich. Es gibt die Freude am Sex, die Freude am Erfolg, die Freude am Kauf eines Gegenstandes, den man gerne haben möchte; aber die Befriedigung, die einem das Geben schenkt, ist eine sehr starke Emotion, die auf keinem anderen Weg zu erreichen ist. Wenn Sie also *Joie de vivre* in all ihren Formen erleben wollen, müssen Sie dafür offen sein, etwas von sich selbst herzugeben. Sie brauchen keine Heilige zu sein und jede Sekunde eines jeden Tages verschenken, aber Sie sollten auch kein Geizkragen sein. Denn der Mensch, den Sie durch Geiz vor allem ärmer machen, sind Sie selbst.

KAPITEL 7

Und wer ist Mick Jagger?

Werden Sie zum Star Ihres eigenen Lebens

Ich begann den Weg, der mir den Titel »Dr. Ruth« einbrachte, im Radio. Erst das Fernsehen aber machte mich so prominent, dass mich jeder kannte, zuerst durch Gastauftritte in landesweiten Shows wie »The Tonight Show«, »David Letterman« und »Today«, dann durch eigene Sendungen. Als ich nur Gast war und lediglich fünf Minuten für das Thema Sex zur Verfügung standen, verflog die Zeit im Nu, das war kinderleicht. Aber als ich meine eigene Sendung hatte und mich von der Interviewten zur Gastgeberin mausern und dreißig oder sechzig Minuten mit unterhaltsamem Fernsehprogramm füllen musste, war das eine deutlich größere Herausforderung. Unter anderem deshalb, weil ich so wenig über amerikanische Popkultur wusste.

Nachdem ich in vier verschiedenen Ländern aufgewachsen bin, ehe ich mich schließlich in den Vereinigten Staaten niederließ – und außerdem nicht viel fernsah, als ich erst einmal hier war –, würde ich bei einem Test in amerikanischer Popkultur mit Sicherheit durchfallen, wie ich bereitwillig zugebe. Wobei das ein wenig schräg klingt, wenn man bedenkt, dass ich ja selbst ein kleiner Teil davon geworden bin. Jedenfalls stellten meine Wissenslücken die Macher meiner Fernsehshows vor einige Probleme, denn sie mussten mich vorher immer rundum informieren, damit ich am Ende nicht wie eine Fremde im eigenen Land wirkte. Ich will Ihnen ein Beispiel geben. Vor der Aufnahme einer meiner Shows ließ ich mir die Haare richten und das Make-up auflegen, und Marsha Lebby, eine der Producerinnen der Sendung, sprach mit mir über einen Gast im nächsten Beitrag.

»Heute kommt Bianca Jagger.«

»Sollte ich wissen, wer das ist?«, fragte ich über das Brummen des Föhns hinweg.

»Sie ist die Ex-Frau von Mick Jagger«, sagte die Producerin und glaubte ganz offensichtlich, damit sei alles gesagt.

Doch meine nächste Frage lautete: »Und wer ist Mick Jagger?«

Sehen Sie, was ich meine? Was ich über Rockmusik weiß, hat bequem in einem Fingerhut Platz. Doch immerhin kenne ich auch ein paar Rockstars. Die Band U2 hat sich anlässlich einer Grammy-Verleihung einmal bei mir bedankt, mich dann als Werbung für ein Album eingespannt, das *Zooropa* hieß, und zu einem Konzert eingeladen. Hinterher ging ich backstage und sprach mit Bono und den anderen Bandmitgliedern, und Bono warb im Gegenzug für mein Buch »Die Sprache der Musik«. Auch Elton John zählt zu meinen Fans. Und im nächsten Kapitel erzähle ich Ihnen eine Geschichte über Paul McCartney. Nun bin ich nicht die Einzige unter den Älteren, die nicht über die neuesten Trends in der Musik Bescheid weiß, aber nur wenige können von sich sagen, sie hätten schon einen Popstar persönlich kennengelernt. Ich finde es nur schade, dass ich keine Gelegenheit hatte, die Idole *meiner* Musik kennenzulernen, nämlich Komponisten wie Beethoven und Bach. Immerhin bin ich mit einigen großen Dirigenten klassischer Musik befreundet, etwa mit Zubin Mehta. Außerdem bin ich kulturell durchaus gebildet. Nur sind diejenigen, die ich bewundere, nicht mehr die Jüngsten oder schon gar nicht mehr da.

Ich möchte nicht den Eindruck erwecken, ein Star könnte mich nicht auch faszinieren. Als ich noch nicht sehr bekannt war, schleppte ich Fred einmal in ein Theaterstück am Broadway, »Private Lives«, in dem Richard Burton und Elizabeth Taylor mitspielten. Ich war von Elizabeth Taylor so begeistert, dass ich trotz Regen darauf bestand, dass wir hinterher vor dem Bühneneingang warteten, um noch einen Blick auf sie zu erhaschen, sobald sie herauskam.

»Ruthie, es regnet, und hier drängen sich so viele Leute, dass wir nicht einmal in die Nähe kommen. Warum müssen wir hier herumstehen und klatschnass werden?«

»Fred, wie oft kann man Elizabeth Taylor persönlich sehen?«

»Du hast sie doch gerade persönlich auf der Bühne gesehen!«

»Fred, Du verstehst überhaupt nichts.«

Wäre es um eines von Freds Idolen gegangen, wie etwa Tony Randall, dann wäre vielleicht er derjenige gewesen, der mich in eine Regennacht hinausgezerrt hätte. Jedenfalls finde ich es durchaus etwas Besonderes, Stars aus der Nähe zu sehen. Nur entsprechen diejenigen, die für mich Stars sind, nicht unbedingt dem Geschmack von durchschnittlichen Amerikanern, besonders nicht von jüngeren. Und Elizabeth Taylor lernte ich schließlich doch noch kennen. Es gab eine große Wohltätigkeitsveranstaltung für die AIDS-Hilfe im *Jacob Javits Center*, und ich wurde mit ihr zusammen auf die Bühne gebeten, damit vor Beginn der Veranstaltung noch Pressefotos gemacht werden konnten. Und sie wusste, wer ich war! Das überraschte mich sehr. Ich kannte sie ja nur von ihren Filmen her, als ich selbst noch viel jünger und völlig unbekannt war. Dass Elizabeth Taylor mich jetzt mit ihren fast violetten Augen ansah und lächelnd sagte: »Hi, Dr. Ruth«, fand ich umwerfend! Und ich habe meine Bewunderung für Burton und Taylor bis heute nicht verloren. Als ich kürzlich einmal in Südafrika war, wollte ich unbedingt die Kirche besuchen, in der sie geheiratet haben. Ich kann also genauso von Stars hingerissen sein wie jeder andere. Nur nicht gerade von Mick Jagger!

Viele Menschen haben Fantasien über berühmte Leute. Und mit Fantasien meine ich, dass sie in ihrer Vorstellung auch Sex mit ihren Idolen haben. Meiner Meinung nach ist das bis zu einem gewissen Grad in Ordnung. Wenn man lange Zeit mit derselben Person zusammen ist, muss man der Libido manchmal ein bisschen auf die Sprünge helfen, und Fantasie ist eine Möglichkeit, sie anzukurbeln. Auch wenn Sie den Kopf voll negativer Gedanken haben, die verhindern, dass Sie sexuell erregt werden – sagen wir, Ihr Chef quält Sie ständig mit hässlichen Bemerkungen, die Sie nicht abschütteln können, selbst wenn Sie mit Ihrem Partner im Bett sind –, kann Ihnen eine Fantasie über Ihr Lieblingsidol helfen, die störenden Gedanken wegzuschieben, damit Sie mit Ihrem Partner Sex haben können. Fantasie in angemessener Weise zu nutzen, ist also ein Weg, mehr Freude am Leben zu bekommen.

Andererseits kann es auch problematisch werden, wenn Sie zum Beispiel Fantasien über Ihre Nachbarn entwickeln. Und zwar deshalb, weil die Chancen, dass Ihre Fantasie über eine prominente Persönlichkeit wahr wird, beinahe null sind. Folglich stellen diese Fantasien keine Gefahr für Ihre reale Partnerschaft dar. Wenn Sie aber Fantasien über den Mann oder die Frau von nebenan haben, kann die Möglichkeit, diese Fantasie auszuleben, gefährlich für die Beziehung zu Ihrem Partner werden. Fantasieren Sie lieber über unerreichbare, berühmte Leute als über jemanden, bei dem Sie vielleicht Ernst machen und die Fantasie in Realität verwandeln könnten!

Der Haken bei Ratschlägen ist, dass es immer Ausnahmefälle gibt, in denen sich ein Rat als falsch erweist, zumindest bei übertriebener Anwendung. Ich kannte einmal eine junge Frau, die mich bat, sie mit Jerry Seinfeld bekannt zu machen. Sie war schrecklich in ihn verliebt und wollte ihre Fantasien Wirklichkeit werden lassen. Nun hatte ich Jerry zwar ein paarmal als Gast in meiner Fernsehshow gehabt, aber wir waren keineswegs Freunde. Außerdem war die junge Frau auch nicht sein Typ, und er brauchte keinerlei

Hilfe von mir, um Partnerinnen für Dates zu finden. Ihr Problem war, dass *sie* diese Hilfe brauchte. Sie versank so tief in ihrer Fantasiewelt, dass sie die Wirklichkeit aus den Augen verlor, was es für sie umso schwieriger machte, einen Partner zu finden. Ebenso wie Fantasie also zur Steigerung der Lebenslust beitragen kann, kann sie auch schaden, wenn sie wie bei dieser jungen Frau zu weit geht. Bei allem im Leben ist gerade das rechte Maß meist der Schlüssel zum optimalen Genuss.

Aufgrund meines Spezialgebiets glauben die meisten Leute immer gleich, wenn ich das Wort »vortäuschen« benutze, meine ich eine Situation im Bett. Und natürlich spreche ich auch oft in diesem Sinne davon. Wenn es um Sex geht, rate ich Frauen, keinen Orgasmus vorzutäuschen; zumindest nicht regelmäßig. Ab und zu einmal, wenn sie müde sind, das geht in Ordnung. Aber wenn Sie Ihrem Partner nie verraten, dass Sie keine sexuelle Befriedigung finden, sondern immer nur einen Orgasmus vortäuschen, dann ist das ein großes Problem. Und es kann zu einem sehr schwerwiegenden Problem werden, denn sexuelle Befriedigung ist ein wichtiger Bestandteil eines erfüllten Lebens. An dieser Stelle möchte ich jedoch über das Thema des Vortäuschens in anderen Kontexten sprechen, denn ich bin der Meinung, wenn Sie nicht im Schlafzimmer sind, sondern sich auf dem gesellschaftlichen Parkett bewegen, ist es in Ordnung, bei Bedarf etwas vorzutäuschen. Da ich oft mit Leuten bekannt gemacht werde, die ich nicht kenne (auch wenn ich das sollte), bin ich darin ziemlich gut geworden.

Der Sinn dieses Täuschens ist, den anderen nicht merken zu lassen, dass Sie keine Ahnung haben, wer er ist. Diese Kunst müssen Sie üben, um gut darin zu werden. Ich bekomme jede Menge Gelegenheit dazu, weil ich so viele Leute kennenlerne, dass ich mir unmöglich alle merken kann. Wenn jemand auf mich zukommt und anfängt, mit mir zu reden, als gehöre er zu meinen ältesten Freunden, schwimme ich einfach mit dem Strom des Gesprächs mit und hoffe das Beste. Wenn der Betreffende etwas sagt, das eine Erinnerung wachruft und mir verrät, wer er ist, spreche ich weiter mit ihm. Wenn mir jedoch nach kurzer Zeit klar wird, dass ich dieser Person vielleicht einmal auf einer Party die Hand gedrückt habe, aber mehr nicht, dann lächle ich und sage: »Entschuldigen Sie mich bitte«, und gehe weg.

Manchmal bin ich natürlich auch in der umgekehrten Situation. Jemand kommt auf mich zu, und ich weiß irgendwie, dass er berühmt ist, habe aber keine Ahnung, wer es ist. Aber die anderen kennen mich; falls wir uns noch nie begegnet sind, wissen sie wenigstens, dass ich Dr. Ruth bin. Bei einer Filmpremiere weiß ich etwa, dass der ganze Raum voller Prominenter ist, aber ich erkenne die meisten nicht. Was tue ich also? Ich lächle sehr viel, posiere für Fotos mit ihnen, und sobald sie weggegangen sind, frage ich jemanden, wer das war. Zum Glück bleiben die Gespräche bei den meisten Events dieser Art ziemlich an der Oberfläche, daher ist das Risiko, etwas Falsches zu sagen, sehr klein. Und wenn es eine Party nach einer Filmpremiere ist, weiß ich wenigstens, wer die Stars des Films sind!

Doch als ich meine Fernsehsendungen aufnahm, durfte ich natürlich nichts vortäuschen. Vor der Kamera musste ich so wirken, als wisse ich mindestens ebenso viel wie mein Publikum. Wenn Sie aber vierhundertfünfundneunzig Sendungen gemacht haben und »promi-geschädigt« sind, kann es schwierig werden. Zu meinem Glück gab es in Fernsehstudios immer »Täuschungshilfen« für den Gastgeber, Karten, die neben die Kamera gehalten wurden, oder einen Teleprompter, der mir die Fragen vorgab, die ich stellen sollte. Trotz alledem musste mein Produzent John Lollos manchmal noch hektisch in letzter Minute Anweisungen in den Kopfhörer des Stage Managers brüllen und sicherstellen, dass ich die richtige Anschlussfrage stellte. Die meisten meiner Sendungen wurden von Lifetime Television ausgestrahlt, wechselten aber häufig die Titel. Als Erstes kam die »Dr. Ruth Show«. Dann folgte eine Show, die auch in einigen anderen Ländern gezeigt wurde, wie etwa England und Hongkong. Sie hieß »Fragen Sie Dr. Ruth«. Dann kehrte ich zu Lifetime zurück und machte »The All New Dr. Ruth Show«, gefolgt von »What's Up, Dr. Ruth?« Das Ziel dieser an Teenager gerichteten Sendung war vor allem, das Interesse jüngerer Zuschauer am Sender Lifetime zu steigern. Dann änderte man das Format wieder und nannte die Sendung »You're on the Air with Dr. Ruth«. Im Herbst 1992 wechselte ich zu Nostalgia Television, und dort hieß meine Sendung »Never Too Late« – Es ist nie zu spät.

Wir hatten im Laufe der Jahre eine Reihe von wirklich interessanten und witzigen Gästen, darunter Burt Reynolds, George Burns, Milton Berle, Jerry Lewis, Jerry Seinfeld, Howie Mandel, Cyndi Lauper, Bill Cosby, Isaac Asimov, Regis Philbin, Bürgermeister Ed Koch, Gloria Steinem, Helen Gurley Brown, Martin Scorsese, Joan Rivers und viele, viele andere. Sie können Ausschnitte aus diesen Interviews auf meinem YouTube-Kanal sehen. Als Roseanne Barr in meine Show kam, war sie noch kein großer Star mit einer eigenen Show. Sie war eine Stand-up-Comedian und sehr witzig. Aber als sie sich hinsetzte, sah ich, dass sie Kaugummi kaute. Unter manchen Umständen hätte ich vielleicht so getan, als hätte ich es nicht gemerkt. Aber jetzt war sie in meiner Fernsehsendung, und ich war keinesfalls bereit, ihr das durchgehen zu lassen.

»Roseanne, ich bin Lehrerin, und ich betrachte diesen Set als mein Klassenzimmer, und in meinen Klassen galt immer die Regel: kein Kaugummi.«

Roseanne ist selten um Worte verlegen, aber jetzt sah sie mich sprachlos an. Ich bot ihr ein Kosmetiktuch an, sie nahm es und spuckte ihren Kaugummi aus, dann führten wir ein wunderbares Interview. Und ich weiß, dass sie sich auch nach so vielen Jahren noch immer an diesen Vorfall erinnert. Als ich Schwierigkeiten hatte, meinen Twitter-Account eingerichtet zu bekommen, erzählte mir jemand, Roseanne hätte das gleiche Problem gehabt, daher kontaktierte ich sie über Twitter. Sie antwortete mir und erwähnte die Sache mit dem Kaugummi. Mit der Twitter-Sache konnte sie mir nicht weiterhelfen, aber ich musste darüber schmunzeln, dass sich Roseanne noch immer daran erinnerte, dass ich ihr gesagt hatte, sie könne an meinem Set nicht Kaugummi kauen. Sie sehen also, dass auch das Einstehen für Prinzipien das Leben lohnender macht. Und für Erinnerungen sorgt!

Außerdem schlage ich Ihnen vor, sich bewusst zu machen: In Ihrem Leben spielen Sie selbst die Hauptrolle, *Sie* sind der Star. Wenn ein runder Geburtstag naht, sagen viele Leute: »Ach, ich will nicht, dass davon großes Aufhebens gemacht wird. Ich brauche kein Fest.« Aber stellen Sie sich einmal vor, dieser Geburtstag ginge vorüber, ohne dass irgendjemand daran dächte! Wenn es Ihnen also doch wichtig ist, dass von diesem Geburtstag Notiz genommen wird, dann können Sie sich auch gleich die Erlaubnis geben, sich für diesen einen Tag wie ein Star zu fühlen und ihn zu genießen. Warum empfinden manche Leute nicht einmal einen Bruchteil der *Joie de vivre*, die andere erleben? Weil sie das Gefühl haben, sie nicht zu verdienen. Sie setzen sich selbst herab und sagen, sie seien nicht wichtig. Aber niemand ist für Ihr Leben wichtiger als Sie! Und anstatt die Freude wegzustoßen, müssen Sie beide Hände ausstrecken und zugreifen, sooft es geht. Wenn ein Star über den roten Teppich geht, rechnet er oder sie mit Fotografen. Stellen Sie sich Ihr Leben wie einen roten Teppich vor, zaubern Sie ein Lächeln auf Ihr Gesicht und akzeptieren Sie freudig jede Aufmerksamkeit, die Ihnen geschenkt wird. Wenn Sie den Kopf gesenkt halten und Ihr Gesicht hinter Haaren verstecken, werden Sie nicht die Beachtung bekommen, die Sie verdienen, und diese Nichtbeachtung wird Sie unglücklich machen. Es gibt im Leben keine halben Sachen. Sie können nicht erwarten, dass man Ihnen auf die Schulter klopft, wenn Sie vor einer ausgestreckten Hand davonlaufen. Betrachten Sie sich also als die prominente Person, die Sie sind, und akzeptieren Sie bereitwillig alle Ehre, die Ihnen zuteil wird.

Wenn Sie sich die Liste berühmter Gäste in meinen Sendungen anschauen, werden Sie feststellen, dass viele von ihnen Comedians waren. Das ist kein Zufall, denn Comedians sind zuverlässig unterhaltsam. Dank ihrer Schlagfertigkeit haben sie die Gabe, sich zu jedem Thema etwas Witziges einfallen zu lassen, und beim Thema Sex ist das sogar besonders leicht. Nun habe ich die Gästeliste der Shows nicht zusammengestellt, das war die Aufgabe der Redaktion. Und Comedians mochten vielleicht meine Ratschläge auf die Schippe nehmen, aber ich hatte auch im Kopf, was der Talmud sagt: Eine mit Humor erteilte Lehre bleibt im Gedächtnis haften. Wenn also diese Comedians und ich gemeinsam das Publikum zum Lachen bringen konnten und dabei noch nützliche Informationen über Sex unterbrachten, war ich ganz zufrieden.

Ich hoffe, Ihnen ist klar, dass Ihnen bei einem Interview, das Sie sich im Fernsehen anschauen, eine Menge vorgegaukelt wird. Es mag so aussehen, als sei die Unterhaltung spontan, aber in Wirklichkeit sind sowohl der Gastgeber als auch der Gast bestens vorbereitet, damit nicht unvermittelt *Dead Air* eintritt – eine peinliche sekundenlange Stille. Und auch, damit das Gespräch immer unterhaltsam bleibt. Ein Stück weit rate ich dazu, jedes Gespräch, das man führt, auf die gleiche Weise vorzubereiten. Wenn Sie zum Mittagessen einen Freund oder eine Freundin treffen, lesen Sie morgens die Zeitung, damit Sie über die neuesten Nachrichten Bescheid wissen. Wenn Sie am Abend vorher noch spät fernsehen und einen guten Witz hören, schreiben Sie ihn auf, damit Sie ihn beim Mittagessen parat haben.

Damit Sie die Lust und die Liebe ausschöpfen können, die das Leben bereithält, müssen Sie ein gewisses Maß an Mühe in das stecken, was Sie tun. Es ist in Ordnung, wenn das Gespräch bei einem Mittagessen ein paarmal ins Stocken gerät, aber die Pausen sollten nicht überhandnehmen. Schließlich wünschen Sie sich eine Atmosphäre, bei der hinterher beide mit dem Gefühl weggehen, es sei ein nettes Treffen gewesen. Wenn Sie unterhaltsamen Gesprächsstoff beisteuern können, sind die Leute gerne mit Ihnen zusammen. Aber wenn Sie langweilig sind, werden Sie zusehends einsamer, und dann haben Sie kein besonders reiches Leben.

Natürlich haben auch Komiker ihre zartfühlende Seite. Ich erinnere mich noch, dass der große Entertainer George Burns mir erzählte, er habe nach dem Tod von Gracie weiterhin auf der gleichen Seite des Bettes geschlafen wie bisher. Er bekam feuchte Augen, und man sah, wie sehr er seine Frau geliebt hatte. In solchen Momenten war ich froh über meine therapeutische Ausbildung. Manchmal vergaßen meine Gäste, dass sie im Fernsehen waren, und öffneten sich mir so weit, wie sie es niemals getan hätten, wenn ihre Gastgeberin ebenfalls Komikerin gewesen wäre. In »The Tonight Show« müssen die Gäste unabhängig davon, wer moderiert, mit dem Gastgeber in einer Atmosphäre vom Typ »Kannst du noch einen draufsetzen?« um Lacher konkurrieren. Aber bei mir konnten sie auch ihre menschliche Seite zeigen.

Zudem trug auch meine Größe dazu bei, die Menschen zu offenen Worten zu bewegen. Ich bin einfach kein bisschen einschüchternd. Nach seinem Auftritt sprach George Burns mit dem Produzenten der Sendung, John Lollos, während ich noch am Set auf dem Perserteppich stand, der unter meinem Stuhl lag, und Autogramme gab. George sagte zu ihm: »Wissen Sie, warum sie ihre Sache so unglaublich gut macht? Weil sie aussieht, als würde sie sich wehtun, wenn sie von diesem Teppich herunterfällt.«

Es war allerdings anfangs auch nicht ganz leicht, Gäste mit großen Namen zu bekommen. Viele fürchteten, sie würden mit persönlichen Fragen überrumpelt. Selbst wenn ein PR-Beauftragter oder Agent bereits einen Termin mit ihnen vereinbart hatte, äußerten die Prominenten im telefonischen Vorgespräch oft große Bedenken bezüglich des Gesprächsthemas. Je länger die Sendung lief und je weiter sich die Kunde verbreitete, dass es Spaß machte, in der Sendung von Dr. Ruth aufzutreten, desto leichter wurde es natürlich auch, berühmte Leute zu holen. Burt Reynolds war vielleicht der bekannteste Star in meiner Karriere als Gastgeberin, und das war damals ein richtiger Coup. Die Mitarbeiter der Produktion schickten ihm Obstkörbe und Blumen und andere »Bestechungsgeschenke«. Das lohnte sich, denn es funktionierte. Was nicht funktionierte, war der Satellit. Burt war als Live-Gast da, aber der Satellit streikte, sodass alle, die zuschauten, um das Interview zu sehen, enttäuscht waren. Natürlich haben wir die Sendung aufgenommen, und sie wurde später auch gesendet. Aber wir hatten viel öffentliche Aufmerksamkeit erhalten, weil Burt in meiner Live-Sendung auftreten sollte. So war es schon enttäuschend, dass wir das dann nicht so nutzen konnten wie gedacht.

Doch solche Dinge passieren uns allen. Wir arbeiten auf einen Moment hin, und wenn er da ist, geht entweder etwas schief, oder er erfüllt einfach nicht unsere Erwartungen. Nach der Sendung mit Burt Reynolds gingen wir aus, um noch einen Happen zu essen. Schon bald lachten wir wieder und machten weiter wie gewohnt. In der folgenden Woche standen neue Sendungen an, und wir durften uns nicht den Spaß verderben lassen. Sie kennen sicher den Spruch: »Das muss man abschütteln.« Den kann ich nur unterstreichen. Man darf nicht erlauben, dass kleine Missgeschicke sich festsetzen und in einem gären – jedenfalls nicht, wenn man ein lustvolles Leben führen will.

Die meisten Leute, die mich nicht kennen, glauben, dass mir nichts peinlich oder heilig ist. Aber während ich durchaus über manche Aspekte des Privatlebens prominenter Persönlichkeiten sprach, wenn sie in meiner Show waren – schließlich waren sie darin erfahren, als Gäste in Fernsehsendungen aufzutreten, und jede Frage war im Vorgespräch abgesegnet worden –, würde ich Leuten im Privatleben niemals persönliche Fragen stellen. Wenn ich Beiträge machte, in denen mir »normale Menschen« ein sexuelles Problem offenbarten, bei dessen Lösung ich ihnen dann zu helfen versuchte, waren die Gäste in Wirklichkeit Schauspieler, die vorgaben, sie hätten ein bestimmtes Problem. Sie mussten ihre Rollen auswendig lernen, nur meine Antworten waren nicht festgelegt. Auf diese Weise brachten wir in unterhaltsamer Weise Information in die Welt, ohne dass normale Menschen irgendetwas zu riskieren brauchten.

Ich habe das Gefühl, dass Leute, die in einer sogenannten Reality-Show im Fernsehen auftreten und dort ihre schmutzige Wäsche waschen, ihre Probleme dadurch verschlimmern, dass sie sie aller Welt erzählen, ganz gleich, worum es sich handelt. Mein Gewissen würde mir nicht erlauben, so etwas zu tun, und es gehörte nie zu meinen Sendungen. Ich wurde einmal von »Good Morning America« gebeten, Beiträge für eine ganze Woche zu machen. Sie wollten, dass ich mit den Zuschauern spreche und ihnen helfe, ihre sexuellen Probleme zu lösen. Ich schlug vor, sie sollten einen Psychologen dazuholen, der vom Sender dafür bezahlt wurde, dass er die Gäste hinterher betreute und ihnen half, den Schaden zu verarbeiten, den es ihnen zufügte, im landesweit ausgestrahlten Fernsehen über ihre sexuellen Probleme zu sprechen. Meine Botschaft kam an, und »GMA« verzichtete auf diese Beiträge.

Im Radio und im Fernsehen sprach ich auch mit echten Zuschauern am Telefon, aber ihre Identität war geschützt. Ihre Angehörigen und Freunde erfuhren nichts über ihre privaten Probleme, außer wenn sie das selbst wollten. Ich bin auch außerordentlich darauf bedacht, die Privatsphäre der Menschen zu wahren, die zur Therapie in meine Praxis kommen. Ich will mich nicht auf Kosten anderer wichtig machen. Wenn natürlich jemand, mit dem ich gesprochen habe, anschließend hingeht und bei seinen Freunden damit angibt, dass er mit mir telefoniert hat, ist das seine Sache.

Um sich die Freude am Leben zu erhalten, rate ich, so viel Diskretion wie möglich walten zu lassen. Wenn Sie Ihre Probleme Freunden und Verwandten unterbreiten, kann das den Druck auf Sie erhöhen und die Lage verschlechtern, anstatt sie zu verbessern. Vielleicht haben Sie einen Freund, eine Freundin oder jemanden in der Familie, der gute, vernünftige Ratschläge gibt und zuverlässig diskret ist. In dem Fall ist es in Ordnung, mit ihm oder ihr Probleme zu besprechen. Es kann eine Erleichterung sein, sich Belastendes von der Seele zu reden. Aber wählen Sie diese Person sorgfältig aus, denn wenn Sie die falschen Leute einweihen, kann Ihr Leben noch unglücklicher werden. Und denken Sie daran, dass es auch sehr hilfreich sein kann, Ihr Problem mit einem professionellen Helfer zu besprechen. Ein Freund mag gesunden Menschenverstand haben, aber ein Therapeut hat die Ausbildung und die Erfahrung, Ihnen Ratschläge zu geben, die sich bei anderen Klienten als hilfreich erwiesen haben. Dieses Expertenwissen ist viel wert. Wenn ich einen Klienten empfange und weiß, dass ich schon vielen Klienten mit einem ähnlichen Problem geholfen habe, kann ich ziemlich sicher sein, dass ich auch in dem Fall Erfolg haben werde. Wenn Ihnen jedoch beste Freunde einen Rat geben, kann das Hand und Fuß haben oder auch nicht, und dann kann Sie ein solcher Rat erst recht in Teufels Küche bringen.

Doch so große Bedeutung ich der Wahrung der Privatsphäre eines Menschen auch zumesse – ab und zu geht trotzdem einfach etwas schief. Einmal hatte ich den Bauchredner Wayland Flowers und seine Stabpuppe »Madame« zu Gast. Madame ist eine ziemlich vulgäre Lady, und die Fragen, die ich ihr stellen sollte, waren so formuliert, dass sie Antworten provozierten, die ihrer Art entsprachen. Aber ehe Wayland sie ins Spiel brachte, sollte ich allein mit ihm reden. Der Haken war, dass die Fragen, die ich Madame stellen sollte und die sexueller Natur waren, zu früh auf dem Teleprompter erschienen, nämlich während er allein mit mir im Gespräch war. Dadurch stellte ich ihm unfreiwillig am Ende ein paar sehr persönliche Fragen, die ich ihm nie im Leben ohne Madame als Filter gestellt hätte. Es dauerte ein Weilchen, bis die richtigen Fragen im Teleprompter erschienen, sodass ein peinlicher Augenblick entstand. Aber Wayland spielte tapfer mit und beschwerte sich nicht.

Einmal hatte ich die Schauspielerin Lainie Kazan als Gast. Ehe sie auf die Bühne kam, hatte ich einige Anrufe entgegengenommen, und in einem ging es um oralen Sex. Ich hatte eine Frau beraten, die bei ihrem Mann oralen Sex praktizieren wollte, aber nicht wusste, wie sie das anstellen sollte. Ich sagte ihr, sie solle mit einer Eistüte üben. Als Lainie an die Reihe kam, stellte sie eine Anschlussfrage.

»Dr. Ruth, ich habe gehört, dass Sie dieser Frau geraten haben, mit einer Eistüte zu üben. Das mag ein guter Tipp für sie sein, aber was sollen dann die Frauen machen, die ständig auf Diät sind?«

»Lainie, die sollen dann eben nicht Eiscreme in das Hörnchen füllen, sondern tiefgefrorenen Magerjoghurt!«, antwortete ich ihr.

Der Komiker David Brenner und ich plauderten übers Kuscheln. Ich halte es für sehr wichtig, aber David hasste es.

»Ich mag es nicht, wenn vier Arme im Bett sind. Ich habe schon genug Mühe damit, meine eigenen zwei Arme irgendwo unterzubringen, und dann sind da plötzlich noch einmal zwei. Zwei Minuten Kuscheln sind bei mir das Maximum.«

Aber mir war klar, dass da noch mehr dahinterstecken musste, und ich entlockte David, dass er sich als Junge mit seinem Bruder ein Bett geteilt hatte. Jetzt begriff ich, warum er nicht kuscheln mochte. Er hatte als Kind immer den Wunsch nach einem eigenen Bett gehabt, und selbst wenn er es heute mit einer Frau teilte, mit der er Sex hatte, hegte er noch immer die alte Abneigung gegen ein gemeinsames Bett.

Das Wichtige an dieser Geschichte ist nicht, dass wir etwas über David Brenner erfahren haben, sondern dass jeder, der diesen Beitrag sah und in der Geschichte auch seine eigene erkannte, die Quelle seines Problems verstehen konnte. Noch wichtiger war, dass auch die Partner – die vielleicht unter der Zurückweisung litten und gekränkt waren – plötzlich den tieferen Grund verstanden und die Sache weniger persönlich nahmen. Da David Komiker ist, redete er über das Kuscheln, als ginge es dabei nur um einen Scherz, aber tatsächlich sprachen wir über eine ernsthafte Frage, die bei vielen Paaren weitreichende Folgen haben kann. Kleine Unstimmigkeiten in Dingen wie Kuscheln können zu größeren Problemen führen. Obwohl der Beitrag also dem Anschein nach nur David Gelegenheit bot, seinen Witz unter Beweis zu stellen, könnte er tatsächlich die eine oder andere Ehe von Zuschauern gerettet haben, die meine Sendung sahen. Manchmal braucht man die Hilfe eines Therapeuten oder sogar eines Psychiaters, um solche Themen zu entdecken, und manchmal braucht es dafür nur ein wenig Selbsterforschung.

Ich will aber noch eine Warnung hinzufügen: Sie müssen vieles im Leben mit einem Partner oder einer Partnerin teilen können, aber Sie brauchen nicht alles teilen zu können. Prominente sind von Paparazzi umgeben, aber Sie nicht. Wenn es in Ihrer Vergangenheit Dinge gibt, die Ihre Beziehung untergraben könnten und bisher nicht ans Licht gekommen sind, dann rate ich Ihnen, den Schleier nicht zu lüften. Dabei könnte es um negative Dinge ebenso gehen wie um positive. Ich will Ihnen für beides ein Beispiel geben. Sie sind auf einer Geschäftsreise, gehen mit einem Kollegen oder einer Kollegin zum Abendessen, trinken beide zu viel und landen am Ende im Bett und haben Sex, obwohl Sie beide verheiratet sind. Sie haben keine Gefühle für diese Person, bedauern beide, was vorgefallen ist, und schwören sich, dass Ihnen so etwas nie mehr passieren wird. Erzählen Sie das Ihrem Mann oder Ihrer Frau? Ich sage nein. Ganz gleich, wie Ihr Gegenüber diese Neuigkeit aufnimmt, wird sie auf alle Fälle eine Narbe in Ihrer Beziehung hinterlassen. Sie sind kein Promi, also hat kein Reporter Sie und Ihre Begleitung Arm in Arm in den Aufzug treten sehen. Ihr Geheimnis ist also sicher. Lassen Sie es lieber dabei.

Ihren letzten Liebhaber hatte die Natur sehr großzügig ausgestattet, während Ihr derzeitiger vielleicht ein wenig knapper weggekommen ist. Stört Sie das, wenn Sie Liebe machen? Er ist ein sehr guter Liebhaber, der Sie regelmäßig mit Orgasmen beglückt, also lautet die Antwort: nein. Sollte er Sie fragen, wie es in dieser Hinsicht um Ihren früheren Partner bestellt war, rate ich Ihnen, dass Sie ein wenig flunkern und nichts über die Größe seines Penis verraten. Andernfalls gewinnen Sie nichts, könnten aber Ihrem derzeitigen Partner ein maues Gefühl geben. Es raubt etwas von der Lust, sooft Sie in Zukunft Sex haben. Solange die Chance sehr gering ist, dass das, was Sie verschweigen, herauskommt, ist diese Art von Vertuschung völlig in Ordnung.

~

Nicht jede meiner Sendungen sollte witzig sein. Einmal hatte ich Dr. Mathilde Krim zu Gast, die damals den Kampf gegen AIDS anführte. Als ich mit meinen Radiosendungen begann, war AIDS noch kein Thema. Alle fürchteten sich vor Genitalherpes. Der ist zwar nicht angenehm, führt jedoch nicht zum Tod (allerdings können die dadurch verursachten Hautverletzungen zum Einfallstor für das HI-Virus werden). Aber als ich später meine Fernsehshows machte, war AIDS schon eine sexuell übertragbare Krankheit, die viele, viele Menschen das Leben kostete. Zuerst waren es meist Schwule, aber das war offenkundig nur die Spitze des Eisbergs, und es war dringend nötig, die Öffentlichkeit über die Gefahren von ungeschütztem Sex aufzuklären. Vielleicht waren meine Einschaltquoten nicht ganz so hoch, wenn ich ein Thema wie AIDS ansprach, aber das war mir gleichgültig. Was zählt, ist vielmehr, dass ich vielleicht ein paar Menschen das Leben gerettet habe, indem ich sie dazu brachte, Vorkehrungen zu treffen, die sie andernfalls eventuell nicht getroffen hätten.

Richard Simmons hatte ich damals schon mehrere Male als Gast in der Sendung gehabt. Wie Sie wissen, strahlt dieser Mensch, der in so vielen komischen Produktionen dabei war, im Fernsehen jede Menge Energie aus; und er bereitet sich innerlich schon darauf vor, sobald er das Gebäude betritt. Er hüpft und springt und schreit Worte in voller Lautstärke heraus und versprüht einfach jede Sekunde so viel Energie wie möglich. Richard macht meist für irgendetwas Werbung, wenn er in eine Sendung kommt. Einmal sagte ihm unser Produzent, er solle nicht wieder Propaganda für einen bestimmten Fitness-Riegel machen wie bei seinem letzten Auftritt. Richard versprach es hoch und heilig – aber sobald er vor den Kameras stand, zog er den Riegel aus der Tasche seiner Shorts und legte los. Ich konnte nur noch lachen, denn wissen Sie was? Ich mache es genauso.

Wenn Sie als Gast in eine Show gehen, dann oft, weil Sie für etwas trommeln wollen. Bei mir ist es häufig ein neues Buch, aber es könnte auch eine neue Sendung oder Ähnliches sein. Jedenfalls ist die Sache so gedacht, dass der Gastgeber Ihnen irgendwann eine Frage stellt, die Ihnen ermöglicht, Ihr Anliegen in die Antwort einzubauen. Bei mir kommt es aber oft vor, dass wir anfangen, über Sex zu reden, und der Gastgeber ist ganz fasziniert von dem Thema und weiß auch, dass es gute Einschaltquoten bringt. Und im Handumdrehen sind die fünf Minuten um, und ich bin gar nicht dazu gekommen, mein Anliegen zu lancieren. Nachdem mir das schon mehrmals passiert ist, warte ich gar nicht mehr auf die entsprechende Frage des Moderators. Sobald die Kameras auf mich gerichtet sind, erwähne ich das Buch oder was immer ich anbringen möchte. Ich weiß nicht, ob ich das von Richard Simmons gelernt habe oder nicht, aber sollten Sie je im Fernsehen auftreten und für etwas werben wollen, kann ich Ihnen nur raten: Verlassen Sie sich nicht auf den Gastgeber, wie nachdrücklich man Ihnen auch versichert hat, dass Ihr Produkt, Buch oder Ihre Show den Raum bekommt, der Ihnen wichtig ist. Sie müssen selbst die Initiative ergreifen, denn Sie erhalten ja kein Geld für Ihren Auftritt in der Sendung, Ihr Honorar besteht in der Werbewirkung, deshalb müssen Sie sicherstellen, dass Sie auch dazu kommen.

Ich bekam oft Angebote, mich auch an anderen Shows zu beteiligen. Einmal wurde ich gebeten, als Co-Moderatorin bei der Sendung »Friday Night Videos« mitzumachen. Darüber musste ich wegen des zweiten Moderators lange und gründlich nachdenken, denn das war Ozzy Osbourne. Ich wusste zwar wieder einmal erst gar nicht, wer er war, aber ich machte meine Hausaufgaben. Als ich von einigen seiner Eskapaden auf der Bühne las – zum Beispiel, dass er einmal einem Huhn den Kopf abgebissen hatte –, war ich nicht eben scharf darauf, mit ihm auf einer Bühne zu erscheinen! Vielleicht würde er auch mir den Kopf abbeißen! Aber man versicherte mir, er würde sich benehmen, also stimmte ich zu.

Ozzy und ich wurden auf eine Bühne geschickt, die der Praxis eines Psychiaters glich. Ich saß auf einem Stuhl, und er saß im Schneidersitz auf der typischen Psychiatercouch. Er trug einen Anzug und sah abgesehen von seinen langen Haaren nicht besonders Furcht einflößend aus. Wahrscheinlich fürchtete er sich sogar mehr vor den Fragen, die ich vielleicht stellen würde, als ich mich vor möglichen Aktionen seinerseits. Er entpuppte sich als sehr höflich, aber er sagte, seine »Freunde« hätten ihn gefragt, wie es um das Sexleben von Dr. Ruth bestellt sei, womit er mir auf Umwegen eben diese Frage stellte. Nun stelle ich nicht nur keine persönlichen Fragen, sondern ich beantworte auch keine. Aber für diese Frage habe ich eine Art Standardantwort.

»Ozzy, ich erlaube meinem Mann nie, zu Fernsehauftritten wie diesem mitzukommen. Wissen Sie, warum?«

»Keine Ahnung, Dr. Ruth.«

»Weil Sie ihn nach unserem Sexleben fragen würden, und er würde antworten: ›Hören Sie nicht auf sie. Alles nur heiße Luft.‹«

Die Sendung, bei der ich wirklich mit Begeisterung mitmachte, war »Lifestyles of the Rich and Famous«, denn dank Robin Leach und seinen Produzenten bekam ich Teile der Welt zu sehen, die ich sonst vielleicht nie besucht hätte. Sie schickten mich nach Afrika, Indien und China und kamen für alle Kosten auf. Und wenn ich in Afrika in einem Zelt schlief, dann war es das luxuriöseste Zelt, das man sich vorstellen kann. Viel wichtiger als die Luxusunterkünfte

– die anscheinend die Zuschauer zu Hause sehen wollten – war jedoch für mich die Tatsache, dass ein Produktionsteam sämtliche Arrangements traf. Ich brauchte nur noch zu erscheinen und mich filmen zu lassen und bekam als Gegenleistung dafür einige fabelhafte Reisen, die mich keinen Cent kosteten. (Wenn Sie Prominente klagen hören, wie schwer ihr Promi-Dasein sei, streichen Sie sie aus Ihrer Liste von Lieblingen!)

Ich war befreundet mit Raymond Burr, dem Fernsehpublikum besser bekannt als Perry Mason. Er lebte in Kalifornien, wo er ein Haus mit einem Weinberg hatte, aber er kam regelmäßig nach New York, und dann trafen wir uns. Eines Tages rief er mich an, als es draußen schneite und sagte, ich müsse unbedingt mit ihm zu Mittag essen. Ich gehe in New York möglichst nicht aus dem Haus, wenn es schneit, weil ich weit im Norden in einer hügeligen Gegend wohne, wo die Straßen abschüssig sind, sodass ich ein wenig Angst habe, hinterher nicht mehr nach Hause zu kommen. Aber Raymond ließ nicht locker, und wir trafen uns in einem noblen Fischrestaurant.

Raymond übernahm die Bestellung, was mir recht war. Denn wenn ich mit jemandem in einem Restaurant bin, interessiert mich das Gespräch mehr als das Essen. Wir saßen zu viert am Tisch, und ich hörte nicht, was er dem Ober sagte. Bald darauf wurde eine fünfstöckige Etagere, beladen mit allen möglichen rohen Meeresfrüchten, vor uns abgesetzt, dazu eine Magnumflasche Wein, von der ich nur einen einzigen Schluck trank. Es folgten weitere Gänge, und das meiste landete auf Raymonds Teller. Aber während er aß und trank, machte er mir auch ein Angebot.

»Ruth, ich habe eine großartige Idee für eine Fernsehserie für dich.«

»Dann verrate sie mir, Raymond. Ich bin ganz Ohr.«

»Ich möchte dich als Kapitän eines Schleppers haben. Wir drehen irgendwo bei Vancouver, dort sind die Produktionskosten niedriger. Das wird ein Riesenhit.«

»Kapitän auf einem Schlepper? Warum glaubst du, dass ich mich dafür eigne?«, fragte ich. Ich selbst wäre nie auf die Idee gekommen, mich als Idealbesetzung für diese Rolle anzusehen.

»Ich habe das Drehbuch bekommen, und es ist eine tolle Rolle. Sie verlangt eine Menge Energie – die hast du; dann eine Menge *Chuzpe* – die hast du haufenweise, und ich werde dafür sorgen, dass eine Liebesgeschichte für dich drin ist.«

Ich war vom Schauplatz nicht sehr angetan und werde auch leicht seekrank, daher fand ich eine Fernsehshow, die mich längere Zeit auf einem Schiff festhielt, nicht besonders reizvoll. Aber Raymond kannte mich so gut, dass er meine Schwachstelle getroffen hatte: eine Liebesgeschichte.

Raymond steckte eine Menge Energie in die Verwirklichung dieser Show, aber leider wurde er krank, und das bremste ihn. Als er starb, war das auch das Aus für das Projekt. Für mich war mit das Traurigste an seinen letzten Tagen, dass die Paparazzi irgendwie Wind davon bekommen hatten, wie krank er war, und ihn verfolgten, um ihn möglichst auf dem Weg zum Arzt zu erwischen, während er alles daran setzte, seine Privatsphäre zu schützen. Dass er am Ende seines Lebens zu solchen Spielchen gezwungen war, betrübte mich sehr. Sie sehen also, dass Sie manchmal froh sein können, nicht prominent zu sein (auch wenn Sie, wie schon gesagt, der Star in Ihrem eigenen Leben sind und das nie vergessen sollten).

Ich bin sehr gerne im Fernsehen, weil ich weiß, dass ich dann meine Botschaften einem großen Publikum nahebringen kann. Ich selbst sehe gelegentlich fern, aber nicht oft. Laut mehrerer Studien verbringt der durchschnittliche Amerikaner täglich mehr als fünf Stunden vor dem Fernseher. Für mich ist das der beste Weg, die Lust im Leben zu ersticken. Fernsehen kann manchmal unterhaltsam sein, manchmal auch bildend, aber es ist grundsätzlich eine passive Beschäftigung. Natürlich kann man bei einer Quiz-Show zusammen mit den Kandidaten raten, und wenn man ein Interview von Charlie Rose sieht, kann man auch etwas lernen. Aber überwiegend sind Sie vor dem Fernseher einfach nur da, Sie leben nicht wirklich und entwickeln sich als Person nicht weiter. Ich gebe Ihnen daher den Rat, das Fernsehen nicht als Krücke zu benutzen. Wenn etwas kommt, das Sie wirklich gerne sehen möchten, nur zu, aber schalten Sie nicht einfach den Apparat ein, weil Sie Langeweile haben und Gesellschaft suchen. Ihr Fernseher ist nicht Ihr bester Freund, und je weniger Zeit Sie davor verbringen, desto größer wird die Freude in Ihrem Leben.

KAPITEL 8

Mit Kreativität und Lehrauftrag in Princeton und Yale

Hören Sie nie auf zu lernen

Da ich als Dr. Ruth bekannt bin, wissen Sie schon, dass ich einen Doktortitel habe, und zwar einen EdD (*Doctor Educationis, Doctor of Education*) vom Teachers College der *Columbia University*. Geht man weiter in meiner akademischen Karriere zurück, habe ich auch einen Master in Soziologie von der *New York School for Social Research*. Noch etwas weiter zurück und Sie entdecken, dass ich … einen College-Abschluss habe? Nein, denn ich habe zwar an der Sorbonne vier Jahre lang Psychologie studiert, aber keinen Abschluss erworben, ehe ich Frankreich verließ. Etwas wie ein Abiturzeugnis? Auch nicht, ich habe nur dieses fabelhafte Schweizer Diplom für Hauswirtschaft. Und wenn Sie den ganzen Weg bis zur Grundschule zurückgehen, ist der Schrank völlig leer. So sieht eine Sammlung von Zeugnissen aus, wenn man in Kriegszeiten aufwächst. (Übrigens bin ich nicht einfach ohne jegliches Zeugnis in die *New York School* hineinspaziert. Sie verpflichteten mich, einige zusätzliche Kurse zu belegen, um mich für die Graduate School zu qualifizieren.)

Weil mich das Schicksal um eine ordentliche Ausbildung gebracht hat, lege ich größeren Wert auf Bildung als viele andere. Andererseits ist mir deshalb auch klar, dass sie nicht unbedingt immer von der akademisch-offiziellen Art sein muss. Es gibt viele Wege, seinen Horizont zu erweitern, und für mich gehört zu den besten: das Unterrichten. Ich tue das sehr gern, und das war schon immer so, angefangen bei meinen Aufgaben als Erzieherin in Kindergärten in Israel und Frankreich bis hin zum Unterricht für graduierte Studenten, den ich heute halte. Aber einige Höhepunkte meiner Lehrerfahrung fanden erst zu einer Zeit meines Lebens statt, zu der die meisten Leute längst aufgehört hätten, in einem Raum voller Studenten zu stehen. Ich habe im Laufe der Jahre an verschiedenen Colleges im Gebiet von New York gearbeitet, aber erst 2003, als ich fünfundsiebzig wurde, bin ich zu den Elite-Universitäten im Nordosten der USA, der sogenannten Ivy League, aufgestiegen. Zuerst nach Princeton, dann nach Yale, und eine Zeit lang lehrte ich sogar an beiden gleichzeitig. Sie hätten meine Rechnungen vom Limousinen-Service sehen sollen!

Auf den meisten Gebieten bin ich kein Snob. Ich war begeistert von dem, was Nate Berkus mit meiner Wohnung gemacht hat (mehr darüber im übernächsten Kapitel), aber erinnern Sie sich, dass ich nie von Washington Heights weggezogen bin, etwa hinunter in eine der schicken Gegenden von Manhattan. Ich mag schöne Kleider, aber ich trage sie immer und immer wieder. Ich esse in noblen Restaurants, aber auch an einem Hotdog-Stand an einer Straßenecke. Sie verstehen schon. Aber beim Thema Bildungseinrichtungen gebe ich zu, dass ich von der Ivy League beeindruckt bin. Daher war die Tatsache, dass Ruth K. Westheimer, die nicht einmal ein Abiturzeugnis besitzt, an zwei dieser Universitäten gleichzeitig lehrte, ein Erfolgserlebnis sondergleichen für mich. Ich fühlte mich ein ganzes Stück größer!

Sie kennen bestimmt den Spruch: »Wer etwas kann, tut es. Wer es nicht kann, lehrt es.« Das ist Unsinn. Für mich hat Lehren etwas mit Lernen zu tun, und das erfordert eine Menge Können. Wenn Sie in Ihrem Fach nicht Bescheid wissen, sorgen die Studenten unweigerlich dafür, dass Sie sich ganz klein fühlen, wenn Sie abends nach Hause gehen. Und da ich möchte, dass meine Studenten mich bewundern, bereite ich mich gründlich vor, damit ich ihnen in meinen Stunden garantiert etwas Wertvolles zu bieten habe.

Warum ich mit sechsundachtzig Jahren noch gerne unterrichte, ist ganz einfach: Wenn Sie ein gewisses Alter erreicht haben, bietet Ihnen die Gesellschaft von Gleichaltrigen nicht mehr so viel Neues. Viele Ältere haben den Blick mehr nach innen gerichtet als nach außen. Unter anderem deshalb, weil sie sich fragen, welche Teile ihres Körpers ihnen jetzt schon wieder den Dienst versagen, sodass sie sich mehr auf ihre Gallenblase oder ihr Knie konzentrieren als auf die Außenwelt. Und manche sehen auch keine rechte Zukunft mehr für sich, deshalb liegt ihnen nicht mehr viel daran, ihren Horizont zu erweitern. Für mich trifft das Gegenteil zu. Je weiter mein Horizont ist, desto mehr Möglichkeiten habe ich meines Erachtens, dem Zeitgott Kronos ein Schnippchen zu schlagen. Ich bin lieber in einem Raum voll frischer junger Gesichter als in einem, wo die Runzeln überwiegen. Und je heller die Köpfe meiner Zuhörer, desto mehr lerne ich am Ende von ihnen.

In meinen Seminaren steht – wie könnte es anders sein – Lebenslust auf dem Stundenplan. Ich verbiete sämtliche elektronischen Geräte. Ich möchte, dass alle Studenten ihre Aufmerksamkeit auf mich richten, nicht auf irgendein Display. Und alle machen mit. Man kann keinen guten Sex haben, wenn man dabei eine Zuschauerhaltung einnimmt, und lernen kann man so auch nicht.

Aber in diesem Buch geht es ebenso sehr um Sie wie um mich – man braucht nicht vor einer Klasse zu stehen, um etwas zu lehren. Wenn Sie junge Leute in der Familie haben, dann sorgen Sie dafür, dass Sie ihnen ein paar Weisheiten weiterreichen. Aber tun Sie es nicht so, dass es sie zu Tode langweilt. Angenommen, Sie wollen Ihrer Enkelin ein paar von Ihren Lieblingsrezepten beibringen. Fordern Sie sie auf, mitzuhelfen und sich die Hände schmutzig zu machen. Erzählen Sie etwas aus der Familiengeschichte, solange das Gericht im Backofen schmort. Sorgen Sie für Lebendigkeit und

Spaß, damit die Enkelin gerne wiederkommt. Und je mehr eigenes Leben Sie in jede Lektion packen, desto mehr Spaß werden auch Sie selbst haben.

New Haven ist nicht weit von New York City entfernt, aber ich habe einen ziemlich großen Umweg gemacht, um dorthin zu gelangen. Ich war bei einer Gedenkfeier für Yitzhak Rabin, den ermordeten Ministerpräsidenten von Israel, im Madison Square Garden. Bei dieser Veranstaltung spielte eine junge israelische Cellistin, Inbal Megiddo, ganz allein vor Zehntausenden von Menschen außerordentlich anrührend das *Kaddish* von Joachim Stutschewsky. Das war ein so ergreifender Moment dieser Feier, dass ich sie hinterher aufsuchte und ihr sagte, wie sehr mich ihre Musik bewegt hatte. Inbal studierte damals in Yale, und später kontaktierte sie mich und fragte, ob ich bei einem Master's Tea im *Calhoun College* sprechen würde, einem der zwölf *Residential Colleges*, in die Yale gegliedert ist. Es dauerte so lange, bis ich es einrichten konnte, dorthin zu gehen, dass sie ihr Studium schon erfolgreich abgeschlossen hatte, als die »Teestunde« dann wirklich stattfand. Aber für mich hätte das Timing nicht besser sein können.

Pierre brachte mich an einem herrlichen Frühlingstag dorthin. Die meisten Studenten saßen auf den weitläufigen Rasenflächen, spielten Frisbee und genossen die Sonne. Im *Calhoun College* lernte ich den *Master*, William Sledge, und seine Frau Elizabeth kennen. Die große Bibliothek, in der ich sprechen sollte, war vollgepackt mit Studenten, die mich begeistert begrüßten und hinterher sehr kluge, aber auch freimütige Fragen stellten wie etwa: »Welche Auswirkungen hat Ihrer Meinung nach die Erosion der Homophobie auf heterosexuelle Beziehungen?« Oder: »Wie kann es ein Mann beim Geschlechtsverkehr vermeiden, mit dem Penis an den Gebärmutterhals zu stoßen?« Solche Fragen von sehr intelligenten Studenten fordern einen heraus, weil man keine Antwort geben darf, die unter dem Niveau der Frage liegt.

Anschließend gingen wir in den Speisesaal, wo das Gespräch mit den Studenten weiterging. Pierre und ich saßen beim Ehepaar Sledge. Bill ist Psychiater, und er und Elizabeth hatten die Aufgabe übernommen, die Elitestudenten zu betreuen, die im *Calhoun*-Wohnheim lebten. Bill besitzt eine lange Reihe ehrenvoller Qualifikationen, unter anderem ist er auch medizinischer Direktor des *Yale-New Haven Psychiatric Hospital.* Er kommt aus den Südstaaten und bezaubert einen mit dem Charme seines schleppenden Südstaatler-Akzents, kombiniert mit einem schnellen, scharfen Intellekt. Ich sah ihm an, dass er intensiv über etwas nachdachte, und als das Dessert serviert wurde, ergriff er das Wort.

»Dr. Ruth, Ihre Vorlesung heute Nachmittag war ein sehr gutes Beispiel dafür, wie man die Aufmerksamkeit unserer Studenten fesselt.«

»Mein Thema trägt sicherlich dazu bei, dass sie bei der Sache bleiben.«

»Mag sein, aber ich kenne so manchen Professor, der eine Vorlesung über Sex halten könnte, die selbst den sexbesessensten jungen Mann im Publikum dazu bringen würde, lieber über sein Anthropologie-Referat nachzudenken.«

»Im Talmud heißt es, eine mit Humor erteilte Lehre bleibe im Gedächtnis haften, und wenn ich irgendwo spreche, halte ich mir das immer vor Augen.«

»Dr. Ruth, ich überlege gerade, ob Sie mit Ihren vielfältigen Fähigkeiten vielleicht bereit wären, diesen Campus etwas regelmäßiger mit Ihrer Anwesenheit zu beehren.«

»Sie meinen, einen Kurs zu geben?«

»Genau das meine ich.«

»Sie wissen, dass ich schon ein Seminar in Princeton gebe.«

»Bei allem Respekt für meine Kollegen in New Jersey bin ich der Meinung, dass Ihnen New Haven ebenso viel zu bieten hat.«

»Ihr Vorschlag gefällt mir, aber lassen Sie mich auch einen machen. Da ich einen vollen Terminkalender habe, könnte ich Unterstützung in meinem Kurs gebrauchen. Wären Sie bereit, die Pflichten dieses Kurses mit mir zu teilen, wie immer das dann im Einzelnen aussieht?«

»Dr. Ruth, auf die Idee, das Vortragspult mit Ihnen zu teilen, wäre ich nicht gekommen, aber es wäre mir eine Ehre.«

Also teilte ich am Ende die Lehrverpflichtungen meines Kurses in Yale mit Bill, doch da er wegen seiner Aufgaben am Krankenhaus ebenso beschäftigt war wie ich, holten wir einen weiteren Dekan von Yale als Dritten im Bunde dazu und bildeten eine Troika. Es war Steve Lassonde (der inzwischen *Dean of Student Life* in Harvard geworden ist). Als dieses Team stand, brauchte ich nur jede dritte Vorlesung zu halten und somit vorzubereiten. Aber ich war immer bereit, die Fragen unserer Studenten im Anschluss an den Unterricht zu beantworten, die – wie Sie sich vorstellen können – nichts mit dem jüdischem oder amerikanischem Familienleben zu tun hatten, das laut Vorlesungsverzeichnis Gegenstand unseres Seminars war, sondern vielmehr mit »Blumen und Bienen«.

Später gab ich zusammen mit Rabbiner James Ponet, der in Yale lehrte, einen Kurs über Sexualität und die jüdische Tradition; das war das Thema, das ich in Princeton allein unterrichtete. Aber an beiden Institutionen beschränkte ich meine Weiterbildung nicht auf das, was ich von meinen Studenten lernen konnte. Ich ging stets einen ganzen Tag hin und hörte mir andere Vorlesungen an oder ging am Abend in ein Konzert oder eine Theateraufführung. Schließlich war ich hier an Universitäten, für deren Besuch Studenten 50 000 Dollar bezahlen, zum Teil gerade wegen dieser Aktivitäten, die außerhalb des Lehrplans stattfinden. Daher war ich nicht gesonnen, sie mir entgehen zu lassen, wenn ich schon Gelegenheit hatte, daran teilzunehmen.

Ich kann über die Jahre, in denen ich in Yale unterrichtete, nicht sprechen, ohne die Beatles zu erwähnen. Obwohl ich dem Titel nach nur *Lecturer* war, versäumte ich es nie, an den Graduierungsfeiern teilzunehmen. Ich liebe Glamour, und wenn ich bedenke, wie viel mein Talar und Barett von der *Columbia University* mich gekostet haben, als ich graduierte, versuche ich stets, diese Kosten zu amortisieren, so oft sich die Gelegenheit dazu bietet. Im Jahr 2008 zeichnete Yale Sir Paul McCartney mit dem Ehrentitel *Doctor of Music* aus. Ich sorgte dafür, dass ich einen Platz direkt am Gang bekam, und als Sir Paul zur Bühne ging, um seine Urkunde entgegenzunehmen, stand ich auf, und er entdeckte mich.

»Dr. Ruth!«, rief er aus.

»Singen Sie mir etwas!«, rief ich zurück.

Also stoppte Sir Paul die Prozession, kam zu mir, beugte sich zu mir herab und sang: *»She loves you, yeah, yeah, yeah.«* Zufällig war ein Fotograf von *AP* in der Nähe, und das Bild von diesem Moment ging um die ganze Welt. – Ein bisschen schlechtes Gewissen hatte ich schon, weil ich die ganze Graduierungs-Prozedur aufgehalten hatte, andererseits war es eines meiner Westheimer-Manöver, das ich nie vergessen werde!

~

Die meisten Universitäten erlauben Leuten, die nicht zur Fakultät gehören, nur für eine begrenzte Anzahl von Semestern, dort Kurse zu geben. Ich dehnte meine Zeit sowohl in Yale als auch in Princeton auf sechs Jahre aus, aber irgendwann hat alles ein Ende. Ganz aufgehört habe ich mit dem Unterrichten deswegen aber nicht. Derzeit gebe ich an meiner früheren Alma Mater, dem Teachers College der *Columbia University*, einen Kurs über Familie und Medien, und wie immer bringen mir meine Studenten in jeder Unterrichtsstunde etwas bei. Aber wie ich schon sagte, muss etwas lehren nicht unbedingt heißen, dass man in einem Klassenzimmer steht. Ein weiterer Weg, den ich eingeschlagen habe, um mehr Menschen zu erreichen, als ich das in einem Unterrichtsraum je könnte, sind Dokumentarfilme. Doch ehe ich davon berichte, möchte ich noch einen anderen berühmten Ort akademischen Lernens erwähnen: Oxford.

Ich wurde eingeladen, an einer der Debatten teilzunehmen, die wie ein sportlich-intellektueller Wettkampf geführt werden und für die Oxford so berühmt ist. Normalerweise debattiere ich nicht gerne, denn meist ist das Ergebnis am Ende, dass niemand seine Meinung ändert. Aber diese Chance konnte ich nicht vergeben. Das Thema war Abtreibung und Sexualerziehung. Nun wünschte ich mir zwar, dass es keine Abtreibungen gäbe, aber ich bin auch sehr dafür, dass Frauen das Recht eingeräumt wird, über ihren Körper zu bestimmen. Doch dieses Thema wühlt immer und auf allen Seiten heftige Emotionen auf. Ich verliere nicht gerne, und anscheinend wollte das Schicksal mir ersparen, diese Debatte zu verlieren. Das Team, das meinem gegenüberstand, wurde von einer sehr bekannten irischen Katholikin angeführt, die strikt gegen Abtreibung und Sexualerziehung war. Durch Zufall – oder vielleicht auch aufgrund einer göttlichen Fügung – lernte ich in New York ihre Schwester kennen, ehe ich nach England flog. Die beiden Schwestern hassten einander, und zwar sowohl wegen ihrer gegensätzlichen politischen Haltung als auch wegen einer wenig erbaulichen Familiengeschichte. Als sie erfuhr, dass ich mit ihrer Schwester debattieren würde, war sie mehr als bereit, mir jeden erdenklichen Vorteil zu verschaffen. Wir verabredeten uns im Palm Court im *Plaza Hotel* zum Tee, und in diesem eindrucksvollen Raum, in dem im Hintergrund eine Harfenistin spielte, packte sie alles aus, was ihr einfiel. Die hilfreichste Information für mich war jedoch: »Meine Schwester ist Trinkerin. Sie trinkt gerne ein Glas Wein und dann ein zweites und drittes. Unter den gegebenen Umständen wird sie sich bemühen, nüchtern zu bleiben. Aber es fällt ihr nicht leicht, wenn irgendwo eine Flasche Wein in der Nähe ist.« Ich sagte kein Wort dazu, aber ich lächelte vor mich hin. Ich hatte alles gehört, was ich wissen musste.

Die *Oxford Union* ist wahrscheinlich der berühmteste Debattierclub der Welt. Bis heute blieb sie unabhängig von der Universität, damit sie die Freiheit behält, über jedes beliebige Thema debattieren zu können, auch über strittige Fragen. Für mich steht sie für die beste Tradition im britischen Bildungssystem. Als ich das eindrucksvolle gotische Gebäude betrat, in dem sie ihren Sitz hat, lief mir ein Schauer über den Rücken, weil ich an all die illustren Persönlichkeiten dachte, die vor mir hier gewesen waren. Vor der eigentlichen Debatte findet immer ein Dinner im MacMillan Room statt, an dem beide Teams teilnehmen. Dieser Speisesaal ist zwei Stockwerke hoch, hat zwei Reihen Fenster übereinander und eine Decke mit Holzbalken. Ich hatte so viel Geschirr und Besteck vor mir, dass ich etwas nervös wurde und fürchtete, irgendwann während des Essens zum falschen Löffel oder zur falschen Gabel zu greifen. Vor mir sah ich aber auch den Schlüssel zu meinem Sieg: ein Weinglas.

Im Laufe des Dinners brachte ich einen Toast nach dem anderen aus. »Auf Oxford.« »Auf die Queen.« »Auf das Debattieren.« Ich hob jedes Mal mein Glas, aber kein Tropfen Wein kam über meine Lippen. Meine Gegnerin musste hingegen mehrmals darum bitten, dass man ihr Glas nachfüllte. Als das Dinner vorüber war, stand der Ausgang unseres Wettkampfs bereits fest. Ein Höhepunkt der Debatte war, als ein Mitglied des anderen Teams, ein junger Mann, das Wort ergriff. »Als Medizinstudent weiß ich über Anatomie Bescheid, und Sexualerziehung brauche ich nicht, weil ich noch unberührt bin und das auch bleiben will, bis ich heirate.« Vermutlich dachte er, ich würde ihn deswegen attackieren oder mich über ihn lustig machen, denn auch hier machte die Gegenseite wieder den Fehler, mich falsch einzuschätzen und für irgendwie sexuell abartig zu halten. »Junger Mann«, sagte ich, »es ist sehr lobenswert, dass Sie bis zur Ehe jungfräulich bleiben wollen. Als praktizierende Jüdin finde ich es völlig in Ordnung, wenn jemand unberührt ist und mit dem Sex bis zur Ehe warten möchte. Aber ebenso, wie Sie keinen

Patienten versorgen würden, ohne eine angemessene Ausbildung zu haben, glaube ich, dass Sie auch nicht zum ersten Mal mit Ihrer Frau zu Bett gehen sollten, ohne auch hier genau zu wissen, was Sie tun sollten, um ihr die größte Lust zu bereiten.« Natürlich tobte das Publikum daraufhin. Ein Punkt für uns.

Meine Hauptgegnerin, die irische Katholikin, hatte Mühe, ihre Gedanken zusammenzuhalten. Ich hatte Videos von einigen ihrer Fernsehauftritte gesehen und wusste, dass sie ein paar sehr überzeugende Argumente hatte, die sie wortgewandt vertreten konnte. Aber als sie an jenem Abend zum ersten Mal den Mund aufmachte, sah ich, dass der Wein sich beträchtlich auf ihre Fähigkeit ausgewirkt hatte, klar zu denken. Das Publikum entscheidet, welches Team gewonnen hat. Es stimmt ähnlich ab wie in den *Houses of Parliament:* Die Leute gehen entweder durch die »Ja-Türe« oder durch die »Nein-Türe« hinaus. Ich passte gut auf, als die Leute den Raum verließen, und die große Mehrheit ging durch den Ausgang für diejenigen, die meine Seite der Debatte favorisierten. Wieder ein erfolgreiches Westheimer-Manöver!

Bitte verstehen Sie mich nicht falsch. Ich habe nichts gegen Alkohol. Ich empfehle durchaus ein Glas Wein oder auch zwei, um Hemmungen abzubauen, ehe man Sex hat. Ich brachte sogar einmal ein eigenes Sortiment von Weinen mit geringem Alkoholgehalt heraus, *Vin d'Amour*. Aber wer zu viel Alkohol genießt, wird am Ende eher einschlafen, als wunderbaren Sex zu haben, und womöglich auch noch verkatert aufwachen.

Viel zu viele Leute brauchen anscheinend Alkohol oder Drogen, damit sie sich vergnügen können. Das finde ich sehr traurig. Ich sage nicht, dass diese Substanzen keine lustvollen Seiten haben, aber wenn sie zur Voraussetzung dafür werden, dass jemand Spaß hat, dann stimmt etwas nicht. Erinnern Sie sich, wie ich anfangs erwähnte, dass kleine Kinder, die vor Lebenslust quietschen, ein perfektes Beispiel für *Joie de vivre* sind? Kleinkinder brauchen keine Freizeitdrogen, seien sie legal oder illegal, außer vielleicht Muttermilch. In diesem

Alter können sie einfach ihren Gefühlen freien Lauf lassen. Wenn Sie Alkohol oder Drogen brauchen, um loszulassen oder freudige Gefühle zu akzeptieren, dann sehen Sie das als Zeichen dafür an, dass etwas nicht stimmt, und schauen Sie, ob Sie es in Ordnung bringen können. Es könnte Sie selbst oder Ihre Beziehung oder auch etwas ganz anderes betreffen. Alkohol und Drogen sollten höchstens ein wenig nachhelfen, dass es gut läuft. Wenn sie eine Art Ersatzvergnügen für die eigentlichen schönen Dinge des Lebens werden, dann ist das nicht Spaß – sondern Angst vor dem Leben.

Nun aber endlich zu den Dokumentarfilmen. Ich wollte nicht von vornherein Sexualtherapeutin werden, und doch war ich am Ende ziemlich gut auf diesem Gebiet. Dokumentarfilme zu machen, stand eigentlich genauso wenig auf meiner ursprünglichen To-do-Liste. Inzwischen habe ich aber sechs Filme produziert. Und wer weiß, vielleicht kommt noch ein siebter hinzu. Was mich auf dieses neue Gleis brachte, war der letzte große Exodus von äthiopischen Juden, die im Mai 1991 nach Israel ausgeflogen wurden. Als ausgebildete Soziologin erkannte ich, dass das ein einzigartiger historischer Augenblick war. Diese Äthiopier kamen aus einer sehr rückständigen Gesellschaft und wurden schlagartig in eine sehr moderne hineingestellt. Das würde sie in vielfältiger Weise und innerhalb sehr kurzer Zeit verändern. Ein solches Ereignis würde sich wahrscheinlich auch nie mehr wiederholen. Israel akzeptierte diese Einwanderer aus dem einen einzigen Grund, dass sie eine bestimmte, sehr archaische Form des Judentums praktizierten. Das bot die einmalige, unwiederholbare Gelegenheit, zu beobachten, was geschah, wenn diese Menschen im 20. Jahrhundert ankamen. Sobald ich das erkannt hatte, beschloss ich, mich auf die Herausforderung einzulassen, die Integration der äthiopischen Juden in den Staat Israel zu dokumentieren.

Natürlich bin ich nicht das, was man unter einer Filmemacherin sonst so versteht. Aber wenn ich es mir in den Kopf gesetzt habe, kann ich sogar Regenmacherin sein. Anders gesagt: Ich habe eine Reihe von Talenten vor einer Kamera, aber null Talent dahinter. Meine Aufgabe besteht vielmehr darin, ein Konzept für den Dokumentarfilm zu entwerfen; jemanden zu suchen, der das Fachwissen hat, ein Drehbuch zu schreiben und den Film zu drehen; und dann ein wenig zu zaubern, um das Geld für die Durchführung des Projekts aufzutreiben. Das Zaubern ist deshalb notwendig, weil Dokumentarfilme kein Geld einbringen. Oft genug kommen nachher nicht einmal die Produktionskosten wieder herein. Und wenn sie ins landesweite Fernsehen kommen, dann kostet das sogar noch einmal Geld. Warum also finanziert irgendjemand so ein Fass ohne Boden? Vielleicht, um seinen Namen im Abspann vorbeihuschen zu sehen. Ich weiß es nicht, denn ich würde niemals mein Geld in einen fremden Dokumentarfilm stecken. Ich habe nicht Geld wie Heu, das ich zum Fenster hinauswerfen könnte, aber ich verstehe mich darauf, reiche Leute zu bitten, dass ich etwas von ihrem Geld zum Fenster hinauswerfen darf, um meine Projekte zu verwirklichen.

Der Dokumentarfilm hieß »Surviving Salvation« (zu Deutsch so viel wie »Die Rettung überleben«), und als Regisseur gewann ich dafür den Oscar-Preisträger Malcolm Clarke (der übrigens auch 2014 wieder einen Oscar gewonnen hat). Zusätzlich zu dem Film, der später vom amerikanischen Bildungssender PBS ausgestrahlt wurde, entstand auch ein Begleitbuch, das ich zusammen mit einem Professor der *Hebrew University*, Steve Kaplan, schrieb. Und das Cover dieses Buches illustriert die Geschichte sehr gut.

Auf dem Cover sind zwei Fotos von einer Familie zu sehen. Auf dem einem stehen die Älteren alle vorn, gekleidet in ihre traditionellen Gewänder, und die Jüngeren sind weiter hinten, wie es sich in der Gesellschaft, aus der sie kommen, gehört. Dort gebührt den Älteren Respekt. In ihrer alten Heimat waren die *Beta Israel*, wie sie sich nannten, auf ihre ersten grauen Haare stolz, denn sie sind für sie ein Zeichen dafür, dass jetzt ihr Ansehen in der Gesellschaft steigt. Wenn man das Buch auf den Kopf stellt, sieht man das zweite Foto. Auf dem stehen die jungen Leute vorn und tragen Jeans und Turnschuhe, während die Älteren in den Hintergrund gewandert sind. Es wurde nur sechs Monate später aufgenommen, was die einschneidende Veränderung illustriert, die bei diesen Menschen stattgefunden hatte. Die Älteren konnten sich nicht mehr so gut an ihre neue Umgebung angleichen, während die Jungen – obwohl sie aus denselben rückständigen Dörfern kamen – sich viel schneller anpassten, sodass die sozialen Normen auf den Kopf gestellt wurden. Die Älteren konnten jetzt nicht mehr die Leitfiguren sein, sondern waren darauf angewiesen, dass die Jüngeren ihnen den Weg zeigten.

Aber die Umkehr der Rollen in den beiden Gesellschaften geht noch viel tiefer und betrifft nicht allein das Alter. In Äthiopien kamen die Männer an erster Stelle und genossen größeren Respekt. Eine Frau musste sich einem Mann immer unterordnen. Als die äthiopischen Juden nach Israel kamen, sahen sie sich plötzlich damit konfrontiert, dass sie fast ausschließlich von Sozialarbeiter*innen* betreut wurden. Wie sollten sie damit umgehen? Die Sozialarbeiterin war eine Autoritätsperson und konnte über das Schicksal des Mannes entscheiden. Etwa darüber, wo er und seine Familie künftig leben würden, und noch über vieles andere, doch aufgrund seiner Erziehung glaubte er, *sie* solle *ihm* gehorchen.

Ganz ähnliche Situationen entstanden, als ich den Dokumentarfilm machte. Da stellte ich, eine Frau, Fragen an die Männer der *Beta Israel* (natürlich mithilfe eines Dolmetschers). Wäre ich eine Frau in Äthiopien gewesen, hätten sie mich nicht einmal angehört, aber jetzt in Israel wussten sie nicht recht, wie sie reagieren sollten. Und das insbesondere deshalb, weil ich sozusagen in ihren Raum eindrang, indem ich ihnen persönliche Fragen stellte. Es gab einen Mann, der vielleicht vierzig Jahre alt war – womit er zu den Älteren gehörte –, traditionell gekleidet in ein fließendes langes Gewand und mit einem Tuch um den Kopf, das nach alter Väter Sitte gewickelt war. Und da war ich, in einem Rock (da ich wusste, dass die Hosen, die ich normalerweise trage, nicht als passend angesehen worden wären) und einer Bluse mit kurzen Ärmeln, weil es über dreißig Grad warm war.

»Wie kommen Sie mit dem Leben in Israel zurecht?«, fragte ich ihn. Für mich als Soziologin war das eine harmlose Frage. Aber schon allein, weil ich eine Frau war, widerstrebte es ihm, Kritik zu äußern. Denn das hätte er als Zeichen von Schwäche gegenüber dieser Frau angesehen, die noch dazu aufgrund ihrer Größe ganz unten in der Rangordnung angesiedelt war. Er blickte einen Moment auf mich herab, überlegte kurz, wer ihm diese Frage gestellt hatte, und sagte: »Vielen Dank.« Es ging nicht darum, dass er die Frage nicht verstand, sondern dass er jemandem wie mir keine ehrliche Antwort darauf geben konnte. Deshalb wich er aus.

Als ich vor vielen Jahren in Israel gelebt hatte, hatte es zu meinen Aufgaben gehört, Kinder aus dem Jemen zu unterrichten, die ebenfalls zu einer Immigrantengruppe gehörten. Mit Kindern umzugehen, ist immer leicht, aber ich musste auch lernen, mit ihren Eltern zurechtzukommen – die mir ebenso wie dieser äthiopische Mann nicht recht trauten. Der Schlüssel zur Verständigung ist Geduld, dann kommt die Botschaft irgendwann an. Nun bin ich aber ein ungeduldiger Mensch, und so brauchte ich ziemlich lange, um diese Lektion zu lernen. Doch als ich sie endlich begriffen hatte, saß sie ein für alle Mal. Folglich antwortete ich in diesem Fall entsprechend: »Vielen Dank!«, und fuhr dann mit fester Stimme fort: »Wie kommen Sie mit dem Leben in Ihrem neuen Land zurecht?«

Er merkte, dass ich keine Anstalten machte, wegzugehen. Also berichtete er mir langsam von einigen der Schwierigkeiten, die er hatte, wie etwa, dass er in einer kleinen Wohnung mehrere Stockwerke über der Erde wohnte. Das war für ihn, der früher Ziegenhirte gewesen und immer gewohnt war, direkten Kontakt zur Erde zu haben, sehr unangenehm. Unser Gespräch dauerte ziemlich lange. Ich entlockte ihm mehr und mehr, und er begann mich allmählich nicht mehr als Frau anzusehen, sondern als eine Person mit einer gewissen Autorität, der Respekt gebührte. Tatsächlich lernten die äthiopischen Männer, alle Frauen in Autoritätspositionen, denen sie begegneten, so zu behandeln. Es gelang ihnen, sie zu »entsexualisieren« und in ihrem Kopf eine neue Kategorie zu bilden.

Außer diesem Dokumentarfilm über die *Beta Israel* habe ich auch einen über die Drusen, die Beduinen und die Tscherkessen in Israel gemacht. Erkennen Sie das Muster? Wenn Sie mit einem Minibudget einen Dokumentarfilm machen wollen und sich keine Regentage leisten können, brauchen Sie gutes Wetter. Und während der Sommermonate in Israel ist ein verregneter Drehtag so wahrscheinlich wie ein Slam Dunk von Ruth Westheimer beim Basketball. Außerdem kann man dort ein Drehteam für einen wesentlich günstigeren Preis anheuern. Und vor allem bedeutet es, dass die Produzentin mehrere Wochen in dem Land verbringen kann, das sie liebt, und dabei von Herren herumchauffiert wird, die so ziemlich alles bereitwillig tun, was sie von ihnen verlangt.

Doch während Israel aus praktischen Gründen ein exzellenter Drehort sein mag, ist das eigentliche Thema meiner Dokumentationen immer die Familie. Da ich meine eigene Familie verloren habe, weiß ich ihre Bedeutung außerordentlich zu schätzen und möchte der Welt durch diese Filme zeigen, wie unterschiedlich das Familienleben von Menschen aussehen kann. Bei »The Olive and the Tree«, dem Film über die Drusen, war die zentrale Frage, wie diese Menschen ihre kulturelle Identität wahren können, obwohl sie in einem Land leben, in dem sie eine winzige Minderheit darstellen. In »Shifting Sands« wollte ich zeigen, wie sich die arabischen Beduinenfrauen weiterentwickeln und wie das ihre Gesellschaft beeinflusst.

Traditionell konnte eine Beduinin niemals allein einen Mann treffen. Sie riskierte sogar ihr Leben, wenn sie das tat. Auch für mich war es nicht ganz unproblematisch, mit den Beduinen zu sprechen, obwohl es stets in einer Gruppe geschah. Selbst eine »alte« Frau wie mich konnte man nicht mit einem Beduinen allein lassen. Auch das Setting war ihnen unangenehm, weil die mehrheitlich dem Islam folgenden Beduinen sich in den Häusern nicht wohlfühlen, die ihnen der Staat Israel aufzwingt. Die ältere Generation blickt voller Sehnsucht auf ihr früheres Nomadenleben zurück. In einem Haus zu sitzen und zusammen eine Tasse Kaffee zu trinken, statt auf Kissen vor einem Zelt, ist nicht das, was sich diese Beduinen vom Leben wünschen.

Hussein a-Rafayah trug die traditionelle Kopfbedeckung, und seine Haut war olivbraun. Er bot mir Kaffee an, aber nicht so, wie er das bei einem Mann machen würde. Ich bekam eine Tasse, und das war's. Als Frau habe ich nicht mehr verdient. Ein Mann würde zuerst ein klein wenig eingeschenkt bekommen, aber dann würde ihm mehrmals nachgeschenkt. Und das, so oft er möchte. Alles, was die Beduinen tun, richtet sich nach den Traditionen, zumindest bei der älteren Generation. Ich fragte Hussein, ob es ihm jetzt besser gehe als früher. Er schaute mich mit traurigen Augen an, und ehe er antwortete, seufzte er tief, was mir schon ohne Worte sagte, dass ich nie begreifen würde, was es hieß, ein Beduine zu sein. »Sie schauen sich dieses Zimmer an und sagen sich: ›Hier ist ein moderner Beduine, ein glücklicher Beduine, zufrieden mit dem modernen Leben und seinen Annehmlichkeiten.‹ Falsch. Ich bin kein glücklicher Beduine. Ich habe mich nicht angepasst, ich habe mir dieses Leben nicht ausgesucht. Ich fühle mich in meinem eigenen Haus wie im Gefängnis. Ich vermisse noch immer das Nomadenleben in der Wüste. Ich träume von dem Tag, an dem ich im Land meiner Großeltern aufwache, ohne Bücher und fließendes Wasser, ohne ein Dach aus Stein über meinem Kopf – aber als freier Mensch.«

In einem Punkt hatte er auf alle Fälle recht: Ich selbst möchte niemals in einem Zelt mitten in der Wüste leben. Und das ist nicht einfach nur so dahingesagt, sondern ich spreche aus Erfahrung, weil ich tatsächlich eine Weile in einem Zelt gelebt habe, als ich das erste Mal nach Israel kam. Damals war es noch eher eine Wüste als sonst etwas, und ich lebte in einem Kibbuz. Obendrein hatte ich das Zelt nicht einmal für mich allein. Ich teilte es mit zwei Männern. Wäre ich eine Beduinin gewesen, hätte mir meine Familie wegen dieser Verhältnisse eine Zielscheibe auf den Rücken geheftet. Aber ich hatte keine Familie, die mir Gesellschaft leisten konnte, deshalb war es kein wirklich schreckliches Experiment, das Zelt mit zwei Männern zu teilen. Doch obwohl ich das Leben in dem Zelt ganz gut ertrug, ist es keine Wohnform, zu der ich so schnell wieder zurückkehren möchte.

Gottlob gelang mir die Flucht aus dem Zelt relativ schnell und unproblematisch. Denn wenn man sich im Kibbuz mit jemandem vom anderen Geschlecht zusammentat (nein, es war keiner von meinen Zeltgenossen), verlegte einen die Siedlungsleitung aus einem Zelt in ein richtiges Haus mit vier Wänden und einem Dach. Israel brauchte Nachwuchs, daher war alles leicht zu haben, was in dieser Richtung Erfolg versprach, zum Beispiel ein bisschen Privatraum. Ich sage nicht, dass ich im Kibbuz nur deshalb einen Freund gesucht habe, weil mir das erlaubte, dem Leben im Zelt zu entkommen. Aber ich sage Ihnen auch nicht, dass mir diese Idee nie in den Sinn gekommen wäre, ehe ich den jungen Mann kennenlernte. Diese Geschichten zeigen jedenfalls eines: Wenn wir uns die heutige Situation im Nahen Osten ansehen und nicht begreifen, dass dort manche lieber in einem Zelt leben würden, können wir die Dynamik dieser Region überhaupt nicht verstehen. Und obwohl es wunderbar ist, aus Büchern zu lernen, ist es doch unvergleichlich aufschlussreicher, in die Welt hinauszugehen und das Leben dort unter die Lupe zu nehmen, wo es stattfindet. Und darüber einen Dokumentarfilm zu drehen.

Eine weitere Gruppe von Muslimen, die in Israel lebt und ebenfalls mein Interesse weckte, waren die Tscherkessen. Ihr Land ist heute ein Teil Russlands, und die gesamte einheimische Bevölkerung wurde 1864 vom Zar vertrieben. Die meisten Tscherkessen leben heute in der Diaspora außerhalb des Kaukasus, vor allem in der Türkei, aber auch in anderen Ländern. Mit meinem Filmteam besuchte ich das Dorf Kfar Kama in Israel. Ein Aspekt der tscherkessischen Kultur, der mich reizte, mehr über sie in Erfahrung zu bringen, sind ihre Heiratsbräuche. Im Grunde vollzieht man die alten Sitten heute nur noch in ritueller Form. Früher besiegelte ein tscherkessischer Mann seine Brautwahl damit, dass er zum Haus der Braut ritt, sie packte und sie zu Pferde zu seinem Stamm entführte. Das kam normalerweise nicht unerwartet, denn die Beziehung hatte sich meist schon angebahnt, und die fragliche junge Frau war dabei völlig sicher. Die Frauen in der Familie des Mannes, der die Braut entführt hatte, sorgten dafür, dass er keinerlei Kontakt mehr mit ihr hatte, sobald sie bei seinen Leuten angekommen war. Die Entführung war nur der Eröffnungszug für die Verhandlungen zwischen den beiden Familien. Aber die Tradition der Tscherkessen legt fest, dass die Eltern zwar Einwände erheben, aber ein Paar nicht von der Heirat abhalten können, sodass diese Entführungen manchmal keinen ausschließlich zeremoniellen Charakter hatten. Sobald sie einmal stattgefunden hatten, einigten sich die Familien friedlich und regelten alles für die Heirat.

Wie die Beduinen würden auch die Tscherkessen nichts lieber tun, als in ihr Stammland zurückkehren, aber im Augenblick ist das nicht möglich und vielleicht auch in Zukunft nicht. Im Gegensatz zu den Beduinen haben sich die Tscherkessen jedoch an ihre neue Heimat angepasst, und in Israel sprechen sie ebenso gut Hebräisch wie die Israelis. Die Männer dienen sogar in der Armee. Aber die Sehnsucht nach der ursprünglichen Heimat verlässt sie nie. Ich habe Adnan Gerkhad, einen siebzigjährigen Schulleiter im Ruhestand, interviewt. Wenn man ihn ansieht, unterscheidet er sich kaum von anderen Israelis. Seine Haut mag ein bisschen dunkler sein, aber das kommt von seinem einstündigen Morgenmarsch in der Sonne, den er jeden Tag macht, um in Form zu bleiben. Er trägt ein grünes Hemd, Khaki-Hosen und Sandalen – auch das nicht ungewöhnlich für einen israelischen Mann. Wir sitzen in einem Café im tscherkessischen Dorf Kfar Kama, aber es könnte ebenso gut in jedem israelischen Ort sein, nichts unterscheidet Kfar Kama äußerlich vom Rest des Landes. Das liegt teilweise daran, dass fast jeder Tscherkesse seine Muttersprache Adygeisch spricht, aber nur wenige sie auch schreiben können. Daher sind Speisekarten auf Hebräisch geschrieben und ebenso die Plakate an der Wand, die für Coca-Cola und Fanta werben. Tscherkessische Kinder lernen Adygeisch sprechen, aber sobald sie in die Schule kommen, lernen sie Hebräisch sprechen, lesen und schreiben, sodass die Tscherkessen, die in Israel aufgewachsen sind, es perfekt beherrschen. Auch Adnan und ich unterhielten uns auf Hebräisch.

»Welche Schwierigkeiten haben Sie, Ihre Kultur zu bewahren?«, fragte ich ihn.

»Oh, wir haben eine Menge Schwierigkeiten, unsere Kultur lebendig zu halten. Uns umgibt natürlich von allen Seiten die israelische Kultur. Wir sind wie ein kleines Boot, das im großen Ozean Israel schwimmt. Hier ist die arabische Kultur sehr stark, aber das ist nicht unsere Kultur. Wir sind zwar Muslime, aber keine Araber. Unsere Kinder lernen Arabisch, damit sie den Koran lesen können, aber die tscherkessische Gesellschaft hat eine ganz andere Kultur als die arabische.«

»Ehe ich hierherkam, um den Dokumentarfilm zu machen, habe ich mich mit einigen Tscherkessen im Gebiet von New York getroffen«, erzählte ich ihm. Das hatte zu meiner Recherche bei der Vorbereitung gehört. »Sie haben es dort bestimmt auch nicht leichter, als wenn sie hier leben würden.«

»Viele Tscherkessen leben in der Türkei. Für eine große Bevölkerungsgruppe ist es leichter, die Traditionen zu bewahren. Ich glaube ganz sicher, dass die Tscherkessen in Amerika ganz ähnliche Probleme haben wie wir hier. Andererseits ist die amerikanische Kultur überwältigend. Sie brauchen sich nur umzuschauen, dann sehen Sie die vielen Anzeichen für den amerikanischen Einfluss. Dem kann man bestimmt nur schwer entgegenwirken. Aber Amerika ist ein Schmelztiegel, niemand kümmert sich im Grunde darum, was man ist. Und ja, nach und nach passt man sich an, aber man kann auch seine eigenen Werte bewahren. Israel ist jüdisch, und wir sind Muslime. Eine Assimilation ist letztlich nicht möglich, aber das heißt, dass unsere beiden Kulturen nicht nahtlos zusammenpassen, sondern eher wie zwei Zackenlinien aneinanderstoßen. Wir sind akzeptiert und gleichzeitig auch wieder nicht.«

Wenn irgendjemand die Gefühle verstehen kann, die er an jenem Morgen ausgedrückt hat, dann ich. Als ich sechzehn Jahre alt war und der Krieg zu Ende, war ich auch ziemlich ratlos. Ich empfand mich als Deutsche, aber als Jüdin konnte ich nicht nach Frankfurt und zu all den schrecklichen Erinnerungen zurückkehren, die dort an jeder Ecke auf mich gewartet hätten. Daher war mir meine Tradition als deutsche Jüdin unter den Füßen weggezogen worden, zusammen mit allem anderen. Ich ging nach Palästina, wo bald darauf Israel entstand, aber ich hatte nie das Gefühl, nach Hause zu kommen. Als ich nach Paris zog, liebte ich die Stadt, aber es war nicht *meine* Stadt. Jetzt ist New York meine Stadt, und ich fühle mich dort zu Hause. Aber es wird immer einen Teil von mir geben, der sich nach meiner ursprünglichen Heimat sehnt, ebenso wie sich die Tscherkessen nach ihrem Ursprungsland sehnen.

Obwohl ich also vordergründig eine Studie über die Drusen, die Beduinen oder die Tscherkessen machte, entschloss ich mich auch ein Stück weit zu diesen Dokumentarfilmen, weil ich herausfinden wollte, was ich 1938 verloren habe. Und obwohl die äthiopischen Juden einen wesentlich stärkeren Wandel vollziehen mussten als ich damals, so kamen sie doch wenigstens als komplette Dorfgemeinschaften mit Familien und Nachbarn. Als das Schiff, auf dem ich kam, in Palästina anlegte, machte ich als Teenager ganz allein den Sprung in eine neue Welt. Und ich kann Ihnen versichern: Das war nicht leicht. Besonders deshalb, weil die Engländer beschlossen, alle

Passagiere jenes Schiffes in ein Lager zu sperren, das einen Stacheldrahtzaun hatte. Das sah genauso aus wie die Bilder von Konzentrationslagern, die ich gesehen hatte. Unsere Gruppe aus Heiden hatte die richtigen Papiere, aber statt uns von denjenigen zu trennen, die illegal ankamen, warfen sie uns für eine Woche alle in einen Topf. Das war ein gewaltiger Schock. Wir hatten auf dem Schiff die ganze Nacht gesungen und getanzt und darauf gewartet, den ersten Blick auf Palästina zu werfen, und dann landeten wir hinter Stacheldraht. Zum Glück war ich mit Freunden zusammen, und nach einer Woche wurden wir in die Kibbuze geschickt, denen wir zugeteilt worden waren.

Um eine Kultur aufrechtzuerhalten, bedarf es anderer Menschen aus der gleichen Kultur. Das kann man nicht alleine, sonst geht man schnell unter. Aber um Wissen zu erwerben, braucht man niemand anderen, bloß einige gute Lehrer. Und wie ich schon sagte, kann das ganz ohne großartigen formalen Rahmen geschehen, wie zum Beispiel bei den *Renaissance Weekends*. Ins Leben gerufen wurden diese *Renaissance Weekends* vor etwa dreißig Jahren von Linda und Philip Lader. Es sind Tagungen, die das Ziel haben, Menschen aus den unterschiedlichsten Bereichen zusammenzubringen – Politik, Naturwissenschaften, Medien, Sport, Geisteswissenschaften – und bei denen ein breites Spektrum von Themen diskutiert wird. Von allen Anwesenden wird aktive Beteiligung erwartet, sodass man zwar bei einigen Diskussionen zuhören kann, andere jedoch selbst leiten muss. Bill und Hillary Clinton nahmen schon sehr früh an den Tagungen teil, aber als Bill Präsident wurde, konnten sie nicht länger mitmachen. Ich liebe diese *Renaissance Weekends* sehr; auch weil ich dort viele interessante Leute kennengelernt habe, zum Beispiel Richter vom Obersten Bundesgericht (und mit einem von ihnen tanze ich möglichst oft). Die Veranstaltungen sind für die ganze Familie, und ich leite regelmäßig ein Seminar über Sex für Teenager.

Niemandem liegt an Förmlichkeiten, und alle haben ein Namensschild. Oder fast alle. Obwohl es über das Jahr verteilt ein halbes Dutzend solcher Wochenenden gibt, gehe ich immer nur zum Neujahrstreffen, das in Charleston in South Carolina stattfindet. Ich habe bereits mehrmals erwähnt, dass ich zwar selber Teil der amerikanischen Popkultur bin, die anderen im Club aber nicht besonders gut kenne. So kam einmal bei einem Empfang bei *Renaissance* eine Frau auf mich zu, sprach mich an und sagte, sie bewundere mich sehr. Leider trug sie kein Namensschild. Ich gebe zu, dass außer mir wahrscheinlich jeder andere Barbra Streisand auf der Stelle erkannt hätte, aber ich eben nicht. Vielleicht bin ich schlecht darin, berühmte Gesichter zu erkennen, weil ich immer zu allen aufschaue, und wenn man die Fotos von ihnen in den Zeitungen sieht, sind sie immer auf Augenhöhe aufgenommen. Jedenfalls sagte ich zu Barbra: »Und was machen Sie?« Ich merkte, dass es sie ärgerte, dass ich sie nicht erkannte, aber *c'est la vie*.

Die *Renaissance Weekends* entsprechen genau meiner Vorstellung von einer idealen Lernsituation. Denn obwohl man den ganzen Tag über so viele neue Informationen und Erkenntnisse aufsaugen kann, haben auch alle die Verpflichtung, etwas von dem weiterzugeben, worin sie Experten sind. Und wir kommen in einem Hotel zusammen, nicht in einer Schule. Im Laufe der Jahre sind viele von uns enge Freunde geworden, sodass die soziale Verbundenheit die Atmosphäre zusätzlich bereichert.

~

Ein anderer Weg des Lehrens ist, dass ich Fragen beantworte, die Menschen mir stellen. Entweder in meiner Zeitungskolumne oder online. Vor einer Reihe von Jahren war die BookExpo America, die amerikanische Buchmesse, in Chicago, wo der *Playboy* damals seinen Hauptsitz hatte, und da ich mit Hugh und Christie Hefner befreundet bin, wurde ich natürlich zu der Party eingeladen, die sie für Besucher der Buchmesse gaben. Da auf der Einladung *Playboy* stand, wollten viele Leute hingehen und hofften, ein paar Bunnys zu sehen, folglich war die Lounge hoch oben im Gebäude recht voll. Weil ich kaum Alkohol trinke – und bei solchen Partys überhaupt keinen –, drehte ich mit meinem Glas Sodawasser meine Runden, da sprach mich ein Herr an.

»Dr. Ruth, ich freue mich sehr, Sie kennenzulernen. Ich schreibe die ›Ratgeber‹-Kolumne im *Playboy*.«

Er war noch relativ jung, konservativ mit sportlichem Sakko und passender Hose gekleidet und hätte ein durchschnittlicher Collegeprofessor sein können, obwohl er – ebenso wie ich – sein Geld damit verdiente, die Fragen anderer Leute über Sex zu beantworten.

»Sie machen das schon seit Jahren«, sagte er, »aber ich habe erst vor Kurzem den früheren Kolumnisten abgelöst und würde Sie gerne etwas fragen. Wie schaffen Sie es, diese Arbeit immer weiter zu machen, obwohl die Leute im Grunde doch nur zehn Fragen stellen?«

Ein Stück weit hatte er völlig recht mit dem, was er da sagte. Die meisten Fragen betreffen den vorzeitigen Samenerguss oder Orgasmusschwierigkeiten bei Frauen. Nur ganz selten kommt eine Frage, die mich überrascht, aber immerhin gibt es das. Man könnte denken, da ich und andere Ratgeber diese Fragen schon unzählige Male beantwortet haben, wüsste inzwischen jeder die Antworten und sie würden nicht mehr gestellt. Es gibt mehrere Gründe dafür, dass dem nicht so ist – unter anderem, dass junge Leute zu Beginn ihrer sexuellen Aktivität relativ ahnungslos sind. So wachsen ständig neue Generationen nach, die derlei Informationen brauchen. Außerdem haben Sie vielleicht keine Ahnung von Klempnerei, bis eines Sonntagabends Ihre Toilette verstopft ist und Sie keinen Klempner bekommen. Ganz ähnlich lernen die Leute nichts über die Feinheiten der Sexualität, solange bei ihnen der Sex reibungslos klappt. Doch sobald sie auf ein Problem stoßen, ist es ihnen oft zu peinlich, Freunde oder Bekannte direkt zu fragen, deshalb wenden sie sich an jemanden wie mich.

Der andere Grund dafür, dass die Öffentlichkeit gerne solches Material liest, ist, dass die Grundprobleme zwar gleich bleiben, die Geschichten der Leute dazu jedoch recht verschieden sind. So mögen zwar meine Antworten ähnlich ausfallen, aber die Fragen selbst sind unterschiedlich und oft auch unterhaltsam. Und wissen Sie was? Selbst ich habe an vielen von ihnen Spaß, weil sie mir einen Einblick in das Leben von Menschen gewähren. Da Sex immer im Privatraum vollzogen wird, weiß keiner von uns, was im Schlafzimmer anderer Menschen vor sich geht. Aufgrund dieser verborgenen Natur der sexuellen Aktivität sind wir alle neugierig darauf, selbst ich, obwohl ich entweder in meiner Praxis oder in den Medien schon so viele Fragen dazu beantwortet habe. Und ich lerne aus diesen Fragen auch etwas, weil unterschiedliche Szenarien neue Erkenntnisse darüber liefern, wie Menschen denken und was in der Welt geschieht. So schrieb mir etwa einmal eine Frau, sie sei eine professionelle GFE-Kurtisane. Nur wusste ich leider nicht, was das ist. Jetzt weiß ich es: Eine Frau, die im Bett so tut, als sei sie die Partnerin (daher *Girlfriend Experience*) und nicht einfach eine Prostituierte.

Übrigens war dieser professionellen Kurtisane der Sex langweilig geworden. Ich wollte, ich hätte ihr ein Heilmittel anbieten können, aber ich fürchte, wenn man den ganzen Tag mit Fremden Sex hat, beeinflusst das auch das persönliche Sexleben, daran besteht kein Zweifel. Dass diese Frau den Sex satthatte, war für mich leicht zu verstehen. Wie sie mir berichtete, täuschte sie den Höhepunkt immer vor, vermutlich, weil sie keinen Genuss dabei hatte, wie laut sie auch immer stöhnen mochte. Eine Frau kann beim Sex eine Menge Lust empfinden, selbst wenn sie keinen Orgasmus hat. Wenn sie sich unter Druck setzt oder von ihrem Partner unter Druck gesetzt wird, beim Sex jedes Mal einen Orgasmus zu erreichen, verringert das allerdings ihre Lust. Auch ihre Lebenslust.

Natürlich beriet ich die Frau sorgfältig, aber ich hatte auch das Gefühl, aus dieser Geschichte könne man ein interessantes Experiment ableiten. Warum sollte man nicht einmal versuchen, Liebe zu machen, ohne sich zu erlauben, dabei bis ganz ans Ende zu gehen? Das wäre ähnlich wie das Vorgehen der Weinverkoster: Sie nehmen einen Schluck und spucken ihn dann aus, damit sie nicht zu viel Alkohol abbekommen. Wenn sie gerade nicht verkosten, trinken sie Wein wie alle anderen auch und schätzen sowohl den Geschmack als auch die Wirkung des Alkohols. Aber sie alle würden bestimmt behaupten, dass schon allein das Schmecken eine befriedigende Erfahrung ist.

Warum Sie das probieren sollten? Weil Sie, wenn Sie immer auf den Orgasmus warten, den übrigen Teil des Liebesaktes weniger genießen. Sie riskieren, zu zielorientiert zu sein und ungeduldig auf den Höhepunkt zu warten. Wenn Sie sich aber von vornherein sagen, Sie würden gar keinen Orgasmus haben, sich dafür aber an allem anderen ausgiebig freuen, wette ich, dass Sie all das, was das Zusammensein sonst noch zu bieten hat, intensiver wahrnehmen.

Im Grunde habe ich schon alles unter der Sonne gehört! Da war die Frau, deren Mann sich immer getragene Damenslips in einem karitativen Second-Hand-Laden besorgte, um mit ihnen zu masturbieren, und sie war eifersüchtig auf die früheren Besitzerinnen dieser Slips. Oder es gab eine Frau, die sich darüber beklagte, dass ihre Vagina nicht roch! Manchmal lache ich beim Lesen über diese Fragen, aber ich beantworte sie immer ernsthaft, weil es auch den Leuten ernst ist, die sie mir schicken. Außerdem weiß ich, dass es viele Leute in der Welt gibt, die ähnliche Probleme haben und ernsthaft nach Antworten suchen. Was lerne ich aus solchen Fragen? Wenn man guten Gewissens sagen kann: »Ich habe schon alles unter der Sonne gehört«, fällt es einem viel leichter, seine therapeutische Arbeit zu machen. Wenn ein Einzelner oder ein Paar zu mir kommt und Hilfe bei einem Problem möchte, dann kann ich kein überraschtes Gesicht machen, selbst wenn ich staune. Aber ich darf auch nicht gelangweilt dreinschauen. Ich muss einigermaßen neutral aussehen, zumindest bis ich die Menschen, die mir gegenübersitzen, ein bisschen besser kenne. Sie erwarten professionelles Verhalten von mir, und genau das will ich ihnen auch bieten. Meistens gehören die Probleme zum sogenannten Feld-Wald-und-Wiesen-Typ, den ich schon hundertmal gehört habe. Aber wenn es um etwas Ungewöhnlicheres geht, hilft mir mein Schatz an seltsamen Fragen. Dann muss ich auch keine Miene verziehen.

Doch wie viel therapeutische Ausbildung jemand auch haben mag, er braucht stets ein gewisses Maß an Kreativität. Wenn ein Therapeut oder eine Therapeutin immer wieder die gleichen zehn Antworten gibt, kommt Langeweile auf. Man kann nicht effektiv therapeutisch arbeiten, wenn man innerlich gähnt, weil man die gleiche Geschichte zum hundertsten Mal hört. Ungewöhnliche Fragen zu beantworten, hält mich daher eher auf Zack und hilft mir, mein Können zu verfeinern.

Ich möchte dieses Kapitel mit einer weiteren Frage abschließen, die mir einmal im Radio gestellt wurde. Ein junger Mann rief an und sagte, er wolle bald heiraten. Ich beglückwünschte ihn und erkundigte mich, was er wissen wollte. »Dr. Ruth, wir sind nicht mehr unberührt, und ich möchte einen Weg finden, unseren ersten Sex als Neuvermählte zu etwas Besonderem zu machen. Können Sie mir irgendeinen Tipp geben?« Ich dachte einen Moment darüber nach, denn mehr Zeit hat man im Radio nicht, weil die wichtigste Regel lautet, keine Stille eintreten zu lassen. Zum Glück kann ich schnell denken, und so sagte ich ihm: »Ich schlage Ihnen Folgendes vor: Wenn Sie aus dem Bad kommen, tragen Sie nur eine Krawatte und einen Zylinder.« Er erwiderte: »Und wohin soll der Zylinder?«

KAPITEL 9

Auf dem Weg nach Hollywood und trampend in Manhattan
Riskieren Sie etwas und gehen Sie immer aufs Ganze

Ich mag zwar nur einen Meter vierzig groß sein, aber ich denke, was Sie bisher über mein Leben gelesen haben, beweist, dass ich widerstandsfähiger bin, als meine Größe vermuten lässt. Das Leben hat mir ein paar ziemlich harte Schläge versetzt, und dennoch hatte ich am Ende mehr Erfolg, als ich mir in meinen kühnsten Träumen hätte vorstellen können. Als ich im Kinderheim in Heiden war, durften wir ab und zu einen Film sehen, und mir gefielen am besten die mit Shirley Temple. Sie war so hübsch und talentiert, aber vor allem vergaßen wir, wenn wir sie singen und tanzen sahen, wo wir waren. Unsere Stimmung hob sich zumindest so lange, wie der Filmprojektor lief.

Nicht einmal, wenn man in einem Kinderheim lebte, konnte man bei einem ihrer Filme zur Leinwand hochschauen, ohne das Gefühl zu bekommen, es gebe Hoffnung in der Welt. Und da sie als Kind ebenfalls klein war, liebte ich sie umso mehr. Aber mir vorzustellen, ich wäre eines Tages auch nur ein kleines bisschen berühmt, war so unrealistisch, dass mir ein solcher Gedanke nie in den Sinn kam. In Amerika, wo man sagt, dass jeder Präsident werden kann, träumen die Jungen davon, in die Fußstapfen ihrer Sporthelden zu treten, und die Mädchen träumen davon, Primaballerina zu werden. Aber wenn man ein Heimkind ist und Krieg herrscht, hat man viel bescheidenere Träume. Stellte ich mir in der Fantasie vor, meine Eltern wiederzusehen? Jeden Tag. Aber eine Berühmtheit zu werden, wie Shirley Temple, das war unvorstellbar.

Wenn ein zehnjähriges Kind das durchmachen muss, was ich erlebt habe, kann das ein Trauma hinterlassen. Als ich schließlich ein gewisses Maß an Sicherheit erlangt hatte, hätte ich in Anlehnung an Voltaires »Candide« sagen können: »Ich möchte meinen Garten bestellen.« Ich würde niemanden, der so traumatische Ereignisse durchlebt hat wie ich, dafür kritisieren, dass er sich eher zurückzieht, als Risiken einzugehen. Aber wenn ich etwas ganz und gar nicht bin, dann locker und lässig. Deshalb könnte ich nie irgendwo leben, wo das Motto »Morgen, morgen, nur nicht heute« lautet. Ich habe die Einstellung, dass alles gleich geschehen muss! Ich bin nicht nur wieder auf die Füße gekommen, sondern am Ende immer höher und höher gesprungen. Ich habe mich nicht von der Welt einschüchtern lassen, sondern war stets bereit, neue Herausforderungen anzunehmen. Wie eine Schildkröte – ein Tier, das für mich genau aus diesem Grund eine Bedeutung hat – strecke ich den Kopf heraus und gehe Risiken ein. Der Versuchsballon, den ich damals vor den Managern für Sendungen zum Gemeinwesen mehrerer Radiosender steigen ließ, war so ein Risiko. Und es war vielleicht das lohnendste meines Lebens, aber es war nicht das einzige.

Fred Silverman war schon Chef von ABC und auch NBC gewesen, und seine Erfolgsbilanz bei der Entdeckung von hitverdächtigen Shows war exzellent. Als er mich ansprach und mir vorschlug, eine Fernsehsendung zu machen, musste ich das daher ernst nehmen. Ich weiß, dass ich für den Spruch bekannt bin, es komme nicht auf die Größe an, aber das gilt für das Schlafzimmer. In der

Geschäftswelt halte ich Größe – und damit meine ich die Erfolgsgeschichte eines Menschen, nicht seine Körpergröße oder seine genitale Ausstattung – für außerordentlich wichtig. Ich machte zwar schon eine Radiosendung, die ein Hit war, aber ich sah mich immer noch in erster Linie als Collegeprofessorin. Dass ich heute mit bald neunzig Jahren noch immer an einem College unterrichte, beweist, dass mir dieser Teil meines Berufs auch jetzt noch am nächsten liegt. Und obwohl meine berühmt-berüchtigten Radioauftritte vielleicht so manchen Institutsleiter eines akademischen Fachbereichs vor mir zurückschrecken ließen, schadete das Radio meinem Weg im pädagogischen Bereich nicht. Aber eine Talkshow im Fernsehen war etwas ganz anderes. Wenn ich als Gastgeberin vor die Kameras trat und nicht mehr als Gast, bedeutete das mit Sicherheit den Abschied von der akademischen Welt. Das erklärt, warum ich mich bei Freds Anruf ein wenig fühlte wie Eva vor dem Apfelbaum. Der Reiz des Apfels war sehr verlockend, aber ich wusste nicht recht, ob ich mich auch so nackt fühlen wollte.

Am Ende war der ausschlaggebende Faktor für mich, dass mir das Fernsehen ermöglichen würde, ein größeres Publikum zu erreichen. Ich war fest davon überzeugt, dass ich als Sexualerzieherin wichtige Informationen in der Welt zu verbreiten hatte. Ich behaupte nicht, dass ich die einschlägige Forschung durchgeführt habe, und meine Leidenschaft war nicht, über Daten zu brüten, sondern ich wollte leidenschaftlich gerne der Welt die Erkenntnisse der Forschung auf meinem Gebiet verkünden. Und obwohl ich in einem Klassenzimmer im Lauf eines Semesters gründlichere Arbeit leisten konnte, erreichte ich über das Fernsehen mit Sicherheit viel mehr Menschen. Also stimmte ich zu.

Wir drehten eine sogenannte Pilotsendung, was ich im Grunde nicht mag, weil es zu viel Ähnlichkeit mit einer ersten Verabredung hat. Wenn man bei der ersten Begegnung seinem Date Wein auf den Schoß kippt, heißt das noch lange nicht, dass gleich die ganze

Geschichte zum Scheitern verurteilt ist. Aber im Fernsehen muss eine Sache entweder auf Anhieb sitzen, oder man ist raus. Ich habe eine hohe Meinung von Fred, aber ich muss mich trotzdem über den Co-Moderator wundern, den er für mich aussuchte. Hier war ich als Fernsehneuling, und er nahm eine zweite Person dazu, die ebenfalls bis dahin für das Radio gearbeitet und noch weniger Ahnung vom Fernsehen hatte als ich. Wenigstens war ich schon Dutzende Male als Gast in Shows gewesen. Jedenfalls wurde der Pilot in den Studios von Channel 5 in New York gedreht. Trotz Freds hohen Ansprüchen (oder vielleicht gerade deshalb) waren die Kosten zu hoch, und er konnte nicht genug Sender für das Projekt interessieren. Daher kam es nicht über die Testsendung hinaus.

Brachte mich das von meinem Ziel ab? Ich weiß, dass ich gesagt habe, ich hätte gezögert, ob ich eine Fernsehshow machen sollte, aber als ich mich erst einmal dazu entschlossen hatte, wollte ich auf keinen Fall scheitern. Also marschierte ich ins Büro des Generaldirektors von Channel 5, von dem ich wusste, dass er die Show hatte senden wollen.

»Fred hat mir gerade gesagt, dass er nicht genug Sender ins Boot holen konnte und deshalb die Sache stoppt.«

»Ja, mich hat er auch angerufen. Tut mir leid, Ruth. Ich glaube, die Show hätte gut laufen können.«

»Es braucht Ihnen nicht leidzutun – machen wir sie trotzdem. Fred hat gesagt, der Haken sei, dass die Produktionskosten der Sendung zu hoch seien, aber wir könnten für viel weniger Geld eine lokale Version machen.«

»Sie wären bereit, sie auch für weniger zu machen?«, fragte er ungläubig. Er war nicht gewohnt, dass Leute, die vor der Kamera stehen, eine Verringerung ihres Honorars in Kauf nahmen.

»Wenn die Sendung ein Erfolg wird, dann rechnet sie sich auch, wie wir beide wissen. Aber wenn sie gar nicht erst gesendet wird, verdiene ich keinen Cent, also machen Sie mir unbedingt ein Angebot, und die Antwort ist: Ja.«

Sie gaben mir eine Sendezeit am Werktagmorgen. Ich nahm Anrufe entgegen wie im Radio, aber ich interviewte auch Prominente und Experten und interagierte mit dem Publikum im Fernsehstudio. Unsere Einschaltquoten waren gut, und wir bekamen einen anderen Sendetermin, der eine andere Show ersetzte, die nicht gut gelaufen war.

Fernsehsendungen werden in Blöcken genehmigt, oft zum Beispiel sechsundzwanzig für eine ganze Staffel oder dreizehn für eine halbe Staffel. Am Ende unserer ersten dreizehn Sendungen sagte man mir, wir würden noch einmal dreizehn Wochen weitermachen. Wenn es gute Neuigkeiten gibt, möchte ich feiern, also machten wir eine Party, und ich tanzte die Nacht durch. Zwei Tage später wurde ich zu einer Besprechung gerufen. Ich dachte, es ginge um die Planung der nächsten Staffel. Aber als ich die Gesichter der Männer in jenem Büro sah und sie mir sagten, ich solle mich setzen, wusste ich schon, was kam, erfuhr aber erst zwei Jahre später den Grund dafür. Es stellte sich heraus, dass der Sender einem frommen Katholiken gehörte, und als er seinen neugeborenen Sohn zur Taufe anmelden wollte, bekam er zu hören, sie könne nur unter der Bedingung in der Kirche stattfinden, dass er diese Frau Doktor, die Abtreibungen in Ordnung fand, aus dem Sender warf. Meine Sendung war ihm nicht wirklich wichtig, und angesichts dieser Alternative gab er die Anweisung, sie zu streichen. An jenem Abend tanzte ich nicht.

Aber ich bedauere die dreizehn Shows, die stattfanden, keine Minute. Sie schenkten mir Erfahrungen, und daher war ich bereit, als sich die nächste Gelegenheit bot. Man kann nicht Risiken eingehen und erwarten, jedes Mal zu gewinnen. Könnte man die Zukunft kontrollieren, wären es schließlich keine Risiken. Und obwohl jedes Scheitern einen bitteren Nachgeschmack hinterlässt, macht die Süße eines Sieges das mehr als wett. Im Übrigen wird man nie etwas gewinnen, wenn man gar nicht erst ein Risiko eingeht. Wie bereits mehrfach gesagt, erfordert *Joie de vivre* die Fähigkeit, Schlechtes ebenso anzunehmen wie Gutes. Das Leben ähnelt viel mehr einer Achterbahn als einem ruhigen Fluss. Wer einmal Achterbahn gefahren ist, tut es am Ende immer wieder, weil die Höhenflüge das Leben lebenswert machen.

Fred Silverman war mit mir ein Risiko eingegangen, und ein paar Jahre später tat er das noch einmal. Pierre kam auf die Idee, man könnte eine Sitcom machen, in der ich eine Rolle übernehmen sollte. Das Grundkonzept sah vor, dass ich eine Collegeprofessorin spielte (und dieser Teil der Idee gefiel mir sofort!), die in einem großen Haus lebte und Zimmer an Studenten vermietete. Pierre schrieb das Skript für einen Pilotfilm, und ich brachte es Fred. Es gefiel ihm, und er kannte eine Produktionsfirma, die ein Abkommen mit ABC hatte, einen Pilotfilm zu machen. Unser Konzept sagte ihnen zu – und Pierre und ich starteten gen Hollywood.

Ich hatte Erfahrung mit Talkshows, denn ich war nicht nur in soundso vielen als Gast aufgetreten, sondern hatte Hunderte selbst gemacht. Aber Sitcoms sind etwas ganz anderes. Natürlich kannte ich das Genre. Fred Westheimer war süchtig nach »Männerwirtschaft« gewesen. Er sah sich jede neue Folge und jede Wiederholung an, immer und immer wieder. Ich habe noch nie sehr viel Zeit vor dem Fernseher verbracht, aber diese Serie hatte ich viele Stunden lang mitgeschaut. Da alle Sitcoms nach dem gleichen Schema aufgebaut sind, war mir in etwa klar, wie das fertige Produkt aussehen würde. Doch wie man in Hollywood zu diesem fertigen Produkt kommt, davon hatte ich keine Ahnung.

Pierre und ich wurden dem Hauptautor Allan Leicht und den anderen Drehbuchautoren vorgestellt. Sie waren alle in Ferraris und anderen schicken Autos vorgefahren, da die Autoren von Sitcoms sehr gut bezahlt werden. Natürlich wird das Wort »Autor« in Hollywood in einem weiten Sinne verwendet. Wenn man an den Akt des Schreibens denkt, stellt man sich jemanden mit einem Stift in der Hand oder einer Computertastatur unter den Fingern vor. Und ein Stück weit wird auch so geschrieben. Aber die eigentliche Methode der Fertigstellung eines Skripts ist vollkommen anders (oder war es damals). Die Autoren saßen alle zusammen und riefen Ideen in den Raum. Eine Sekretärin notierte jedes Wort, und ihre Mitschrift wurde dann das Skript.

Ich lernte die Schauspieler kennen, von denen die meisten sehr jung waren, da sie College-Studenten spielten. Zur Besetzung gehörten auch eine Haushälterin, die eine reifere Frau war, und ein älterer Herr als Liebespartner für mich. Darauf hatte ich bestanden. Ich weigerte mich, eine alte Jungfer zu spielen. Nicht nur die Studenten in meinem Haus sollten Spaß haben! Es stellte sich heraus, dass an unserem ersten Abend in Los Angeles die Oscars vergeben wurden, und da die Verleihung von ABC gesendet wurde, konnten Pierre und ich hingehen. Ich bin über viele rote Teppiche gegangen, aber den roten Teppich bei der Oscar-Verleihung entlangzugehen, ist etwas ganz anderes.

»Dr. Ruth! Dr. Ruth!« Mein Name erscholl aus allen Richtungen.

»Dr. Ruth, wie kommt es, dass Sie bei der Oscar-Verleihung sind?«, fragte ein Reporter nach dem anderen.

»Ich spiele in einem Pilotfilm für ABC mit.«

»Handelt er von Sex?«

»Nein, es ist eine Sitcom. Ich spiele eine Collegeprofessorin.«

In der sogenannten Pilotfilm-Saison macht jeder bei irgendeinem Pilotfilm mit. Aber für mich war es eine durchaus beängstigende Sache. Ich kann schnell denken, aber etwas auswendig lernen und es dann im richtigen Tonfall wiedergeben, fällt mir nicht so leicht. An unserem ersten Tag auf dem Set probten wir am Vormittag, dann am Nachmittag, und alle Beteiligten gingen das Skript durch, wobei wir unsere Rollen überwiegend ablasen. (Ich las meine Sätze ganz und gar ab, während einige der echten Schauspieler ihren Text bereits gelernt hatten.) Das Publikum bestand aus Fred Silverman, einigen anderen Produzenten, einigen Sendermanagern und den Autoren – die bei jedem Witz brüllten vor Lachen, und zwar nicht, um zu zeigen, wie gut die Witze waren, sondern um den

Schauspielern positives Feedback zu geben. Als wir fertig waren, verschwanden die Autoren, einschließlich Pierre. Das war etwa um fünf Uhr nachmittags.

Ich kehrte ins Beverly Hills Hotel zurück und wartete. Und wartete. Und wartete. Kein Wort von Pierre oder sonst jemandem. War ich nicht der Star der Show? Wie konnten sie mich so im Ungewissen lassen? Das konnte nichts Gutes bedeuten. Ich war mir sicher, wenn ich schließlich von jemandem etwas hörte, dann würde ich erfahren, ich sei schrecklich. Also fing ich schon mal an zu packen und dachte mir: »Vielleicht erwische ich noch einen Nachtflug nach Hause.« Spätestens morgen früh würde ich im ersten Flugzeug nach New York sitzen. Etwa um 22 Uhr läutete das Telefon. Es war Pierre.

»Ich brauche die schlechten Neuigkeiten gar nicht erst zu hören. Ich packe schon die Koffer.«

»Wovon redest du denn da?«, fragte Pierre.

»Ich habe seit fünf Stunden nichts von dir gehört, deshalb schätze ich, die Show ist erledigt.«

»Nein, nein, wir haben nur das Skript umgeschrieben. So macht man das immer. Die Autoren hören sich an, wie es läuft, schauen, welche Witze ankommen und welche nicht, und dann schreiben sie das Stück um.«

»Dann sind sie nicht sauer auf mich?«

»Nein, überhaupt nicht. Sie sind sehr zufrieden.«

»Wir müssen reden. Hast du schon gegessen?«, fragte ich Pierre.

»Nein.«

»Dann komm und hol mich ab. Gehen wir zu *Spago*.«

Spago ist ein Restaurant in Beverly Hills, das Wolfgang Puck, einem Österreicher, gehört, und jedes Mal, wenn ich in sein Restaurant gehe, kommt er an meinen Tisch, und wir sprechen Deutsch. Und er schickt als Auftakt stets seine Pizza mit Räucherlachs, die sein Markenzeichen ist, an den Tisch. Es ist dort immer brechend voll, und man kann nicht so gut reden. Aber ich liebe die Atmosphäre, vor allem, wenn ich vorher stundenlang in meinem Hotelzimmer sitzen muss und man mich schmoren lässt.

Pierre erklärte mir, wie die Autoren bei ihren Veränderungen vorgegangen waren. Es war ihm ein bisschen schwergefallen, etwas dazu beizusteuern – obwohl er mit mir zusammen über zwanzig Bücher geschrieben hat und flüssig schreiben kann, aber er musste sich erst daran gewöhnen, mündlich und aus dem Stand mitzumachen. Am Ende richtete er seine Aufmerksamkeit nicht mehr auf die Seite, die gerade besprochen wurde, sondern blätterte schon ein paar Seiten weiter, um zu sehen, ob ihm ein Witz einfiel, den er dann vorschlagen konnte, wenn sie bei der entsprechenden Seite angekommen waren.

So ging es mehr als eine Woche lang. Die Schauspieler probten am Morgen und am Nachmittag, dann führten wir am Spätnachmittag das Ganze Fred, den Autoren und den Fernsehleuten auf dem Set vor, den sie auf einer Fernsehbühne aufgebaut hatten. Die Autoren schütteten sich aus vor Lachen über ihre Witze, dann gingen sie weg und schrieben um. Etwa um drei Uhr morgens wurde dann ein neues Skript unter der Tür meines Hotelzimmers durchgeschoben, als hätte ich eine Chance, das noch vor der Probe am nächsten Tag auswendig zu lernen. Am Ende der Woche nahmen wir die Episode vor einem Live-Publikum auf. Ich fand, es lief gut, und wenn sie gesendet würde, hätten wir unseren Sendeplatz gewonnen. Aber die Bosse hatten die Episode im Zuge der Marktforschung schon bei der Zielgruppe getestet, und bei der war sie nicht so gut angekommen. Damit war die Show vom Tisch.

War ich sehr enttäuscht, dass diese Erfahrung am Ende ein Fehlschlag war? Um die Wahrheit zu sagen: Nein. Ich wollte nicht für ein halbes Jahr nach Los Angeles ziehen, um dort eine Sitcom zu drehen. Natürlich hätte ich damit eine Menge Geld verdienen können, aber Geld fasziniert mich weit weniger als ein interessantes Leben. Und in Los Angeles viele Stunden zu arbeiten, um eine Show zu drehen, wird am Ende langweilig. Wie ich schon gesagt habe, war mein Anliegen bei den Fernsehauftritten, die Leute zu bilden, und nicht, sie zum Lachen zu bringen. Nicht, dass ich etwas gegen das Lachen hätte. Ganz im Gegenteil kann ich nicht oft genug unterstreichen, dass der Talmud sagt, eine Lehre, die man mit Humor erteilt, bleibt hängen. Und wenn ich meine Studenten zum Lachen bringen kann, weiß ich, dass sie sich an das erinnern werden, was ich ihnen beibringe. Aber eine Sitcom hat nur selten eine Botschaft, die einen etwas lehren soll. Und hätte ich in einer Sitcom mitgespielt, mache ich jede Wette, dass ich niemals in Yale und Princeton unterrichtet hätte. Meine Brieftasche wäre dann zwar dicker geworden, aber meiner Meinung nach wäre ich trotzdem ärmer gewesen.

Sie kennen sicher die Weisheit: »Geldgier ist die Wurzel allen Übels.« Geld ist sehr wichtig, vor allem, dass man genug hat, um das Notwendige zu bestreiten. Aber schauen Sie sich das Leben ärmerer Menschen einmal genau an. Sie werden feststellen, dass viele mehr Liebe und Lebenslust haben als wesentlich reichere Leute. Und zwar deshalb, weil Geld auch ein Hindernis für die Freude am Leben sein kann. Sagen wir, Sie wollen ein fremdes Land besuchen. Wenn Sie in einem Luxushotel wohnen und nur in den besten Restaurants zum Essen gehen, werden Sie niemals ein realistisches Bild von dem Land bekommen, in dem Sie gerade sind. Aber wenn Sie ein kleines Häuschen mieten und auf dem Markt einkaufen, zusammen mit den Einheimischen, und mit Ihren Nachbarn reden, selbst wenn Sie die Sprache nicht beherrschen, werden Sie viel mehr darüber erfahren, wo Sie eigentlich sind. Ich möchte also, dass Sie viel Geld haben, aber ich möchte auch, dass das Geld Ihre Sinne nicht für alle Freuden abstumpft, die das einfache Leben zu bieten hat.

Auch die folgende Geschichte spielte sich in Los Angeles ab, und vermutlich hätte auch sie meine akademische Karriere beenden können. Zum Glück aber rettete mich Madonnas Busen davor, und das kam so: Ich wurde gebeten, an einer Veranstaltung zugunsten der Bekämpfung von AIDS teilzunehmen. Weil AIDS als sexuell übertragbare Krankheit angesehen wird (obwohl Drogenkonsumenten sie auch über den gemeinsamen Gebrauch von Spritzennadeln weitergeben können), hatte ich auf dem Höhepunkt der Epidemie das Gefühl, es sei meine Pflicht, alles in meiner Macht Stehende zu tun, um diese tödliche Krankheit zu bekämpfen. Dass sie Schwule häufiger traf als jede andere Gruppe – und dass mir die Freiheit eines jeden, seine Sexualität zu leben, sehr am Herzen liegt –, trug ebenfalls dazu bei, dass ich zusätzliche Energie in diese Kampagne stecken wollte. So stimmte ich zu. Aber um die Wahrheit zu sagen, hatte ich nicht wirklich verstanden, wozu ich meine Zustimmung gab.

Das Event war eine Modenschau von Jean Paul Gaultier, bei der verschiedene Prominente seine Kleider vorführten. Ich wusste nicht viel über Mode und nichts über Gaultier, und ich hätte mir das Kleidungsstück, das er sich für mich ausdachte, niemals vorstellen können. Es war keine Modenschau mit dem Ziel, die Designer-Kleidung zu verkaufen, sondern vielmehr eine Unterhaltungsshow. Deshalb wollte Jean Paul ins Extreme gehen, damit das Publikum bei jeder Prominenten, die herauskam, nach Luft schnappte. Und was dachte er sich als perfekten Look für mich aus? Eine Krankenschwesterntracht aus schwarzem Gummi. Dazu gehörten noch ein kleiner Gummihut und ein großer weißer Latz mit einem roten Kreuz darauf. In so einem Kostüm hätte ich mich nicht einmal auf einer Halloween-Party wohlgefühlt, und erst recht nicht in einem Theater voller Menschen samt Presseleuten, die unentwegt Fotos machten. Aber ich hatte zugestimmt, und ich fand erst am Tag vor der Show heraus, was ich anziehen sollte. Da war es schon zu spät, von Jean Paul zu verlangen, er solle sich etwas anderes einfallen lassen. Meine einzige Möglichkeit wäre gewesen, ganz auszusteigen, und das hätte mir eine noch schlechtere Presse beschert als das Kostüm.

Als ich zur Anprobe in das Theater ging, war ich völlig entsetzt. Aber hier stand ich vor diesem weltberühmten Designer, was sollte ich also sagen? Er war sehr aufmerksam mir gegenüber und steckte hier und dort Nadeln hin, damit das Kleid am nächsten Abend haargenau passte. Da er Franzose ist, sprachen wir viel Französisch. Ich schob den gesunden Menschenverstand beiseite und beschloss, den Dingen ihren Lauf zu lassen. Ich wusste, wenn ich erschien, würde ich eine gewaltige Reaktion der Zuschauer ernten, also sagte ich mir einfach, ich solle Spaß haben und hoffen, dass sie viel Geld für die AIDS-Forschung zusammenbekamen.

Die Szene hinter den Kulissen war am nächsten Abend ziemlich eindrucksvoll. Zu den anderen prominenten Models zählten Madonna, Raquel Welch, Faye Dunaway, Billy Idol und Patti LaBelle, aber es waren auch viele normale Laufstegmodels da, und sie spazierten halb nackt – und vereinzelt sogar splitternackt – herum. Jean Paul eilte von einer Prominenten zur anderen, um sicherzustellen, dass ihre Outfits die Sensation hervorrufen würden, die er geplant hatte. Bei all dem Drunter und Drüber backstage wäre ich winzige Person unter normalen Umständen untergegangen. Aber da ich mein Gummikleid anhatte, kamen alle zu mir her und sagten, wie super ich aussähe. Ich dachte mir im Stillen, wahrscheinlich meinten sie eher, ich sähe grotesk aus. Ich bemühte mich aber, Haltung zu bewahren und versuchte ein wenig Trost in den Komplimenten zu finden; und darin, dass ich in Los Angeles war und nicht in New York, wo Freunde oder Familienmitglieder im Publikum gesessen hätten.

Ich stand hinter den Kulissen, beobachtete, wie Raquel Welch auf die Bühne stolzierte und wusste, dass ich als Nächste an der Reihe war. »Ruth«, sagte ich zu mir, »du wolltest ins Showbusiness, also mach jetzt das Beste daraus. Du wirst nie mehr als ernstzunehmende Akademikerin angesehen werden. Aber wenn das Geld, das heute Abend hier zusammenkommt, auch nur ein einziges Leben rettet, dann ist es das wert.« Als ich auf mein Zeichen wartete, fühlte ich mich wie jemand, der am Rande einer Klippe steht und sich darauf vorbereitet, einen sehr tiefen Sprung in den kalten Pazifik zu machen. Als Raquel die Bühne verließ, schenkte sie mir ein strahlendes Lächeln. Dann musste ich hinaus.

Sobald mich das Publikum sah, fing es an zu johlen. Die Zuschauer waren überwiegend schwul, und sie ließen ihrer Begeisterung freien Lauf. Wenn Jean Paul mit meinem Outfit gewollt hatte, dass sie beim Anblick dieser kleinen Sexualtherapeutin ausflippten, dann war ihm das geglückt. Ich lächelte, stolzierte auf der Bühne herum, wie man mir vorher gesagt hatte, beantwortete einige Fragen von Jean Paul und verschwand wieder hinter den Kulissen. Die Presseleute hatten in der kurzen Zeit, in der ich dort draußen war, Hunderte von Fotos geschossen, und ich sah mich schon auf den Titelseiten der New Yorker Boulevardblätter in meinem Gummikostüm.

Dann hatten noch einige andere Prominente ihre Auftritte, aber als Abschluss hatte Jean Paul Madonna aufgehoben. Als ich sie backstage sah, dachte ich: »Für mich macht er eine Schwesterntracht aus Gummi, aber Madonna zieht er ziemlich zahm an. Na ja.« Natürlich wurde das Publikum wild, als Madonna erschien. Schließlich war sie ein Idol. Aber dann schwoll die Lautstärke noch weiter an, denn sie und Jean Paul hatten geplant, dass sie ihr dezentes Oberteil ablegen würde – und nichts darunter hatte. Das hatte ich nicht gewusst. Nun stand sie da und spazierte mit entblößten Brüsten auf der Bühne herum. Und jetzt drehten die Fotografen vollends durch. Normalerweise hätte mich der Anblick von Madonnas Busen nicht so schrecklich interessiert, aber jetzt grinste ich von einem Ohr bis zum anderen, weil ich sofort wusste, dass Dr. Ruth in ihrem Gummikleid gerade von den Titelseiten verschwunden war. Wenn ich Glück hatte, würde mich außer dem Publikum im Theater überhaupt niemand in meinem Kostüm sehen. Ganz so kam es am Ende nicht, denn das Magazin *People* machte eine ganze Story über die Show und zeigte auch ein Foto von mir als Schwester Gummifetisch. Aber die ganze Aufmerksamkeit blieb an der entblößten Madonna hängen, sodass mein Foto zwar zu sehen war, aber keinen bleibenden Eindruck hinterließ.

In diesem Moment machte ich mir eher wegen der Paparazzi Sorgen. Heute sollten sich nicht nur berühmte Leute, sondern alle Gedanken darüber machen, wie sie für die Außenwelt dargestellt werden – absichtlich oder auch nicht. Weil das Internet so sehr ein Teil des täglichen Lebens der meisten Menschen geworden ist, gehen sie damit um wie mit der Luft, die sie atmen, völlig gedankenlos. Aber das Internet und all die anderen digitalen Kommunikationsmittel haben auch eine Schattenseite. Daran muss man denken, wenn man sie nutzt, weil die Folgen schwerwiegend sein können. Wenn Sie kompromittierende »Selfies« machen, müssen Sie begreifen, dass Sie vielleicht die Kontrolle darüber verlieren, wo dieses Bild wieder auftaucht. Meine persönliche Einstellung ist: Wenn wegen eines Handy-Hackers oder eines gezielten Angriffs auf Ihre Daten Ihr nackter Körper von Tausenden gesehen wird, dann hätte das Gleiche auch passieren können, wenn Sie an einen FKK-Strand gegangen wären. Nacktheit braucht keine so große Sache zu sein. Aber wenn ein Bild von Ihnen in Umlauf kommt, auf dem Sie etwas Kompromittierendes oder sogar Illegales tun, bekommen Sie vielleicht nie mehr eine ordentliche Stelle. Und das ist eine Konsequenz, die Sie um jeden Preis verhindern müssen.

Ich will das Trampen nicht verteidigen. Ich weiß, dass man riskiert, dabei von den falschen Leuten mitgenommen zu werden und in einer Statistik zu enden. Allerdings glaube ich auch, dass ein durchschnittlicher Psychopath, der ein junges Mädchen oder einen Jungen aufgabeln möchte, nicht wegen einer kleinen, älteren Sexualtherapeutin anhält, die ihm seine Manie womöglich ausredet. Und ich mache es auch nicht um des Nervenkitzels willen (wenigstens meistens), sondern aus der Not heraus.

Ich weiß nicht, wie es in Ihrer Stadt aussieht, aber in New York machen während des Berufsverkehrs am Spätnachmittag, wenn Sie zu einer Eröffnungsfeier oder einer Cocktailparty gehen wollen und viele fleißige Arbeitsbienen nach Hause fahren, sämtliche Taxis Feierabend. Sie stehen also an einer Ecke und wollen ein Taxi anhalten, und es fahren Hunderte an Ihnen vorbei, die alle die Leuchtschrift *OFF DUTY* (»außer Dienst«) eingeschaltet haben. Es ist so frustrierend. Und wenn es zufällig auch noch regnet, benutze ich noch drastischere Worte, um das zu beschreiben! Man kann auch versuchen, einen Fahrdienst zu rufen, aber da alle anderen denselben Gedanken haben, bekommen Sie zu hören, Sie müssten eine Dreiviertelstunde warten. Ich warte nicht einmal gerne fünfundvierzig Sekunden auf etwas – geschweige denn fünfundvierzig Minuten.

Also stehe ich an irgendeiner Ecke, es ist kein freies Taxi in Sicht, und irgendein Autofahrer macht das Seitenfenster auf und ruft über den Verkehrslärm hinweg: »Hey, Dr. Ruth!« Er will einfach freundlich sein, hat aber keine Ahnung, was dieses offene Fenster für mich bedeutet. Ich gehe zu dem Auto hin und sage mit strahlendem Lächeln: »In welche Richtung fahren Sie?« Wenn das auch nur halbwegs in die Nähe meines Ziels führt, sage ich: »Könnten Sie mich vielleicht ein Stück mitnehmen?« Der Autofahrer ist dann ein bisschen schockiert, aber er weiß, dass das eine herrliche Geschichte für die Kaffeepause gibt: »Rate mal, wen ich heute im Auto mitgenommen habe? Da kommst du nie drauf!« Und wenn der Fahrer eine Partnerin hat, kann er diese Geschichte vielleicht sogar in eine einflechten, die zu einer sexuellen Begegnung führt. Daher zögert mancher zwar eine Sekunde, während sich in seinem Hirn ein Karussell dreht, aber dann macht es »klick«, und er öffnet die Tür … und ich bin wieder einmal getrampt. Ich wurde schon von eleganten Limousinen mitgenommen, aber auch von Autos, bei denen der Fahrer erst ein halbes Dutzend leere Kaffeebecher auf den Rücksitz werfen musste, bevor ich Platz hatte. Solange ich dorthin komme, wo ich hinwill, ist mir das gleich. Ich glaube nicht, dass es viele Prominente gibt, die es für einen Vorteil des Ruhms halten würden, dass sie bei Bedarf trampen können, aber ich schon.

Einmal war ich mit Pierre in Los Angeles. Wir wohnten im *Beverly Hills Hotel*, das in der Nähe des Rodeo Drive liegt; im Wohngebiet, nicht an dem Stück mit all den Geschäften. Wir hatten vorgehabt, zu Fuß zu den Läden zu gehen, aber als wir an die Ecke kamen und an der Ampel auf Grün warteten, um den Sunset Boulevard zu überqueren, stand dort ein Jeep und wartete ebenfalls auf Grün. Der Fahrer entdeckte mich und winkte. Ich ging hin und sagte: »Könnten Sie uns ein Stück mitnehmen?« Er antwortete: »Klar.« Wir kletterten hinein, und Pierre schüttelte den Kopf. Er war seit seinen Teenagerjahren nie mehr getrampt. Der Clou dieser Geschichte war, dass der Fahrer ein Israeli war. Also legten wir gleich vergnügt auf Hebräisch los, und der katholische Pierre stand vollends unter Schock.

Die Ironie bei diesen Eskapaden ist: Wenn meine Kinder davon wüssten, würden sie mit mir schimpfen. (Nachdem ich jetzt öffentlich über meinen schnellen Anhalter-Daumen geschrieben habe, werde ich vermutlich versprechen müssen, das nie mehr zu machen. Doch dieses Versprechen werde ich wohl kaum halten.) Weil ich schon mit zehn Jahren gezwungen war, die volle Verantwortung für mich zu übernehmen, habe ich das Gefühl, ich müsste auf niemanden hören. Und ich schätze das Trampen mitten in Manhattan auch nicht als sehr riskant ein. Wäre ich irgendwo draußen auf dem Land, wäre ich wesentlich vorsichtiger, weil es dort Leute gibt, die es auf Anhalter abgesehen haben. Aber in New York City trampen so wenige Leute, dass ich nicht glaube, damit ein großes Risiko einzugehen.

Ich kann ein Kapitel über Risiken nicht beenden, ohne das eine Risiko zumindest zu erwähnen, von dem ich den Leuten immer abrate, nämlich riskanten Sex. Ich benutze nie den Ausdruck »sicherer Sex«, weil ich nicht glaube, dass es jenseits der Masturbation so etwas gibt. Viele, die eine sexuell übertragbare Krankheit haben, wissen gar nichts davon, deshalb kann die Antwort selbst dann, wenn Sie sie fragen, ob sie gesund sind, unzuverlässig sein. Und Kondome schützen nicht vor allen sexuell übertragbaren Krankheiten, sie können auch reißen oder herunterrutschen. Folglich können Sie das Risiko verringern und *sichereren* Sex haben, das Risiko aber nie ganz ausschalten. Hält das die Menschen davon ab, Sex zu haben? Natürlich nicht. Und viele haben auch Sex, ohne irgendwelche Vorkehrungen zu treffen, und tragen die Konsequenzen. Also, seien Sie bitte mutig; aber seien Sie auch vorsichtig.

Ich hoffe, dieses Kapitel ermuntert Sie dazu, Risiken einzugehen und etwa jemanden zu einer Verabredung einzuladen, wenn Sie keinen Partner, keine Partnerin haben. Aber ich möchte auch, dass Sie so sicher wie möglich leben. Wägen Sie sorgfältig ab, wann Sie ein Risiko eingehen und wann Sie auf Nummer sicher gehen.

KAPITEL 10

Mit über siebzig zur Grammy-Nominierung
Es ist nie zu spät – und selten zu früh

Ein befreundeter Anwalt, John Silberman, schickte mir einmal ein Päckchen. Da weder mein Geburtstag noch sonst ein besonderer Tag anstand, starrte ich es ein Weilchen an und fragte mich, was er mir wohl geschickt haben könnte. Ich schüttelte es, hörte aber nichts. Es war nicht seine Art, mir aus heiterem Himmel etwas zu schicken, deshalb hatte ich andeutungsweise das Gefühl, das man bekommt, wenn man die Kurbel eines Schachtelteufels dreht. Ich packte es aus und fand zu meiner Verblüffung zwei Stricknadeln und Wolle. Ich kann nicht nur nicht stricken, sondern ich könnte auch niemals lange genug still sitzen, um diese Kunstfertigkeit zu erlernen. John weiß das ganz genau, deshalb kam mir dieses Geschenk immer merkwürdiger vor. In der Schachtel war ein kleines Kuvert. Ich holte es heraus, öffnete es und fand folgende Zeilen: »Für den Fall, dass es dir zu anstrengend wird, Dr. Ruth zu sein, überreiche ich dir diese Stricknadeln und diese Wolle, damit du in den Ruhestand gehen kannst und etwas zu tun hast, wenn du den ganzen Tag im Schaukelstuhl sitzt.« Als ich das las, lachte ich laut auf. Wahrscheinlich hatte ich mich bei John über irgendetwas beklagt, und so war er auf diese Geschenkidee gekommen. Und sie war mir eine Lehre: Beklage dich nie über die

Pflichten, die das Dasein als Dr. Ruth mit sich bringt, vor allem nicht bei John!

Ich war etwa siebzig, als das geschah, und jetzt bin ich sechsundachtzig, und mir ist klar, dass in diesem Alter viele ihr Lebenswerk schon zur Seite gelegt haben und lieber stricken oder sonst etwas tun, was man im Schaukelstuhl machen kann. Aber ich nicht.

Sherry Lansing, die als erste Frau ein großes Filmstudio leitete und mit der ich befreundet bin, prägte den Spruch: *Don't retire, rewire* (sinngemäß »Setz dich nicht zur Ruhe, wechsle die Spur«), und ich habe ihn zu meinem Motto erhoben. Ich kann nicht mehr all das machen, was ich früher getan habe. Aber ich sorge immer noch dafür, dass mein Terminkalender randvoll ist. Und wenn manches nicht mehr geht, ersetze ich es durch etwas anderes. Ich drossele nicht mein Tempo, sondern nehme nur Wege, die etwas weniger steil sind, mich aber weiterhin auf Pfade führen, die für mich neu sind.

Letztes Jahr hat mich mein Freund Gary Tinterow angerufen, um mir eine solche Neuerung anzubieten. Viele Jahre lang war er ein hoch angesehener Kurator am *Metropolitan Museum of Art* gewesen. Wie im Kapitel über meine Liebes- und Ehegeschichten erzählt, haben Gary und ich das Buch »The Art of Arousal« geschrieben. Vor Kurzem hat er sich selbst zu einer großen Veränderung entschlossen und den Posten des Direktors des *Museum of Fine Arts* in Houston übernommen.

»Ruth, ich stelle gerade eine Vortragsreihe hier im Museum zusammen und hätte gerne, dass du meine erste Hauptrednerin bist.«

»Natürlich, Gary. Und du wirst mit mir auf der Bühne sein.«

»Klar. Wir werden wieder über alte Zeiten sprechen und ›The Art of Arousal‹ diskutieren.«

Sie erinnern sich – dieses Buch enthält klassische Gemälde mit erotischen Motiven, die Gary ausgesucht hatte und zu denen ich Kommentare verfasst hatte.

»Fabelhaft«, sagte ich. »Wann willst du das machen?«

»Am 4. Juni.«

Bei diesem Datum erstarrte ich. Der 4. Juni ist mein Geburtstag; außerdem war es in jenem Jahr mein fünfundachtzigster, der wohl nach einem Fest mit einem Ausrufezeichen verlangte. Wollte ich meinen runden Geburtstag fern von New York und meinen Angehörigen und Freunden verbringen? Meine Kinder wären über diese Nachricht ganz bestimmt nicht erfreut. Aber in den Sekundenbruchteilen, in denen mir diese Gedanken durch den Kopf schossen, überlegte ich auch, wie viel Spaß es mir machen würde, allen zu verkünden, dass ich an meinem fünfundachtzigsten Geburtstag in Houston einen bezahlten Auftritt hatte. Das wäre für mich das schönste Geburtstagsgeschenk überhaupt, folglich sagte ich Gary begeistert zu.

Als ich es Pierre erzählte, druckste er ein bisschen herum und sagte dann: »Ruth, ich wollte es dir nicht sagen, aber Miriam und ich waren schon dabei, eine Überraschungsparty für deinen Geburtstag zu organisieren.«

»Tut mir leid, aber sag Miriam bitte, ich gehe nach Houston. Mein Entschluss steht fest, und dabei bleibt es.«

Ich kann nicht einmal annähernd erklären, wie entzückt ich über diese Wendung war. In den folgenden fünf Monaten erzählte ich allen, die mir über den Weg liefen, dass ich keine Geburtstagsparty machen, sondern in Houston einen Vortrag halten würde. Diese spezielle Geburtstagsfeier zauberte ein Lächeln auf mein Gesicht, sooft ich daran dachte. Warum? Weil ich aus der Reihe tanzte. Ich verhielt mich nicht wie eine Fünfundachtzigjährige, die akzeptierte, dass das Alter ihr den Takt vorgibt und sie ausbremst. Nach meiner Ansicht führt eine Verlangsamung nur zum Stillstand. Dieser Auftritt war ein Zeichen, dass ich mit voller Kraft voraus unterwegs war.

Vor einigen Jahren hatte ich ein gesundheitliches Problem. Ich hatte einen hartnäckigen Husten, der mich dazu veranlasste, eine Menge Tropfen mit hohem Zuckeranteil sowie andere Hustenmittel zu nehmen. Das ließ meinen Blutzucker in die Höhe schnellen. Die Ärzte hatten mir schon zuvor gesagt, dass er ein bisschen zu hoch sei. Aber niemand hatte mich als Diabetikerin bezeichnet. Deshalb wäre mir nicht einmal im Traum eingefallen, dass mich frei verkäufliche Medikamente ins Krankenhaus bringen könnten. Aber so war es. Eine Woche später sollte ich auf der *Queen Elizabeth* den Atlantik überqueren, denn ich hatte einmal wieder einen Deal vom Typ »Überfahrt gegen Vortrag« geschlossen, wie ich ihn schon geschildert habe. Es ging mir sehr schnell wieder besser, aber niemand wollte mich auf dieses Schiff gehen lassen. Meine behandelnden Ärzte rieten mir dringend, zu Hause zu bleiben. Ein guter Freund, der Gynäkologe ist, versuchte mich mit allen Mitteln davon abzubringen, dass ich fuhr. Meine Kinder waren wütend auf mich, weil ich überhaupt nur daran dachte, zu reisen. Es ging mir zwar besser, aber alle hatten Angst, ich bekäme mitten auf dem Meer einen Rückfall. Was dann? Aber ich blieb dabei und wollte auf keinen Fall meine Reisepläne von diesem kleinen Zwischenfall stören lassen. Als das Schiff den Hafen verließ, war ich an Bord. Und bis ich auf der anderen Seite des Atlantiks ankam, war ich wieder kerngesund.

Ging ich aus Dickköpfigkeit an Bord dieses Schiffes oder aufgrund meiner *Joie de vivre*? Um diese Frage beantworten zu können und zu verstehen, wie ich funktioniere, müssen Sie zurückschauen. Ich bin dem Tod ein paarmal knapp entronnen, während meine Eltern und andere Familienmitglieder nicht so viel Glück hatten. Ein Stück weit habe ich das Gefühl, nicht nur für mich selbst, sondern auch für all jene zu leben, die gestorben sind. Kann ich mir als Holocaust-Waise also den Luxus erlauben, Zeit damit zu verplempern, mich von einer Überdosis Hustentropfen zu erholen? Wohl nicht. Und wäre dieses Schiff ohne mich gefahren, dann hätte man mich aufgrund einer »ärztlichen Anweisung« womöglich auch davon abgehalten, nach Israel zu fahren. Dann wäre ich auf eine spiegelglatte Rutschbahn geraten, und das konnte ich nicht zulassen.

Man sagt, das Leben sei kurz. Die meisten Leute meinen damit, dass man Dinge, die man nicht machen will – etwa eine Einladung zum Essen bei einem langweiligen Ehepaar –, auch nicht tun sollte. Aber das ist der negative Blick auf ein kurzes Leben. Mir ist eine positive Haltung viel lieber. Wenn sich eine interessante Möglichkeit auftut, dann werde ich mich nicht hinter irgendeiner Ausrede verstecken und sagen, ich sei zu beschäftigt oder zu müde oder zu krank und müsse daher auf das verzichten, was sich bietet. In meinem Alter wird das Leben noch kürzer. Das heißt, ich muss jetzt so viel wie irgend möglich hineinpacken. Aber ganz gleich, wie alt Sie sind: Das Leben wird immer kürzer, also versäumen Sie keine Möglichkeit, es bis zur Neige auszukosten!

Übrigens verpasste ich durch die Zusage, den Vortrag in Houston zu halten, meine Überraschungsparty zum Geburtstag nicht. Das Theaterstück über mein Leben, »Becoming Dr. Ruth«, sollte ein paar Wochen nach meinem Geburtstag in Hartford Premiere haben. Natürlich wollte ich hingehen. Keine zehn Pferde hätten mich davon abbringen können, nicht einmal literweise zuckerhaltige Hustentropfen. Miriam sorgte dafür, dass etwa dreißig Freunde zu einem Brunch vor der ersten Matinee-Vorstellung nach Hartford fuhren. Als ich im Theater ankam, brauchte ich meine Überraschung nicht zu heucheln. Dass all diese Menschen so viele Stunden gereist waren, nur um mir zum Geburtstag zu gratulieren, erstaunte und bewegte mich. Sie sehen also: Ich konnte meinen Vortrag halten, meinen Scheck kassieren und bekam trotzdem eine Überraschungsparty. So etwas zustande zu bringen, ist wieder ein typisches Westheimer-Manöver.

Eines habe ich allerdings mit einem gewissen Bedauern aufgegeben: das Skifahren. Als ich achtzig wurde, entschied ich, es sei nicht mehr sicher. Ein Freund von mir, der einst ein berühmter Skifahrer war und mehrere Medaillen bei Olympischen Spielen gewonnen hatte, Stein Eriksen, erlitt einen schweren Skiunfall. Das brachte mich ins Grübeln: Wenn er schon so schwere Verletzungen davontragen konnte, warum musste ich dann in meinem Alter noch im Schuss die Hänge hinunterfegen? Also gab ich meine Skier meiner Enkelin Michal, und obwohl ich darüber traurig war, machte es mich auch glücklich, weil ich wusste, sie würde sie benutzen.

In den Tagen, in denen ich noch Ski fuhr, wurde ich immer wieder zu *Celebrity Ski Invitationals* in verschiedene Wintersportorte wie Vail und Banff eingeladen. Eine dieser Veranstaltungen fand in Park City in Utah statt, wo Stein wohnte. Ich hatte gerade den Lift verlassen und stand oben am Berg, da kam er auf mich zugeschossen, dass der Schnee in alle Richtungen stob, als er anhielt.

»Dr. Ruth, meine Ski fahrende Lieblingssexualtherapeutin. Willkommen in Park City. Komm, wir zeigen den Yankees, wie wir Europäer Berge hinunterfahren.«

»Tut mir leid, Stein, ich bin nicht in deiner Liga.«

»Sag bloß, du hast Angst, mit mir zu fahren.«

»Du bist ein viel zu guter Skifahrer – ich will dich nicht bremsen.«

Statt sich mit diesem Nein zufriedenzugeben, befahl mir Stein, meine Skier abzuschnallen, bückte sich und sagte jemandem, er solle mir auf seinen Rücken helfen. Dann sauste er den Hang hinunter, und ich klammerte mich nach Kräften an ihm fest. Die Landschaft flog nur so an uns vorbei, und andere Skiläufer begannen uns Grüße zuzurufen. Wir müssen auch einen spektakulären Anblick geboten haben: Ich in meinem weißen Skianzug huckepack auf dem Rücken dieses stattlichen nordischen »Ski-Gottes«, krampfhaft bemüht, ja nicht herunterzufallen. Ich schwankte zwischen Hochgefühl und Panik. Stein war zweifellos sehr vorsichtig, aber er konnte natürlich nicht die Stöcke zum Ausbalancieren einsetzen, weil er meine Beine festhielt. Ich war auf dem Rücken dieses Olympischen Goldmedaillengewinners vielleicht sicherer, als ich auf meinen eigenen Beinen gewesen wäre, aber damals sagte ich mir: »Ruth Westheimer, du hast ein gutes Leben gehabt, und wenn es so endet, dann soll es eben sein.«

Der Verzicht auf das Skifahren ist nicht das einzige Zugeständnis, das ich dem Alter gemacht habe. Ich hasse es, zu warten, besonders auf Flughäfen. Früher kam ich, um die Wartezeit abzukürzen, oft gerade noch rechtzeitig, um meinen Flug zu erwischen. Aber natürlich haben mich die vielen zusätzlichen Sicherheitsmaßnahmen an Flughäfen seit dem 11. September 2001 dazu gezwungen, früh zu kommen. Ich will auch nicht mehr nervös sein, weil ich meinen Flug verpassen könnte. Wenn ich heute irgendwohin will, sorge ich dafür, dass ich viel zeitlichen Spielraum habe. Doch manchmal geht das nicht. Wenn man einen Anschlussflug erreichen will – und ganz besonders, wenn der Flug auf der ersten Etappe aus irgendeinem Grund Verspätung hat –, dann muss man durch den Flughafen spurten wie einst O.J. Simpson in den Hertz-Werbefilmen, um den Anschluss zu erwischen. Die perfekte Gelegenheit für einen Sturz. Wenn ich also heute weiß, ich muss einen Anschluss bekommen, bestelle ich vorher einen Rollstuhl. Auf manchen Flughäfen muss man so lange Strecken zurücklegen, dass ich mich lieber auf jüngere Beine verlasse, die mich gut ans Ziel bringen. Und statt das als einen Verlust von Unabhängigkeit zu empfinden, lehne ich mich einfach zurück und freue mich an der Fahrt.

Ich weiß, dass viele Leute das Gefühl haben, ein Zugeständnis – sei es ans Alter oder an sonst etwas, was ihnen das Leben zumutet – würde die Lebensqualität mindern. Besonders wenn es um Sex geht, findet man diese Einstellung. Viele denken, wenn Sex mit ihrem Partner nicht mehr spontan stattfindet, sei etwas nicht in Ordnung. Aber bei dem hektischen Leben und dem vollen Terminkalender so vieler Paare ist vielleicht der einzige Weg, Sex zu haben, dass Sie ihn planen und sich für bestimmte Tageszeiten verabreden. Zwar bin ich sehr für spontanen Sex, aber auch für geplanten. Denn geplanter Sex ist viel besser als überhaupt kein Sex.

Um *Joie de vivre* zu erleben, müssen Sie nicht nur flexibel sein, sondern auch die richtige Einstellung haben. Wenn Sie Pläne für ein Dinner schmieden, und es fällt ins Wasser, können Sie schmollen und den Abend mit fernsehen verschwenden. Oder einfach umdisponieren. Gehen Sie beispielsweise ins nächste Kino und schauen Sie einen Film an. Gehen Sie in Ihre Buchhandlung und kaufen Sie den neuesten Bestseller oder ein Buch, das Sie schon seit Jahren lesen wollten. Gehen Sie los und rufen Sie Ihre Zimmergenossin aus Collegezeiten an, die Sie ewig nicht mehr gesehen haben. Nutzen Sie die freie Zeit, die Ihnen plötzlich in den Schoß gefallen ist, statt sie einfach zu verplempern.

Ich habe mich vom Älterwerden in keiner Weise unterkriegen lassen. Besser als jede andere Geschichte illustriert das die große Veränderung, die Nate Berkus in meinen Privaträumen vornehmen durfte oder vielmehr sollte. Damit die Geschichte richtig zur Geltung kommt, muss ich Ihnen ein bisschen von meiner Wohnung in Washington Heights erzählen. Ich lebe dort wie gesagt seit über fünfzig Jahren. Da ich keine Minimalistin bin, sondern eher ein Hamster, haben sich dort seit Langem viel zu viele Sachen buchstäblich aufgetürmt. Und da mein verstorbener Mann die gleiche Sammelwut hatte, sah unsere Wohnung manchmal aus wie ein Silo nach einer Rekordernte. Ich hatte einen gewaltigen Stapel Bücher und Papiere im Wohnzimmer, den ich unter einer Decke versteckte und meinen Sommerskihang nannte. Immer mal wieder ging ich diese Stapel durch und warf oder gab einen großen Teil davon weg. Aber ich hatte immer so viel zu tun, dass es schwierig war, Zeit für solche Aufräumaktionen zu finden. Außerdem ließ ich auch niemand anderen an die Stapel, denn dann verschwand vielleicht etwas, das ich wirklich noch brauchte.

Das Problem wurde noch dadurch verschärft, dass ich zwei Eigenschaften habe, die es mir ziemlich erschweren, etwas wegzuwerfen. Erstens erbitte ich, wenn ich in irgendeinem Printmedium erscheine, nicht ein Exemplar davon, sondern vielleicht zehn oder zwanzig Exemplare. Ich verschenke viele davon an Freunde und Angehörige, aber eine ganze Menge findet auch ein dauerhaftes Zuhause unter meinem Dach. Und dann mag ich nichts in den Papierkorb werfen, auf dem ein Bild von mir ist. Im Allgemeinen bin ich nicht besonders abergläubisch, aber diese Abneigung fällt ein Stück weit unter diese Kategorie. Folglich wuchs im Laufe der Jahre die Menge von Gegenständen, die ich nicht wegwerfen wollte, weiter und weiter an. Verstehen Sie mich nicht falsch, es wurde nie so schlimm wie bei den Leuten, die man in Reportagen über Messies sieht. Aber die Lage entglitt mir immer wieder, bis ich dem Abbau der Stapel einige Stunden widmen konnte.

Als ein Producer der Show von Nate Berkus Pierre anrief, hatte das nichts mit dem Zustand meiner Wohnung zu tun. Sie wollten mich als Gast haben, angeblich wegen meiner Expertise. Das verstand ich nicht. Er ist Innenarchitekt, und in seiner Sendung ging es ausschließlich um Einrichtungen, nicht um Sex. Ich wusste über Raumgestaltung noch weniger als über Gesang, welche Rolle sollte ich also in einer solchen Sendung spielen? Meine erste Reaktion war, nein danke zu sagen. Aber dann erklärten sie Pierre, was sie wollten, und er wiederum berichtete mir, das sei eine wichtige landesweite Show. Und so wurde ein Termin vereinbart, an dem ich auftreten sollte.

Die Ausgangssituation war, dass eine Frau an Nate geschrieben und ihm erzählt hatte, dass sie sich von ihrem Freund getrennt hatte und in der gemeinsamen Wohnung keinen Sex mehr haben konnte, seit er ausgezogen war, weil es sich nicht mehr stimmig anfühlte. Ihre traurige Geschichte sollte in der Sendung erzählt werden, ich sollte dann dazukommen. Das Publikum in Studio schnappte nach Luft, als es mich sah, weil es ebenso wenig erwartet hatte, mich in »The Nate Berkus Show« zu sehen, wie ich damit gerechnet hatte, dorthin eingeladen zu werden. Sobald ich Nate begrüßt hatte, kam ich sofort zur Sache. »Meine Liebe, die Antwort auf Ihre Frage ist ganz einfach: Werfen Sie sämtliche Schlafzimmermöbel hinaus.

Soweit ich verstehe, rufen sie Erinnerungen an gute und schlechte Zeiten mit Ihrem Freund wach. Das ist keine ungewöhnliche Reaktion. Und mir ist auch klar, dass es teuer sein mag, alle durch neue zu ersetzen. Aber Sie dürfen nicht zulassen, dass Ihre Schlafzimmereinrichtung Ihr Sexleben ruiniert. Wenn Sie die Einrichtung nicht verkaufen können, dann geben Sie sie so bald wie möglich weg, und schaffen Sie sich neue Möbel an. Selbst wenn Sie eine Zeit lang auf einer Matratze auf dem Fußboden schlafen müssen, ist es das wert, damit Sie Ihr Sexleben wiederbekommen.«

Die Kameras liefen noch, als ich beschloss, einen Versuchsballon steigen zu lassen: »Nate, das Problem dieser jungen Frau habe ich gelöst – vielleicht könnten Sie jetzt meines lösen.«

»Sehr gerne, wenn ich kann, Dr. Ruth.«

»Ich wohne schon seit über fünfzig Jahren in meiner Wohnung. Und ich habe so viele Sachen angesammelt, dass ich mich schäme, jemanden dort zu empfangen, besonders Männer. Können Sie mir helfen?«

Nate zögerte nicht. »Natürlich. Wir werden Ihre Wohnung neu gestalten.«

»Umsonst?«

»Ja, umsonst.«

Ich klatschte vor Freude in die Hände, wie Gäste in Spielshows das oft tun. Ich war im Begriff, meine Wohnung umsonst umgekrempelt zu bekommen. Der erste Schritt war, dass Nate mich in meiner Wohnung besuchte. Ich machte ein wenig sauber, ehe er kam, weil er eine Film-Crew mitbringen wollte, um den »Vorher«-Teil für seine Show zu drehen. Ich wollte natürlich nicht, dass es in meiner Wohnung aussah wie bei Hempels unterm Sofa. Aber die Aufgabe war für mich und meine Haushälterin viel zu groß, sodass man hinterher kaum etwas sah. Ich wusste nicht viel über Nate, aber als er die Mesusa am Türpfosten meiner Wohnungstür küsste, wusste ich zumindest, dass er Jude war, was ihn mir gleich noch sympathischer machte.

Mit laufenden Videokameras gingen wir durch mein Wohnzimmer, und ich erklärte ihm, warum mir dieser oder jener Gegenstand wichtig war. »Ich sammle Schildkröten«, erklärte ich ihm, als er die vielen Schildkröten entdeckte, die überall herumstanden. »Damit eine Schildkröte überleben kann, muss sie den Kopf aus dem Panzer strecken. Sie muss ein Risiko eingehen. Und da das auch meine Philosophie ist, habe ich gerne Schildkröten um mich, damit sie mir Mut machen, sooft ich das Bedürfnis verspüre, mich in meinem Panzer zu verkriechen.«

»Aber Sie haben so viele.«

Er hatte recht, es müssen insgesamt an die hundert gewesen sein. Vielleicht sieht es so aus, als seien sie eine Obsession von mir. Dabei bin ich an den meisten gar nicht schuld. »Ich kaufe sie nicht, ich bekomme sie immer geschenkt. Und dann kann ich sie nicht einfach wegwerfen, oder? Aber an manchen hänge ich ganz besonders.«

Nate erspähte die eine einzige Schildkröte in meinem Besitz, die deutlich über dem Niveau von Nippes liegt. Was bewies, dass er ein wirklicher Experte war, selbst auf dem Gebiet der Keramikreptilien. Ein oder zwei Wochen nach Nates Besuch kamen einige Leute von seinem Team und begannen meine Habe für die Auslagerung in Kunststoffbehälter zu verpacken, von denen jeder sorgfältig beschriftet wurde. Sie gestalteten nur die vorderen Zimmer um, deshalb konnte ich viele Sachen in meinem Gästezimmer unterbringen. Irgendwann sortierte ich dann tatsächlich kistenweise Bücher und andere Dinge aus und warf sie weg oder verschenkte sie. Zumindest konnte ich das dann in meinem eigenen Tempo machen. Heute achte ich viel mehr darauf, in Grenzen zu halten, was ich ansammle (muss allerdings zugeben, dass ich diese Kunst noch längst nicht perfekt beherrsche).

Als es schließlich Zeit war, mit der eigentlichen Umgestaltung zu beginnen, wurde ich ins Hotel *Waldorf Astoria* ausquartiert. Ich kann nicht sagen, dass ich bei dieser luxuriösen Unterbringung meine Wohnung sonderlich vermisste. Ganz im Gegenteil begann ich sofort Pläne zu schmieden, wie ich es anstellen könnte, dort dauerhaft zu wohnen.

Nates Produktionsteam hatte gesagt, sie bräuchten nur zwei Tage, um mit allem fertig zu werden. Natürlich waren sie in den Wochen vorher in meiner Wohnung gewesen und hatten sie ausgemessen und Fotos gemacht. Ein Großteil der Arbeit, wie der Kauf und die Anfertigung von Möbeln und solcher Dinge, hatte vorher und anderswo stattgefunden. Aber alles dauerte ein bisschen länger als geplant. Als ich gebeten wurde, noch eine Nacht im Waldorf Astoria zu bleiben, beschwerte ich mich nicht. Mir kam es vor, als könne höchstens ein Wunder die Wohnung, die ich verlassen hatte, in einen Ort verwandeln, der auch nur annähernd mit dem Waldorf mithalten konnte. Aber ich irrte mich.

Als der große Augenblick kam, war ich gespannt wie ein Flitzebogen. Die Fernsehkameras erwarteten mich, als ich aus dem Aufzug trat und meinen Flur in Richtung Wohnung entlangeilte. Ich bemühte mich, langsamer zu gehen, weil der Kameramann rückwärtsging, und ich wollte nicht, dass er hinfiel. Aber sehr langsam konnte ich nicht laufen, denn ich starb fast vor Neugier, zu sehen, was sie gemacht hatten. Sie filmten mich, als ich an der Tür läutete, und dann musste ich einen Augenblick warten, als das Kamerateam hineinging und sich bereit machte, zu filmen, wie ich zur Tür hereinkam. Ich fühlte mich wie auf glühenden Kohlen, weil ich erstens überhaupt ein ungeduldiger Mensch bin und zweitens in diesem Fall darauf brannte, zu sehen, was aus der Wohnung geworden war, die ich schon mehr als fünfzig Jahre mein Zuhause nannte.

Nate öffnete die Tür, ließ mich aber nicht herein. »Dr. Ruth, Sie müssen die Augen zumachen.«

»Aber ich will doch sehen, was Sie gemacht haben.«

»Nur ganz kurz, meine Liebe, das schaffen Sie.«

»Also gut.« Und ich schloss meine Augen, ließ mich von Nate in die Diele führen und so drehen, dass ich beim Öffnen der Augen mein neues Wohnzimmer sah.

»So, jetzt können Sie sie aufmachen.« Das tat ich und sah mich vollkommen verblüfft um. Ich hätte diesen Ort niemals als meine alte Wohnung wiedererkannt. Die Verwandlung grenzte an ein Wunder. Ich war sprachlos, und dann begann ich zu weinen. Tatsächlich, im landesweiten Fernsehen. Ich sammle Puppenhäuser, und meine vollgestopfte Wohnung in einen Traum von einem Puppenhaus verwandelt zu sehen, machte mich fassungslos.

Ich bezeichne mich als *Kibbuznik*, und das ist jemand, der in einem Kibbuz lebt und mehr an der Gemeinschaft als an sich selbst interessiert ist. Ein Kibbuznik macht sich nicht viel aus seiner Umgebung. Aber sich noch Kibbuznik zu nennen, wenn man seit mehr als einem halben Jahrhundert nicht mehr in einem Kibbuz gelebt hat, überspannt den Bogen ein bisschen. Aber es soll heißen: »Wie meine Wohnung aussieht, ist mir nicht so wichtig.« Wobei ich eigentlich in Wahrheit sagen will: »Ich könnte nie eine Wohnung so einrichten, dass man sie in einer Zeitschrift vorführen könnte.« Doch was mir selbst niemals gelungen wäre, brachten Nate und sein Team fertig. Und es traf mich ins Herz.

Ein weiterer Grund für meine sehr emotionale Reaktion war, dass zuvor vor allem solche Gegenstände meine Wohnung gefüllt hatten, die mein verstorbener Mann Fred und ich gemeinsam erworben hatten. Es sind weniger die vier Wände an sich, die ein Zuhause ausmachen, sondern das, was innerhalb dieser vier Wänden ist. Und jetzt war nicht nur Fred nicht mehr da. Die ganze Frontseite der Wohnung war des Lebens beraubt worden, das wir gemeinsam aufgebaut hatten. Ersetzt durch etwas, das mir wie ein Märchen vorkam. Ich starrte auf eine Verwandlung, die man vielleicht in einem Traum sehen würde, aber niemals im wahren Leben. Nicht dass Nate jede Spur von dem getilgt hatte, was vorher dagewesen war. Ganz und gar nicht. Es war ihm unglaublich gut gelungen, einige der Gegenstände ins beste Licht zu rücken, die mir am kostbarsten waren, etwa Familienfotos und andere Erinnerungen, von denen vorher viele in dem Wust von Dingen untergegangen waren. Aber unter dem Strich ist es so, dass das Wohnzimmer, das ich heute betrete, nicht mehr das Wohnzimmer ist, das in diesen über fünfzig Jahren gewachsen war.

Ich weiß, dass es Leute gibt, die ihre Möbel austauschen wie andere ihre Garderobe. Sie sagen einfach, es sei Zeit, zu renovieren und umzugestalten, und dann fliegt das Alte hinaus, und das Neue zieht ein. Aber ich bin nicht so. Ich habe im Krieg alles verloren. Der einzige Gegenstand, den ich noch aus meiner Kindheit habe, ist ein Waschlappen mit aufgedruckten Initialen. Nachdem ich so viel Verlust erlebt habe, neige ich dazu, alles festhalten zu wollen. In meinem früheren Leben war Veränderung alles andere als eine positive Erfahrung. Daher war es mir nicht leichtgefallen, Nate kurzerhand zu bitten, zu kommen und Veränderungen vorzunehmen. Aber als ich mich einmal dazu durchgerungen hatte, blieb ich dabei; und ich bin froh darüber.

Ich möchte zwei der vielen Neuerungen hervorheben, die Nate eingeführt hat. Erstens hatten alle Leute, die ich kannte, einen Fernsehapparat mit Flachbildschirm, nur ich nicht. Und zwar nicht deshalb, weil ich mir keinen neuen hätte leisten können, aber wo hätte ich ihn hinstellen sollen? Ich weiß nicht, wie es ihm gelungen ist, alle Anschlüsse von dort, wo mein kleiner Fernseher gestanden hatte, an die gegenüberliegende Wand zu verlegen. Auf jeden Fall hängt jetzt in meinem Wohnzimmer ein Flachbildschirm. Ich sehe nicht viel fern, aber wenn, dann danke ich Nate jedes Mal für das schöne Bild! Außerdem passte er einige Möbelstücke an meine Statur an. Normalerweise komme ich mit Möbeln normaler Größe zurecht, aber bequem finde ich sie nicht. Jetzt habe ich Stühle, die *für mich* passend sind, statt solche, an die *ich mich* anpassen muss.

Sie sehen, Nate hat diese Wohnung tatsächlich auf mich zugeschnitten, nicht auf seine Fernsehsendung oder eine Zeitschrift für Design. Er studierte mich und machte sich daran, ein Heim zu schaffen, das ich lieben würde. Und das gelang ihm. Und ich war ein Risiko eingegangen, als ich Nate fragte. Jetzt sieht meine Wohnung nicht mehr wie die einer sechsundachtzigjährigen Frau aus, sondern ist ein schickes, modernes Zuhause, das auch jemandem gehören könnte, der halb so alt wie ich ist!

~

In Israel wird viel gemeinsam gesungen und getanzt. Als ich dort lebte, habe ich nie eine derartige Gelegenheit zur Geselligkeit ausgelassen. Diese Gemeinschaftsvergnügen waren die Belohnung dafür, dass wir stundenlang in der heißen Sonne Israels Körbe mit Oliven oder Trauben gefüllt hatten. Wenn sich die eigene Stimme mit der von vielen anderen mischt, fällt es nicht besonders auf, dass man keine Melodie halten kann. Aber wenn man alleine singt, tritt diese Schwäche wesentlich stärker zutage. Deshalb haben mir meine Kinder, sobald sie alt genug waren, ihren Willen zu äußern, verboten, in ihrer Gegenwart noch einen Ton zu singen. Die Tatsache, dass ich einmal für einen Grammy Award vorgeschlagen wurde, war daher eine große Überraschung, am allermeisten für mich selbst. Und dass meine »Gesangskarriere« erst begann, als ich schon über siebzig war, beweist, dass man niemals nie sagen sollte.

Als ich das erste Mal öffentlich sang, winkte mir kein Preis – ich war nur schrecklich nervös. Ich wurde gebeten, an einer besonderen Aufführung des Musicals »Pippin« teilzunehmen, die Geld für den Kampf gegen AIDS einbringen sollte. Es war eine Konzertversion, und das hieß, dass verschiedene Prominente auftreten und einfach die Songs des Stücks singen sollten. In diesem Musical gibt es eine Melodie, die am Broadway durch die Charakterdarstellerin Irene Ryan berühmt wurde: »No time at all«. Die Worte dieses Songs können im Grunde gesprochen werden, und genau das sollte ich auch tun, unterstützt von vier gut aussehenden jungen Männern, die die Chorpartien sangen und um mich herumtanzten. Das Angebot dafür kam von Merle Frimark, mit der Pierre damals ein Büro teilte.

»Dr. Ruth, Sie müssen das unbedingt machen. Wir sammeln Geld für den Kampf gegen AIDS, und wenn Ihr Name im Programm erscheint, macht das Eindruck.«

»Aber Merle, ich kann nicht singen, und alle anderen sind berühmte Sänger und Sängerinnen.«

»Sie müssen nicht wirklich singen. Sie brauchen nur die Worte im richtigen Takt zu sprechen. Für all die Leute, die AIDS schon erwischt hat, ist es wichtig, dass Sie da sind.«

Am Ende ließ ich mir eine Zusage abringen, hatte aber immer noch gewaltige Bedenken. Es ging nicht um das klassische Lampenfieber. Damals hatte ich schon Hunderte von Vorträgen vor einem riesigen Publikum gehalten. (Ich schrieb sogar in meinen Vortrags-Vertrag, dass ich nicht vor mehr als dreitausend Zuhörern sprechen möchte, weil ich das schon ein paarmal erlebte hatte und es nicht mag, wenn ich keinen Kontakt mehr zum Publikum herstellen kann.) Vielmehr hatte ich null Vertrauen in mein Talent zu singen, selbst wenn es nur ein Sprechgesang war.

Wenn ich einen Werbespot mache, dann sage ich den Verantwortlichen, dass ich mich »*One-Take*-Westheimer« nenne und nie proben möchte, weil das für mein Gefühl die Spontaneität des Auftritts verdirbt. Ich lasse sie immer so viele Durchgänge machen, wie sie wollen, aber ich will ihnen das nicht schon vorher verraten, sonst sitzen wir den ganzen Tag da. Aber bei dieser Show bestand ich auf zahlreichen Proben. Ich ging ein halbes Dutzend Mal ins Büro des Regisseurs, und wir gingen den Song immer wieder durch.

»Dr. Ruth, das war perfekt.«

»Nein, ganz und gar nicht. Es war schrecklich.«

»Nein, Sie waren großartig. Und außerdem haben Sie ja noch die vier Männer, die Sie unterstützen.«

»Aber die machen nicht meinen Anteil. Sie singen nur die Chorpartien.«

»Vertrauen Sie mir, das Publikum wird von Ihnen begeistert sein.«

Aber ich vertraute ihm kein bisschen. Wenn ich einen öffentlichen Auftritt habe, lasse ich das normalerweise alle meine Angehörigen und Freunde wissen. Diesmal sagte ich zu Pierre, ich wolle keinen im Publikum haben, den ich persönlich kenne. Sollte ich mich komplett zum Narren machen, wollte ich nicht Freunde und Familie als Zeugen dabeihaben. Die Einzigen, die mein musikalisches Debüt sahen, waren Pierre und seine Frau, Joanne. Und was sie sahen, war, dass ich Standing Ovations bekam! Jedes Mal, wenn ich die Bühne verlassen wollte, tobte das Publikum noch mehr, sodass ich zurückgehen und mich noch einmal verbeugen musste.

Natürlich habe ich später bedauert, dass ich meine Kinder nicht eingeladen hatte, die nie gewollt hatten, dass ich singe. Stellen Sie sich vor, was für ein diebisches Vergnügen mir die Reaktion des Publikums gemacht hätte. Aber gut, zumindest habe ich nicht gekniffen und konnte mich eine Weile im Glanz dieses stürmischen Beifalls sonnen.

Der Nächste, der mit der Bitte an mich herantrat, ich solle etwas singen, war Tom Chapin. Tom, Bruder des viel zu früh verstorbenen Singer-Songerwriters Harry Chapin, hat sich auf Musik für Kinder spezialisiert und ein Lied mit dem Titel »Two Kinds of Seagulls« (»Zwei Arten von Möwen«) darüber geschrieben, dass es die meisten Tiere paarweise gibt – zum Beispiel eben *he-gulls* und *she-gulls* (Möwe und Möwin). Obwohl das Lied sehr hübsch ist, weiß ich nicht, ob ich mit Tom zusammen ein Duett gesungen hätte, wäre nicht die Erfahrung mit dem Musical vorausgegangen. Aber sie hatte mein Selbstvertrauen gestärkt; und da wir eine Studioaufnahme machten und nicht vor einem Livepublikum singen wollten, musste nicht alles auf Anhieb sitzen, sondern ich konnte mir auch einmal einen Patzer leisten.

Tom ist sehr groß, und ich bin sehr klein, aber im Studio bekam der Toningenieur die Positionierung der Mikrofone leicht in den Griff. Tom und ich haben dieses Lied ein paarmal vor einem Publikum aufgeführt, einmal sogar in der *Carnegie Hall.* Damit das klappte, fiel Tom am Ende einfach auf die Knie. Sie haben also ein lustiges Lied und ein noch lustiger wirkendes Paar, und das Publikum ist hingerissen! Alle Anerkennung dafür gebührt Tom, der ein so zauberhaftes Lied geschrieben und mich dann noch dazu gebracht hat, es mit ihm zusammen zu singen. Und das Album mit diesem Lied, *This Pretty Planet,* wurde für einen Grammy nominiert, was ein weiterer Beweis für Toms Talent ist.

Nicht lange darauf begann eine Frau, die ich einmal in einem Schokoladengeschäft kennengelernt hatte und der ich Pierres Kontaktdaten gegeben hatte, Pierre mit dem Vorschlag zu bedrängen, ich solle Märchen lesen. Sie gehörte einer Gruppe für klassische Musik an, die »An die Musik« hieß, und hatte die Idee, eigens für diesen Anlass komponierte Musik als Begleitung zu Märchen zu spielen, die ich vorlesen sollte. Ich zögerte eine Weile, aber ich hatte damals kleine Enkelkinder und dachte, sie hätten Spaß an einer CD mit Märchen, die ihre Omi vorlas. So beschloss ich, zumindest mal die Möglichkeit zu erkunden.

Connie Emmerich ist eine sehr vornehm wirkende grauhaarige Dame, die eine große Wohnung an der Fifth Avenue hat und extrem schnell spricht. Ich bin auch eher schnell, aber da ich alles deutlich artikuliere, spreche ich am Ende doch ziemlich langsam. (Wenn ich einen Werbespot mache, müssen sie immer meinen Text kürzen, weil ich nicht alles, was ich sagen soll, in den sechzig Sekunden herausbringe, die mir dafür zur Verfügung stehen. Weil sie aber meinen einzigartigen Akzent wollen, müssen sie mein gerolltes »R« in Kauf nehmen.) Doch Connie war eine Schnellsprecherin. Oft musste ich sie bitten, mal eine Atempause zu machen, damit ich ihren Worten folgen konnte. Aber als ich zum Tee zu ihr ging, um die anderen Musiker kennenzulernen, setzte sie sich ans Klavier, alle nahmen ihre Instrumente zur Hand und spielten mir die Musik vor, die der Komponist Bruce Adolphe geschrieben hatte. Da war ich bezaubert. Diesmal sollte ich nicht so tun, als würde ich singen. Ich brauchte nur »Rotkäppchen« und »Goldlöckchen und die drei

Bären« vorzulesen, während sie zwischen den einzelnen Abschnitten Musik spielten.

»So, Dr. Ruth, was meinen Sie? Ist die Musik nicht wunderschön? Sie passt so gut zu diesen Märchen. Ich bin mir ganz sicher, wenn Sie als Sprecherin fungieren, wird diese CD gut ankommen.«

»Connie, Sie brauchen mir nicht mehr weiter zureden. Ich mache es. Ich weiß, dass meine Enkelkinder begeistert sein werden, und außerdem wird die CD ein wunderbares Chanukka-Geschenk sein.«

Wovon ich nichts ahnte, als ich meine Mitwirkung an dem Projekt zusagte, war das eigentliche Geschenk dabei: eine Grammy-Nominierung. Die Chance, eine solche Auszeichnung zu erhalten, hat man nicht alle Tage, folglich legte ich mich kräftig ins Zeug, sobald ich davon erfuhr. Das war 2002, ich hatte zwei Dummies-Bücher (»Sex für Dummies« und »Romantik für Dummies«) geschrieben, und der Mann, der die Reihe begonnen und mich für diese Bücher unter Vertrag genommen hatte, war John Kilcullen, der inzwischen Präsident des *Billboard Magazine* war. Ich vereinbarte ein Treffen mit ihm.

»John, Sie waren der wichtigste Mann in meinem Leben, als ›Sex für Dummies‹ erschien, und jetzt können Sie diese Rolle noch einmal spielen.«

»Ruth, Sie wissen, ich tue alles für Sie, was ich kann.« John ist wirklich ein Schatz.

»Ich habe bei einem Album mitgemacht, auf dem ich Märchen für Kinder vorlese, die musikalisch von einer Gruppe Kammermusiker umrahmt werden. Und wissen Sie was? Es wurde für einen Grammy nominiert.«

»Das ist ja toll! Wir müssen einen Werbefeldzug organisieren, damit Sie gewinnen!«

»Deshalb bin ich hier. Worauf warten wir noch?«

John stellte mich einigen Mitarbeitern vor. Wir bereiteten ein Interview für einen Artikel in der Zeitschrift vor, und jemand übernahm die Aufgabe, eine Werbeanzeige zu entwerfen. Natürlich musste ich jetzt erst einmal das Geld aufbringen, um das zu bezahlen. Aber wenn ich mir etwas vornehme, ziehe ich es auch durch, und so begann meine Kampagne für den Grammy. Pierre konnte eine Menge PR für mich machen, denn schließlich wird Dr. Ruth nicht jeden Tag für einen Grammy nominiert, deshalb war die Presse sehr interessiert.

Die Preisverleihung fand Ende Februar statt, und ich fuhr nach Los Angeles. Ich wohnte wie immer im *Beverly Hills Hotel* und hielt Hof in der Polo Lounge und am Pool. Ich wurde zu einigen Partys eingeladen und begegnete ein paar Stars. Bei den meisten hatte ich mal wieder keine Ahnung, wer sie waren, aber mich kannten alle, und sie waren eifrige Fans. Mein Spruch für jeden war: »Ich hoffe, Sie haben für mich gestimmt!«, und alle sagten, das hätten sie getan. Ich glaubte ihnen, und am Abend der Preisverleihung setzte ich mich mit dem zuversichtlichen Gefühl auf meinen Stuhl, dass ich gewinnen würde. Können Sie erraten, wer mich aus dem Feld schlug? Kein anderer als mein Freund Tom Chapin. Zwei Jahre nacheinander wurde je ein Album von ihm nominiert, aber es gewann das, bei dem ich nicht dabei war.

»Tom, herzlichen Glückwunsch, Sie haben es verdient!«, sagte ich zu ihm, als ich ihn später auf der Party nach dem offiziellen Teil sah.

»Vielen Dank, Ruth. Schade, dass ich nicht letztes Jahr gewonnen habe, dann hätten wir diese Auszeichnung gemeinsam bekommen.«

Ich gönnte Tom, dass er gewonnen hatte. Er ist ein sehr talentierter Songwriter, Sänger und Musiker mit jahrelanger Erfahrung. Ich dagegen war in dieser Beziehung noch ein ziemlicher Grünschnabel. Aber so sehr man sich auch einreden mag, es sei nicht so wichtig, ob man gewinnt, das Verlieren schmerzt trotzdem. Ich war zweiundfünfzig, als ich mit meiner ersten Radiosendung begann. Ich hatte nie davon geträumt, ein Radioprogramm zu gestalten und schon gar nicht eines, das mich in aller Welt berühmt machen sollte. Wenn ich Ihnen also sage, es sei nie zu spät, bin ich der lebende Beweis dafür.

Es gibt Leute, die wollten schon immer Klavier spielen lernen, nehmen aber erst Klavierunterricht, wenn ihre Kinder schon groß sind. Fred war so ein Mensch, und er genoss es sehr. Doch vielleicht wissen Sie noch gar nicht, welche Neuerung mehr Glück in Ihr Leben bringt. Vielleicht waren Sie im Zeichenunterricht in der Grundschule furchtbar schlecht. Deshalb sollten Sie nicht für immer denken, sie könnten nicht malen. Wenn es Sie lockt, es auszuprobieren, obwohl Sie kaum Strichmännchen hinbekommen, nehmen Sie einfach ein paar Stunden Unterricht. Wenn Sie dann zu der Erkenntnis gelangen, Sie hätten keinerlei Begabung dafür, hören Sie wieder auf. Aber wenn Sie Fortschritte machen und sich daran freuen, können Sie es zu Ihrem Hobby machen oder vielleicht sogar zum Beruf.

Es gibt Frauen, die damit rechnen, dass ihr Sexleben nachlässt und einschläft, sobald sie in die Wechseljahre kommen. Wenn Sie diese Erwartung haben, geschieht genau das. Andere kommen zu dem Schluss, Sex sei ohne das Risiko einer Schwangerschaft besser als je zuvor. Ihr Sexleben blüht nach den Wechseljahren auf, besonders, wenn die Kinder das Elternhaus verlassen haben und sie dadurch viel ungestörter sind.

Ihre Einstellung zum Leben entscheidet darüber, wie viel Lust und Liebe in Ihrem Leben herrschen. Ich sage nicht, dass Ihnen alles gelingen wird, was Sie anpacken, aber wenn Sie nie irgendetwas ausprobieren, kann ich Ihnen hundertprozentig garantieren, dass Ihnen nie gelingen wird, was Sie gar nicht erst versucht haben!

EPILOG

Die Leute stellen mir sehr gerne Fragen, und ab und zu gehe ich nach einer Vorstellung von »Becoming Dr. Ruth« zusammen mit der Hauptdarstellerin, Debra Jo Rupp, und dem Verfasser des Stücks, Mark St. Germain, auf die Bühne, und wir stehen dem Publikum Rede und Antwort. Ich dachte, es wäre ein schöner Abschluss für dieses Buch, Ihnen einige Antworten weiterzureichen, die ich im Laufe der Zeit gegeben habe. Vor allem solche, die sich auf ein möglichst erfülltes Leben beziehen.

Was tun Sie, wenn Sie traurig sind?
Ich ziehe meine Schublade für »Regentage« auf. Sie ist bis obenhin vollgestopft mit Briefen, die mir verschiedene Freunde und auch Fremde im Laufe der Jahre geschickt haben und die mir beim Lesen ein gutes Gefühl gaben. Wenn ich einen schlechten Tag habe, greife ich in diese Schublade, hole ein paar von diesen Briefen heraus und lese sie noch einmal, danach ist meine Stimmung wieder im Lot.

Der Kerngedanke der Verhaltenstherapie – zu der als Teilbereich auch die Sexualtherapie gehört – ist, sich nicht mit dem vergeblichen Versuch aufzuhalten, das Auftreten bestimmter Gedanken oder Gefühle von vornherein zu unterbinden. Wenn etwas geschieht, das Ihre Stimmung in den Keller zieht oder Ihren Blutdruck steigen lässt, können Sie nicht verhindern, dass diese negativen Emotionen oder Reaktionen ausgelöst werden. Sie können aber beeinflussen, wie lange sie dauern, und sie möglichst kurz halten. Damit das gelingt, ist es oft sehr nützlich, einige Hilfsmittel zu haben, die Ihre Gedanken in eine andere Richtung lenken. Hier kommen meine Briefe für traurige Tage ins Spiel. Aber für Sie kann es etwas ganz anderes sein. Fröhliche Musik hören, Witze lesen, die Sie in ein Kästchen gelegt oder in eine Datei auf Ihrem Computer geschrieben haben, oder sogar heiß duschen kann diesen Zweck für Sie erfüllen. Manchmal reicht es, an glückliche Erinnerungen zu denken, und schon erzielen Sie eine positive Wirkung. Allerdings klappt das nur, wenn Sie sich aktiv dieser Methode der Verhaltenstherapie zuwenden, sooft Ihre emotionale Reaktion Sie negativ beeinflusst. Sie müssen Ihr Gehirn dazu erziehen, nicht auf diese Negativität zu reagieren, oder, wie in manchen Fällen, regelrecht süchtig danach zu sein. Nach einiger Zeit werden Sie immer mehr Erfolg haben.

Ich würde Ihnen ja gerne beibringen, wie Sie alle unangenehmen Situationen von vornherein vermeiden können. Wie Sie aber an meinem Leben gesehen haben, ist das ein Talent, das ich leider selbst nicht besitze. Und da die meisten Menschen auch nicht mehr Kontrolle über ihr Schicksal haben als ich, liegt der Schlüssel zur Maximierung der Lebenslust darin, sich gegen die Tücken des Schicksals zu wappnen. Wenn Ihr Chef etwas sagt, das Sie kränkt oder aufbringt, ist es leicht, in diesen negativen Gefühlen zu versinken. Je tiefer Sie abtauchen, desto schwerer wird es, wieder aus der Trübsal herauszukommen. Sobald Sie das erkennen, zwingen Sie sich unverzüglich, an Dinge zu denken, die Ihre Stimmung wieder aufheitern. Vielleicht gab es einmal eine Überraschungsparty, die Sie über das ganze Gesicht strahlen ließ. Oder die erste Begegnung mit Ihrem Mann oder Ihrer Frau. Sie sollten keine Voodoo-Puppe von Ihrem Chef aus der Schreibtischschublade ziehen, denn das wird Ihnen nicht helfen, die negativen Gefühle zu vertreiben, sondern sie eher noch verstärken. Sie müssen etwas aus Ihrem eigenen Schatz schöner

Erinnerungen aussuchen und diese dann, wie ich schon sagte, mit äußerlichen Rettungsringen verknüpfen, wie etwa mit Briefen (oder ausgedruckten E-Mails), Musik oder was auch immer.

Auf dem Bühnenbild des Stücks und in Ihrer Wohnung, die Nate Berkus umgestaltet hat, wimmelt es überall von Fotos. Welche Bedeutung haben sie für Sie?

Wegen des Holocaust blieben mir nur ganz wenige Fotos von meinen Eltern erhalten statt einer ganzen Schatztruhe voll, die mir helfen konnten, mich an unsere glücklichen gemeinsamen Zeiten zu erinnern. Ihre Fotos hängen natürlich an zentraler Stelle in meiner Wohnung. Sie geben mir Kraft, sooft ich sie anschaue, weil meine Eltern mich so sehr liebten, und wenn ich sie an der Wand sehe, ist das für mich eine Botschaft ihrer Liebe. Dasselbe gilt für die Fotos, die ich von Fred, meinen Kindern und meinen Enkeln habe.

Heute machen die Leute Millionen von Fotos, aber weil sie digital sind, besteht eine gute Chance, dass sie auf irgendeiner Festplatte oder in einer Cloud gespeichert und gut versteckt sind, sodass man sie nicht ständig sehen kann. Selbst wenn Sie mit jemandem zusammenleben, gibt es Tage, an denen Sie sich vielleicht nicht so gut verstehen, aber wenn Sie dann einen Blick auf ein Foto von sich und dem anderen in einem glücklicheren Moment werfen, verändert das Ihre Stimmung. Deshalb lege ich Ihnen ans Herz, ein paar digitale Bilder auszudrucken oder ausdrucken zu lassen und bei sich zu Hause zu verteilen, sodass Sie sie sehen können. (Dasselbe ermöglicht auch ein digitaler Bilderrahmen.) Für Papierfotos in geschlossenen Alben gilt das übrigens auch. Stecken Sie einige davon in Bilderrahmen oder lassen Sie zumindest ein oder zwei Alben auf dem Couchtisch liegen. Fotos können für die Stimmung Wunder wirken, aber dafür muss man sie sehen können.

Ich habe auch Fotos von mir in meiner Wohnung hängen, die ein paar sehr spezielle Momente festhalten. So gibt es eines von mir und Präsident Clinton. Was die meisten gar nicht wissen: Ohne mich wäre er vielleicht gar nicht Präsident geworden. Okay, ich übertreibe – aber ich habe ihm tatsächlich geraten, zu kandidieren, als er noch Gouverneur von Arkansas war. Das Besondere an Präsident Clinton ist die Art und Weise, wie er einen anschaut. Man hat das Gefühl, dass er wirklich eine Verbindung zu einem herstellt.

Diese Art von Verbindung wird immer seltener. Man ist mit Menschen zusammen, aber sie verbringen gefühlt genauso viel Zeit damit, nach Nachrichten auf ihrem Smartphone zu schauen wie damit, einem ins Gesicht zu schauen. Wenn man ein wirklich erfülltes Leben haben will, muss man es gemeinsam mit anderen leben. Die Verbindungen, die man über das Telefon oder den Computer herstellt, sind einfach nicht so befriedigend wie echte zwischenmenschliche Kontakte. Wir Menschen haben uns über Jahrmillionen hinweg zu sozialen Wesen entwickelt, und wir brauchen andere Menschen, um vollständig zu sein. Die ganze Nutzung von Twitter, Facebook und Ähnlichem ist eine abgeschwächte Form von Kommunikation. Ohne Blickkontakt, Berührung, das Hören der Sprechweise und die Wahrnehmung des wechselnden Gesichtsausdrucks eines Menschen verpasst man sehr viel von seiner Botschaft. Um *Joie de vivre* zu erleben, braucht man lebendige, atmende Menschen um sich, nicht Maschinen. Und man muss sich auf das Gegenüber konzentrieren, mit dem man gerade im direkten Kontakt ist, und darf sich nicht von Leuten ablenken lassen, die nur über irgendein elektronisches Medium mit einem verbunden sind.

Wenn Sie die Leute, mit denen Sie zusammen sind, nicht besonders mögen – vorausgesetzt, sie gehören nicht zur Familie, sodass Sie keine Wahl haben – und aus diesem Grund ständig Ihr Smartphone checken, dann suchen Sie sich andere Gesellschaft. Sie können Ihre Elektronik als Hilfsmittel nutzen, diese Menschen zu finden, aber wenn Sie erst einmal mit ihnen zusammen sind, dann packen Sie sie bitte weg. Und denken Sie daran: Wenn eine Beziehung nicht sonderlich interessant ist, sind vielleicht auch Sie ein

Stück weit daran schuld. Wie viel investieren Sie in gehaltvolle Gespräche? Schlagen Sie Ihren Freunden vor, attraktive Orte zu besuchen, oder hängen Sie einfach nur herum? *Joie de vivre* ist keine Frucht, die in bequemer Reichweite vor Ihrer Nase hängt. Sie müssen sich ein bisschen anstrengen, um Glück und Freude zu erleben. Wenn Ihre Beziehungen also in irgendeiner Hinsicht unbefriedigend sind, dann schauen Sie zuerst einmal, welche Möglichkeiten es gibt, sie zu verbessern. Doch wenn sich das als aussichtslos erweist, gehen Sie weiter.

Was hat Ihnen dabei geholfen, mit den schlimmen Verlusten fertigzuwerden, die Sie als Kind erlitten haben?
Ich habe in meinem Wohnzimmer fünf Puppenhäuser, von denen zwei ziemlich groß sind. Sie sind mit Möbeln und allem möglichen anderen Inventar ausgestattet, und nur ich darf mit ihnen spielen. Jawohl – als meine Enkelkinder noch klein waren und mit Omis Puppenhäusern spielen wollten, war die Antwort immer: Nein.

Wie Sie bereits wissen, habe ich mit zehn Jahren alle meine Spielsachen zurücklassen müssen. Ich ließ mir meine fünf Puppenhäuser als Erwachsene von einem Freund anfertigen. Ein Stück weit sollen sie mich für die verlorenen Spielsachen entschädigen, aber sie bieten mir noch etwas anderes. Als die Nazis meine Familie zerstörten, habe ich die Kontrolle über mein Schicksal verloren. Ich wurde in einen Zug gesetzt, der wer weiß wohin fuhr. Dann stand ich unter der Knute der Leute, die das Kinderheim leiteten und nicht sehr nett zu uns waren. Wenn ich mit meinen Puppenhäusern spiele, liegt die Kontrolle ganz und gar bei mir. Wenn ich ein Figürchen an einen Platz stelle, muss es dort bleiben. Deshalb ist das Spielen eine Form der Therapie für mich. Würden die Möbel und die Püppchen beliebig verstellt, dann empfände ich das als Kontrollverlust, der mir großes Unbehagen bereiten würde. Diese Puppenhäuser repräsentieren eine perfekte Welt, und das ist die echte nicht. Sie sind keine Spielsachen, denen ich entwachsen werde, sondern eher Instrumente, die ich nutze, um mich besser zu fühlen, wenn ich das Gefühl habe, das Leben gerate etwas außer Kontrolle.

Welche Hilfsmittel oder Instrumente könnten Sie benutzen, um eine ähnliche Wirkung zu erzielen? Es kann etwas so Einfaches wie Kochen sein. Ich rede nicht davon, einfach irgendetwas zum Essen zu machen, sondern eine Mahlzeit zu planen, die eine Herausforderung für Sie darstellt. So werden Sie hinterher das Gefühl haben, dass Ihnen etwas Lohnendes gelungen ist, und Sie werden sich beschwingt fühlen. Auch Gymnastik oder Sport ist eine gute Hilfe. Den größten Nutzen bringt Bewegung dann, wenn man einen Fortschritt beobachten kann. Wenn Sie gestern fünfundzwanzig Liegestütze gemacht haben, dann sollten Sie heute sechsundzwanzig probieren. Wenn Sie sich konkrete Ziele setzen – und sie auch erreichen –, haben Sie eine Quelle der Befriedigung, die Ihrer Kontrolle untersteht.

Das Gegenstück zu diesem Konzept ist, einfach herumzuhängen. Sie hatten einen schlechten Tag, und deshalb setzen Sie sich aufs Sofa und sehen fern. Ich habe nichts gegen fernsehen, wenn eine Sendung kommt, die Sie wirklich sehen möchten. Wenn Sie allerdings den Apparat nur einschalten, um die Zeit totzuschlagen, dann hilft Ihnen das nicht weiter. Ihr Gehirn ist ein Stück weit formbar und kann trainiert werden. Wenn Sie etwas Aktives tun, können Sie Ihren Kummer oder Ärger vergessen. Wenn Sie inaktiv sind, werden Ihre Sorgen vielleicht eine Weile übertüncht, aber sie sind sofort wieder da, sobald Sie den Fernseher ausschalten. Lesen ist dagegen viel aktiver. Wenn Sie zum Beispiel eine Geschichte lesen, muss Ihr Gehirn sich die Szenen vorstellen, und dabei feuern Ihre Synapsen sehr eifrig. Sie müssen sich beim Lesen viel mehr konzentrieren als beim Fernsehen. (Okay, wenn Sie »Wer wird Millionär« ansehen und auch noch versuchen, die Antworten zu erraten, bekommen Sie ein paar zusätzliche Pluspunkte.)

Und denken Sie auch hier daran, dass ich Ihnen nicht sage, Sie sollten diese Methoden *einmal* anwenden, sondern jedes Mal, wenn die Freude aus Ihrem Leben schwindet. Nutzen Sie diese Aktivitäten, um Ihr Gehirn von negativem auf positives Denken umzupolen. *Joie de vivre* springt Ihnen nicht auf den Schoß wie ein Hündchen. Man muss sich schon ein bisschen Mühe geben, um glücklicher zu leben.

Haben Sie wirklich Hunderte von Schildkröten?

Mein Wohnzimmer ist voller Schildkröten. Ich mag sie, weil sie den Kopf aus ihrem Panzer strecken müssen, um irgendetwas zu tun. Sie müssen Risiken auf sich nehmen, und Risiken einzugehen gehört dazu, wenn man mit Lust und Liebe leben will. Die große, weite Welt hält schöne Erlebnisse bereit, aber sehr oft muss man sie gezielt suchen.

Sollten Sie Ihr Haus auch mit Schildkröten anfüllen? Es kommt im Grunde nicht darauf an, was Sie als Erinnerungsstütze verwenden, aber oft ist es einfach hilfreich, ein paar Symbole um sich zu haben. Sagen wir, in früheren Jahren haben Sie lange Ballettunterricht genommen und wollten Primaballerina werden. Sie hatten damals große Freude am Tanzen. Gut, dann stellen Sie sich ein paar kleine Fayence-Tänzerinnen zu Hause auf, die Sie an diese Zeiten erinnern. Und jedes Mal, wenn Sie eine sehen, stellen Sie sich auf die Zehenspitzen und drehen eine Pirouette. Das klingt albern? Kümmern Sie sich nicht darum, solange es gute Gefühle in Ihnen auslöst. Das alles braucht nicht viel Zeit zu beanspruchen. Aber was immer Sie wählen, es sollte Ihrer Seele Auftrieb geben.

Viele Leute haben Haustiere, und es ist nachweisbar, dass das eine therapeutische Wirkung haben kann. Aber machen Sie nicht den Fehler, Ihr Haustier wie ein menschliches Wesen zu behandeln. Lassen Sie nicht zu, dass es für Sie zu einem Hindernis wird. Wenn jemand Sie zum Abendessen einlädt, und Sie sagen: »Tut mir leid, ich muss nach Hause gehen und mich um mein Haustier kümmern«, dann haben Sie ein Problem. Vielleicht haben Sie einen Hund, mit dem Sie Gassi gehen und den Sie füttern müssen, aber dann planen Sie voraus und sorgen Sie dafür, dass ein Nachbar diese Pflichten für Sie übernimmt, notfalls auch gegen Bezahlung. Wenn Sie ein Mensch sind, der ein Haustier als Ausrede benutzt, würde ich Ihnen raten, gar keines zu halten. Doch ein älterer Mensch, der ans Haus gebunden ist, kann natürlich durchaus ein Haustier haben. Ich möchte nicht den Eindruck erwecken, ich hätte etwas gegen Haustiere. Ich möchte nur, dass Sie sich bewusst machen, es darf nicht zum Hindernis werden; es soll Sie nicht isolieren. Um es noch einmal zu sagen: Für ein Leben mit Lust und Liebe braucht der Mensch andere Menschen, nicht Tiere.

Sammeln Sie noch etwas anderes als Puppenhäuser und Schildkröten?
Sigmund Freud hatte eine Sammlung von antiken Statuetten aus ägyptischer, griechischer und römischer Zeit auf seinem Schreibtisch stehen, und ich habe Kopien von einigen davon. Nun bin ich keine Freudianerin, denn ich bin ja nicht Psychoanalytikerin, sondern Verhaltenstherapeutin. Aber ich bewundere Freud dafür, dass er unser Denken über die Bedeutung unserer Gedanken und Träume verändert hat. Ich sage gerne, dass wir alle auf den Schultern von Riesen stehen, nämlich denen, die vor uns lebten und Durchbrüche auf ihrem jeweiligen Gebiet erreichten. Sigmund Freud gehört ganz gewiss zu den Riesen, auf deren Schultern ich stehe, selbst wenn ich nicht in seiner Fachrichtung tätig bin.

Sein Verdienst war, dass er es ermöglicht hat, die mentale Verfassung eines Menschen zu verändern. Schon allein, dass die Menschen das für möglich halten, macht es mir leichter, diejenigen, die mit einem sexuellen Problem zu mir kommen, zur Befolgung meiner Ratschläge zu bewegen. Wenn sie glauben, dass ich ihnen helfen kann, ist die Wahrscheinlichkeit wesentlich größer, dass mir das auch tatsächlich gelingt. Wenn dagegen jemand schon mit einem Vorbehalt in meiner Praxis erscheint, ist die Wahrscheinlichkeit des Scheiterns wesentlich höher. Freud hat den Menschen zu der Überzeugung verholfen, dass es möglich ist, Hilfe zu seelischer Gesundung zu bekommen. Dadurch wurde er zu einer großen Hilfe für alle, die wie ich in dieser Hinsicht in seine Fußstapfen getreten sind.

Wer inspiriert Sie? Und schöpfen Sie diese Inspiration voll aus? Es könnte jemand sein, den Sie persönlich kennen, wie Vater oder Mutter, ein Lehrer oder eine Lehrerin oder ein sonstiger Mentor; aber auch jemand, den Sie nie kennengelernt haben, aber sehr bewundern, wie ich Sigmund Freud. Um das zu veranschaulichen, nehmen wir einmal an, Sie hatten auf dem Gymnasium einen Mathelehrer, der Sie etwas mehr dazu motiviert hat, sich anzustrengen als die anderen Lehrkräfte. Es kommt nicht darauf an, ob Sie das Fach damals mochten oder heute noch viel Mathematik brauchen. Wichtig ist, dass dieser Lehrer das Beste in Ihnen an die Oberfläche gebracht hat, selbst wenn Sie dadurch nur eine Drei statt einer Vier bekommen haben. Jetzt sagen wir mal, Sie haben damals die Lösung einer Gleichung gefunden, auf die Sie heute noch stolz sind. Vergrößern Sie sie, stecken Sie sie in einen Rahmen und beziehen Sie daraus Inspiration! Wenn Sie vor einer schwierigen Situation stehen, erinnern Sie sich, wie Sie mit dieser Gleichung fertiggeworden sind und wie der Lehrer Sie zu der dafür notwendigen Anstrengung motiviert hat. Wenn Sie schwierige Aufgaben mit mehr Begeisterung und Selbstvertrauen angehen können, wird Ihnen das ein Mehr an Lebensfreude bringen.

Was die Freude am Leben dagegen abtötet, ist Angst. Wenn Sie ständig vor dieser oder jener Aufgabe davonlaufen, die erledigt werden muss, werden die dadurch ausgelösten negativen Emotionen auch die Farbe aus allem anderen herausziehen, was Sie tun. Aber wenn Sie die Zuversicht haben, dass Sie es am Ende schaffen – ein Stück weit wegen dieser mathematischen Gleichung, von der Sie sich damals im Gymnasium nicht einschüchtern ließen –, dann wird Ihr Guten-Morgen-Kuss für Ihren Mann oder Ihre Frau nicht halbherzig ausfallen, sondern voller Freude sein!

Falls Sie noch nie über dieses Thema nachgedacht haben, denken Sie vielleicht, es gebe in Ihrer Vergangenheit keine solche Person. Deshalb ist meine erste Hausaufgabe für Sie, dass Sie zurückblicken und sich überlegen, wer Sie in welcher Weise beeinflusst hat. Ich wette, wenn Sie eine Weile nachgedacht haben, finden Sie mehr als einen so wichtigen Einfluss in Ihrem Leben. Dann suchen Sie Möglichkeiten, sich an das zu erinnern, was diese Menschen Sie gelehrt haben, damit das Licht, das sie in Ihnen entzündet haben, Ihr Leben regelmäßig erhellen kann.

Ich habe die Sendung gesehen, in der Nate Berkus Ihre Wohnung umgestaltet hat. Als er ankam, küsste er etwas an Ihrem Türpfosten. Was war das?
Eine Mesusa. Das ist eine Schriftkapsel, die einige Verse aus einem jüdischen Gebet, dem »Schma Jisrael«, enthält. Juden hängen sie an den Türpfosten, um eine *Mitzwa*, ein biblisches Gebot, zu erfüllen. Ich habe viele religiöse Symbole bei mir zu Hause, neben der Mesusa etwa auch zwei siebenarmige Kerzenleuchter, die Menora, in meinem Wohnzimmer. Ich habe das Gefühl, religiöse Gegenstände in der Umgebung zu haben, ganz gleich welcher Religion man angehört, kann helfen. Wenn Sie eine Religion praktizieren und glauben, dass Gott Sie liebt, kann sich Ihre Stimmung bessern, sooft Sie an Ihren Glauben denken. Mir geht es nicht darum, Werbung für eine bestimmte Religion zu machen. Und ich sage keineswegs, dass Sie als Agnostiker oder Atheist keine Lebensfreude erfahren können. Ich habe aber Vertrauen in den Gedanken, dass religiöser Glaube dem Menschen helfen kann, durch schwierige Zeiten zu kommen. Und daher sollten Sie, wenn es für Sie stimmig ist, Ihre religiösen Überzeugungen dafür nutzen.

Religiöser Glaube macht auch widerstandsfähiger. Wir Juden mussten auf alle Fälle resilient sein, um an unserem Glauben festzuhalten, den im Laufe der Geschichte mehrere Völker gewaltsam von dieser Erde tilgen wollten. Und wie trägt Widerstandsfähigkeit zur *Joie de vivre* bei? Ganz einfach. Wenn man ein Schwächling ist, sorgt schon der kleinste Rückschlag dafür, dass man sich in einer

Ecke zusammenkauert. Man kann sich nicht klein machen und gleichzeitig Lebensfreude empfinden. Um voll ausschöpfen zu können, was das Leben zu bieten hat, muss man Risiken eingehen, und dazu gehört auch das Risiko, für seine Religion, sein Land oder was immer einem am Herzen liegt einzutreten.

Wie vertreiben Sie Negativität?

Ich sprach weiter vorne in diesem Buch vom einzigen Gegenstand aus meiner Kindheit, einem Waschlappen, auf den meine Initialen aufgedruckt sind. Sie denken vielleicht, den hätte ich irgendwo gut sichtbar liegen, aber ich halte ihn unter Verschluss. Selbst nach all den vielen Jahren sind die schmerzlichen Erinnerungen, die der Waschlappen in mir hervorruft, übermächtig. Ich vermute, meine Großmutter hat ihn mir in den Koffer gepackt, deshalb ist er ein lebendiges Zeichen für ihren letzten Liebesdienst an mir. Ich kann ein Foto von ihr anschauen und mich nach Kräften auf all die positiven Bilder konzentrieren, die ihr Bild wachruft, aber bei dem Waschlappen gelingt mir das einfach nicht. Wenn ich ihn sehe, bringt mich das unweigerlich wieder zurück zu jener Zugfahrt von Frankfurt in die Fremde, und das war der schlimmste Tag meines Lebens. Ich brauche nicht ständig an diesen Tag erinnert zu werden, weder, wenn ich in die Welt hinausgehe, noch, wenn ich nach einem aktiven, erfüllten Tag wieder nach Hause komme. Würde dieser Tag den Mittelpunkt meines Lebens bilden, würde er schnell jegliche Lebensfreude auslöschen, die ich aufbringen kann.

Deshalb rate ich Ihnen, es genauso zu machen: Dinge wegschließen, die Sie an negative Ereignisse erinnern. Wenn Ihre erste Ehe mit einer hässlichen Scheidung endete, dann wollen Sie anschließend vielleicht keine Fotos vom Tag Ihrer Hochzeit mehr an der Wand hängen haben, auch wenn er wunderbar war. Vielleicht sind Sie auch ein Mensch, der ein solches Hochzeitsfoto anschauen kann und davon sogar positiv inspiriert wird; zum Beispiel weil damals beide Eltern dabei waren, was Ihnen sehr viel bedeutet hat. Ich will hier keine verbindliche Regel aufstellen, sondern nur sagen: Wenn Sie einen Gegenstand haben, der Sie jedes Mal in den Keller rauschen lässt, sobald Sie ihn sehen, dann räumen Sie ihn weg.

Übrigens hat dieser Rat dazu geführt, dass ich Nate Berkus gefragt habe, ob er meine Wohnung umgestaltet. Wie ich in Kapitel 10 schrieb, wurde ich gebeten, in seine Sendung zu kommen und einer jungen Frau zu helfen, die bei ihrem neuen Freund keine sexuelle Erregung empfinden konnte, weil die Möbel sie an den alten Freund erinnerten. Ich sagte ihr, sie solle diese Möbel um jeden Preis loswerden. Das Beispiel zeigt, dass es nicht einfach leeres Gerede ist, wenn ich sage, dass Gegenstände Ihre Lebensfreude einschränken können. Das findet nämlich ständig statt. Und obwohl die logische Konsequenz eigentlich auf der Hand liegt – trennen Sie sich von solchen Gegenständen, oder lassen Sie sie zumindest verschwinden –, richten sich viele Menschen nicht nach dem, was einem der gesunde Menschenverstand eingibt. Sie finden praktische Gründe dafür, an diesen Dingen festzuhalten, wie in diesem Fall die Kosten für neue Möbel die junge Frau am Handeln hinderten. Ein weiterer Grund kann auch Druck aus der Umgebung sein: »Du hast die Möbel weggetan, weil sie dich an Phil erinnert haben? Was hast du dir denn dabei gedacht?!?« Wenn jemand Sie auffordert, etwas zu tun, was Ihnen ein unangenehmes Gefühl gibt, dann wenden Sie sich einfach ab und schenken Sie ihm keine Beachtung. Nur Sie selbst wissen, wie Sie die optimale Kontrolle über Ihre emotionale Verfassung behalten können. Wenn der Anblick der Asche Ihrer Mutter – oder was immer es sein mag – zu schmerzhaft für Sie ist, dann stellen Sie sie nicht auf.

Was ist Ihrer Meinung nach die größte Gefahr für eine Beziehung?
Ganz klar: Langeweile. Niemand kann jeden Tag fröhlich sein. An manchen Tagen geschehen Dinge, die Ihnen einfach jedes positive Gefühl rauben. Es kann ein großes Ereignis sein wie der Tod eines nahestehenden Menschen, und dann kann es eine ganze Weile dau-

ern, bis sich diese Wolke wieder auflöst. Es kann auch um etwas relativ Kleines gehen – einen hässlichen Kommentar, den Ihnen jemand geschickt hat und den Sie erst nach ein paar Stunden wieder abschütteln können. Aber es gibt eine heimtückische Kraft, die sich zwar sehr leise einschleicht, dann aber den ganzen Alltag vergiftet: die Langeweile.

Langeweile ist wie ein Nebel, der sich um Sie legt und Ihnen trotz eher harmloser Auswirkungen die Sicht auf die vorhandenen Möglichkeiten verwehrt, sich des Lebens zu freuen. Nach einer Weile bekommen Sie vielleicht das Gefühl, dass die Langeweile Sie stets und ständig begleitet. Anstatt sie zu bekämpfen, geben Sie auf und finden sich mit einem Leben ab, dem es an Reichtum und Energie mangelt. Der erste Schritt im Kampf gegen die Langeweile ist, sie zu erkennen. Ein Hinweis darauf ist etwa, dass Sie immer müde sind, obwohl es keinen besonderen Grund dafür gibt – also etwa ein Baby, das Sie fünfmal in der Nacht weckt, oder Geldsorgen, die Sie am Einschlafen hindern. Der Grund für Ihre Müdigkeit ist, dass es in Ihrem Leben nichts gibt, was Sie in Erregung versetzt. Wenn Sie nichts haben, worauf Sie sich freuen können, umgibt Sie eine lustlose Trübsal. Dann ist ein Schläfchen verlockend, weil Ihnen zumindest Ihre Träume ein bisschen Unterhaltung bieten.

Wenn Sie mit Lust und Liebe leben wollen, dann müssen Sie aktiv gegen die Langeweile angehen. Zum Glück ist Langeweile ein ziemlicher Schwächling und leistet normalerweise keine große Gegenwehr. Falls Sie nicht gerade auf einer kahlen Insel oder in einer kulturellen Wüste wohnen. Dass Sie nicht gleich neben dem Broadway oder Lincoln Center leben, heißt noch lange nicht, dass es nicht viele Aktivitäten gäbe, die Ihren Intellekt stimulieren. Die Theatergruppe in Ihrem Wohnort besteht vielleicht aus Laienschauspielern, aber das Theaterstück oder Musical, das sie aufführt, wurde meist mit irgendeinem Preis ausgezeichnet, als es neu auf die Bühne kam. Wenn es in Ihrer Nähe keinen Literaturkreis gibt, dann gründen Sie einen. Sind in einem Krankenhaus in Ihrer Nähe Kinder, die sehr krank sind und lange dortbleiben müssen, gehen Sie hin und lesen Sie ihnen vor. Treten Sie einer politischen Vereinigung vor Ort bei und stoßen Sie etwas an. Wenn Sie denken, an einer bestimmten Ecke sollte eine Ampel stehen, sammeln Sie Unterschriften für eine Petition. Sie können sogar kostenlos Online-Kurse an großen Universitäten machen. Wenn Sie in so vielfältiger Weise in sich selbst investieren, werden Sie feststellen, dass der Nebel der Langeweile sich lichtet und das helle Licht der Lebensfreude in Ihrem Leben zu strahlen beginnt.

Aber nehmen wir mal an, Sie hätten Probleme, aus Ihrer Trübsal herauszukommen. Vielleicht haben Sie ja eine Störung, mit der Sie nicht allein fertigwerden. Eventuell brauchen Sie professionelle Unterstützung. Oder, falls Sie klinisch depressiv sind, auch Medikamente. Wenn Sie den Verdacht haben, das könnte zutreffen, dann holen Sie sich die Hilfe, die Sie brauchen.

Als ich meine erste Autobiografie »...und alles in einem Leben« schrieb, wusste ich, dass ich es nicht schaffen würde, die sehr traurigen Teile meines Lebens allein zu bewältigen. Ich hatte mich nie ernstlich mit dieser Zeit meines Lebens auseinandergesetzt, hatte nie mehr in meinen Tagebüchern gelesen, und wenn mich meine Kinder danach fragten, habe ich das Thema gewechselt. Aber mein Verleger akzeptierte ein solches Wegducken nicht. Also ging ich zu einem Psychoanalytiker, den ich kannte, und stützte mich auf ihn, um in die Tiefe zu gehen und die Wahrheit auszugraben. Wie ich der *New York Times* erklärte, fürchtete ich, meine Freude am Leben zu verlieren, wenn ich allzu viel Zeit damit verbrachte, in meine Vergangenheit einzutauchen. Aber dank der Hilfe meines Arztes ist mir das nicht passiert.

Diese Story erschien nicht zufällig in der *New York Times*. Pierre brachte sie dort unter, aber nur, weil ich wollte, dass die Geschichte erzählt wird. Mein Publikum sollte erfahren, dass ich auch selbst tat, was ich predigte, und, wenn ich ein Problem hatte, professionelle Hilfe in Anspruch nahm. Und das möchte ich Ihnen ebenfalls eindringlich raten. Es ist in Ordnung, zu sagen: »Ich kann damit nicht umgehen«. Es ist aber nicht in Ordnung, nichts weiter gegen das Problem zu unternehmen. Wenn es Hilfe gibt, sollten Sie von dieser Hilfe auch Gebrauch machen.

Egal wie alt Sie sind: Sie haben keine Ahnung, wie viel Zeit Ihnen noch bleibt. Aus diesem Grund bin ich fest überzeugt, dass Sie keine Zeit verschwenden dürfen. Doch obwohl Sie die *Dauer* nicht kontrollieren können, sind Sie Herr oder Herrin über die *Qualität* Ihres Lebens in der Zeit, die Sie haben. Auf keinen Fall sollten Sie an einen Punkt kommen, an dem Ihnen von Ihrem Leben nichts bleibt als ein Sack voll Bedauern über nicht gelebtes Leben. *Joie de vivre* ist nicht einfach eine Verzierung, die Sie ab und zu einmal auf Ihr Leben streuen. Sie ist eine Haltung, die täglich jede Stunde Ihres Lebens prägen sollte. Sie erfordert ein bisschen Anstrengung, aber ich versichere Ihnen, was Sie dafür als Belohnung bekommen, ist jede Mühe wert.

Nähert sich die Legende von Dr. Ruth allmählich ihrem Ende?

Radio, Fernsehen, Bücher, das Internet und jetzt ein Theaterstück haben allesamt dazu beigetragen, dass ich die Menschen erreichen konnte, um ihnen ein Stück weit den Weg zu weisen. Ich finde es wunderbar, berühmt zu sein, aber mein Hauptziel, Menschen zum Lernen zu verhelfen, bleibt meine oberste Priorität. Darum unterrichte ich auch mit sechsundachtzig Jahren noch, reise in der Welt herum, halte Vorträge und verfasse neue Bücher. In meinen Augen bin ich noch immer damit beschäftigt, Dr. Ruth zu werden.

DANKSAGUNGEN

Von Dr. Ruth K. Westheimer:
Dank sei der Erinnerung an meine ganze Familie, die im Holocaust umkam. Ebenso der Erinnerung an meinen verstorbenen Mann, Fred, der mich stets bei all meinen Vorhaben unterstützte. Dank auch an meine heutige Familie: meine Tochter, Miriam Westheimer, EdD; meinen Schwiegersohn Joel Einleger, MBA; ihre Kinder, Ari und Leora; meinen Sohn, Joel Westheimer, PhD; meine Schwiegertochter Barabara Leckie, PhD; ihre Kinder, Michal und Benjamin. Ich habe die besten Enkelkinder der Welt!

Dank allen Familienmitgliedern und Freunden dafür, dass sie mein Leben so viel reicher machen. Ich bräuchte ein eigenes Kapitel, um sie alle aufzuzählen, aber einige muss ich hier erwähnen: Pierre Lehu und ich haben jetzt bei einem Dutzend Büchern zusammengearbeitet; er ist der der beste »Kommunikationsminister«, den ich mir vorstellen kann! Dank an Cliff Rubin, meinen Assistenten; Dr. Peter Banks; Peter Berger, MD; Simon und Stefany Bergson; Nate Berkus; David Best, MD ; Chuck Blazer; Frank Chervenak, MD; Richard Cohen, MD; Martin Englisher; Cynthia Fuchs Epstein, PhD; Howard Epstein; Meyer Glaser, PhD; David Goslin, PhD; Amos Grunebaum, MD; Dylan Hanson; Polly und Herman Hochberg; David Hryck, Esq.; Steve Kaplan, PhD; Rabbiner Barry Dov Katz und Shoshi Katz; Bonnie Kaye; Patti Kenner; Robert Krasner, MD; Nathan Kravetz, PhD; Marga und Bill Kunreuther; Dean Stephen Lassonde; Matthew und Vivian Lazar; Rabbiner und Mrs. William Lebeau; Robin und Rosemary Leckie; Hope Jensen Leichter, PhD; Jeff und Nancy Jane Loewy, John und Ginger Lollos, Sanford Lopater, PhD, und Susan Lopater; David Marwell; Marga Miller; Peter Niculescu; Dale Ordes; Rabbiner James und Elana Ponet; Leslie Rahl; Bob und Yvette Rose; Debra Jo Rupp; Larry und Camille Ruvo; Simeon und Rose Schreiber; Daniel Schwartz; Amir Shaviv; David Simon, MD; Betsy Sledge; William Sledge, MD; Mark St. Germain; Henry und Sherri Stein; Jeff Tabak, Esq., und Marilyn Tabak; Malcolm Thomson; Greg Willenborg und Ilse und Max Wyler-Weil sowie an all die Mitarbeiter von Amazon Publishing, die so hart gearbeitet haben, um dieses Buch in die Welt zu bringen: Jeff Belle, Daphne Durham, Tara Parsons, Maggie Sivon und das gesamte Team sowie den Gründer von Amazon und seine Frau, Jeff und McKenzie Bezos, die mich zu Campfire eingeladen und dadurch dieses Vorhaben ins Rollen gebracht haben.

Danken möchte ich noch dem Herder Verlag – insbesondere Imke Rösing, Andreas Bernheim und Tobias Winstel – die mit mir diese deutsche Ausgabe des Buchs gemacht haben und für die Verbreitung von Dr. Ruths Geschichte und Ratschlägen in dem Land sorgen, in dem ich geboren bin. Und schließlich ein großer Dank an Christa Broermann, die das Buch aus dem Englischen ins Deutsche übertragen und dabei in hervorragender Weise meinen Ton getroffen hat.

Von Pierre Lehu:
Dank an meine Frau, Joanne Seminara, die mir nicht nur ihre übliche Unterstützung gewährte, sondern bei diesem Buch auch ihre juristische Fachkenntnis beisteuerte; meinen Sohn, Peter; meine Schwiegertochter, Melissa Sullivan, und meinen fantastischen Enkel, Jude Sullivan Lehu; meine Tochter, Gabrielle, und meinen Schwiegersohn, Jim Frawley; meine Schwiegereltern, Joe und Anita Seminara und an den ganzen Seminara-Clan.